公路精细化管理与标准化建设

王鸿遥　高文彬　初国栋 ◎ 主　编

中国华侨出版社

·北京·

图书在版编目（CIP）数据

公路精细化管理与标准化建设 / 王鸿遥，高文彬，
初国栋主编. -- 北京：中国华侨出版社，2023.5
ISBN 978-7-5113-8872-8

Ⅰ．①公… Ⅱ．①王… ②高… ③初… Ⅲ．①公
路管理 Ⅳ．①F540.3

中国版本图书馆 CIP 数据核字(2022)第 117186 号

公路精细化管理与标准化建设

主　　编：王鸿遥　高文彬　初国栋
责任编辑：孟宪鑫
封面设计：北京万瑞铭图文化传媒有限公司
经　　销：新华书店
开　　本：787 毫米×1092 毫米　1/16 开　印张：16.5　字数：256 千字
印　　刷：北京天正元印务有限公司
版　　次：2023 年 5 月第 1 版
印　　次：2023 年 5 月第 1 次印刷
书　　号：ISBN 978-7-5113-8872-8
定　　价：79.00 元

中国华侨出版社 北京市朝阳区西坝河东里 77 号楼底商 5 号　　　邮编：100028
发行部：(010)69363410　　　传　真：(010)69363410
网　址：www.oveaschin.com　　E-mail：oveaschin@sina.com

如发现印装质量问题，影响阅读，请与印刷厂联系调换。

前言

公路交通以其灵活、快捷、方便、机动、覆盖面广、通达深度深、可达性好等特点，成为现代综合交通运输体系的重要组成部分。它是国民经济的重要基础产业和新的经济"增长点"，是社会及经济快速、健康、持续发展的生命线，并在一定程度上标志着一个国家或地区社会经济的发展水平。

本书研究的是公路精细化管理与标准化建设，首先从精细化管理的含义入手，介绍了精细化管理与其他管理模式的关系，以及精细化管理的内容、模块、特征和步骤等内容；其次，详细分析了公路工程施工现场管理的基础、施工准备阶段管理、施工计划管理、公路工程施工技术的基础、技术管理的基础工作与施工各阶段技术管理，以及公路工程质量管理的基础、质量管理相关方及其活动、公路设计项目质量管理措施、高速公路建设项目质量管理等内容；再次，重点探讨了公路工程施工成本的基础、公路工程施工成本计划与控制，以及施工项目成本核算、分析与考核，公路工程安全管理的范围、原则，公路工程安全隐患排查与治理，安全专项方案与应急救援预案的编制，公路工程临时用电安全要求，特种设备安全控制要求等；接着，阐述了公路工程的合同管理基础、公路工程分包合同管理、公路工程施工进度款的结算、公路工程竣工决算文件的编制、公路工程合同价款支付的相关规定、合同纠纷，以及公路工程施工标准化的概念、原理及作用，公路工程施工标准化管理的定义与内涵，高速公路的组织结构与职责分工等；最后，解读了公路工地建设标准化的内容和作用、驻地建设标准化、工地实验室建设标准化、混凝土搅拌站建设标准化、预制场建设标准化、钢筋加工厂建设标准化，以及高速公路绩效管理的内涵与手段、高速公路质量和成本绩效管理标准化、高速公路施工安全绩效管理标准化、高速公路劳动竞赛管理标准化等。

公路工程施工项目属于一次性工程，其特点是规模大、变动因素多、施工单位流动性强、行业竞争激烈，这些特性要求必须加大项目的管理工作，组建施工队伍，对工程项目实施过程进行组织。

本书的编写参考和借鉴了众多前辈的研究成果，在此表示衷心的感谢！由于本人的时间仓促、水平有限，书中难免出现疏漏与不妥之处，敬请读者批评指正并提出宝贵意见和建议。

目录

第一章 精细化管理概述

第一节 精细化管理的含义

一、精细化管理的概念

对于精细化概念的理解主要有以下几点：一是精细化管理是企业管理的一个阶段；二是精细化管理是一种文化、一种理念；三是精细化管理是一种操作工具和方法；四是精细化管理是把企业管理对象量化、细化、标准化的管理方法；五是精细化是一种技术方法，用来调整产品、服务和运营过程。

精细化管理既是一种管理文化、管理理念，也希望成为具有规则、标准的操作体系和管理模式。这是任何一种管理模式所必需的内容。管理模式是在管理人假设的基础上设计出的一整套具体的管理理念、管理内容、管理工具、管理程序、管理制度和管理方法论体系，并将其反复运用于企业，使企业在运行过程中自觉加以遵守的管理规则，可以用公式表述为：管理模式＝管理理念＋系统结构＋操作方法。实际上，管理模式就是一个企业在管理制度上和其他企业不一样的地方，从制度经济学的角度说，包括正式制度和非正式制度两个方面，也就是企业在管理规章制度和企业文化上最基本的不同特征。从这个角度可以界定精细化管理：精细化管理是一种把精细理念、文化融合到企业管理中，形成企业管理规范、规则、标准，并通过相关管理方法与工具落实精细管理这种理念与文化的企业运营管控模式。

二、对精细化管理的理解

①精细化管理首先是一种理念、意识。理念、意识、文化等决定所采用的工具、方法，决定操作方案的目标、方向以及实施效果。精细化管理是对企业管理现状、发展要求的一种理性认识，从而形成一种管理理念、管理

意识。风靡全球的精细管理首先就是形成管理意识，而后产生的一种企业管理模式。精细化管理的实施必须以企业贯彻这种理念、意识为基础，全员具备精细化管理理念和意识，所形成的企业管理规则、规范与标准才能成为员工的习惯。执行环节的精细化管理意识包括责任意识、团队意识、价值意识、主动工作意识。

②精细化管理必须建立规则标准。精细化管理的规则、标准等指导员工落实理念的载体，精细化管理的实施必须以规范、标准、规则的建立为前提，否则理念、意识等无法转化为行动，无法成为企业员工的行为指导。企业是一套规则集合起来的资金、人才、技术、市场的有机体，通过规则整合人、财、物，通过规则规范企业中人流、物流和信息流，进而创造价值。企业中的管理规则是企业根据市场、行业等要求，按照最大化价值创造的目的所制定的规范、标准等，精细化管理必须有规则、标准才能使理念落地，把价值创造与价值实现落实到企业日常运营过程中。精细化管理中的规则、规范是落实精细化理念、意识的载体，包含企业的组织方面的规则、流程方面的规则、目标管理方面的规则、考核评价方面的规则、过程监督规则以及企业用人规则、做事规则等。在现代社会经济环境下，法律、法规是任何社会组织、团队完成一切活动的前提，也是企业精细化管理的基本要求。

③精细化管理必须有对应的工具与方法系统。没有工具和方法的配合，精细化管理就是空谈。如果仅仅空谈精细化管理，理念高高在上，没有行之有效的方式方法让理念落地，无法真正转变为企业员工的自觉行为，所谓的精细化管理也不过是场闹剧。只有当企业管理者真正认识到什么是精细化管理，着手让员工积极主动地投入具体的管理方法落实中，企业才能具有竞争能力。精细化管理的工具和方法是落实精细化理念、意识的措施，精细化管理能否有效推行和贯彻下去，必须以形成这种管理模式对应的工具、方法为基础和前提。

④精细化管理必须充分融合现代技术，进而才能形成对应的管理工具和方法。现代科学技术的发展改变了企业运行方式和管理方式。现代科学技术革命开始席卷全球，高新技术的广泛应用不断创造着新的产业群、技术群，极大地改变着这个时代的产业结构、劳动组织和运营模式，整个管理实践和管理理论都进入了一个新阶段，管理方式、方法更具现代化色彩。

⑤精细化管理是一套系统的、开放的管理体系。精细化管理理念通过规则、方法与工具得以贯彻落实在企业运营管理活动中，形成一套完整的管理体系，这套管理体系包括目标管理、组织管理、流程程序管理、决策控制管理等。有人认为，精细化管理的本质意义在于它是一种对战略和目标分解细化和落实的过程，是让企业的战略规划能有效贯彻到每个环节并发挥作用的过程，同时是提升企业整体执行能力的一个重要途径。实际上，精细化管理理念需要落实到包括战略、目标等具体的管理活动上，落实到企业的人、财、物与信息管理上，通过系统化、程序化、标准化、数据化和信息化的手段，使组织管理各单元精确、高效、协同和持续运行，以获得更高效率。至于很多人认为的，精细化管理的内涵是精确定位，精益求精，细化目标，量化考核；是六精五细，是精化、细化、量化等，只能说这些说法忽视或者不了解精细化管理的本质，把手段、工具与规则、理念混淆，把行为与行为的结果混淆，辅之以实践不仅达不到设定的目标，甚至有可能导致非常严重的形式主义、机会主义盛行。

三、精细化管理的目标

（一）效益目标

效益有两个角度：一是增加销售，二是降低成本。企业由相当多的大小流程构成，每个流程的运行（从输入到输出）都需要一定的资源支撑，包括人、财、物。如果仅仅从目标或目标实现的结果考虑，不关注过程，不关注实现效益目标的过程细节，那么输入与输出的价值比值就是结果导向需要关注的内容，精细化管理此时需要通过结果监督或控制来达到效益目标；如果从流程实现角度看，精细化管理关注细节，关注流程如何实现的过程。不管从哪个角度，流程上不创造价值的环节都需要删除，而且重要的还在于强化流程环节责任者的责任意识、主动工作意识。换句话说，精细化管理意识必须是企业每一个员工所必须具备的职业意识和习惯。流程上的服从也是一种责任，是为整个流程有效运行的责任。成本降低或浪费减少的两个重要角度为优化流程、强化精细化管理意识。至于销售增加，其实也可从面向市场的流程角度去考虑。

（二）效率目标

效率是投入与产出的比较，这里的目标不是精细化管理本身的目标，而是通过精细化管理提升企业运营效率，也就是通过精细化管理提升企业的生产率。生产率是投入的资源和产出（产品与服务）的比率，产品或服务通过各种资源转化而来，这种转化的效率越高，产出越大，就能提供更多的产品或服务价值。一般来说，提升生产率的两种路径是：减少投入的同时保持产出不减少，或者增加产出的同时保持投入不增加。投入包含人力、资本、信息以及管理等，管理是整个运营系统的关键，企业中的资本、技术、市场、人才等资源必须在管理力量介入的情况下才能创造价值，也只有通过管理力量的介入才能最大化地创造和实现价值。管理怎么才能实现企业效率目标？其实无非通过组织、流程、现场以及班组来实现。

（三）品质目标

在 ISO 质量管理标准中，任何企业都有质量目标，包括产品和服务质量以及过程质量两个方面。任何管理的目的都是生产出或提供符合市场需要的品质或质量的产品或服务，从而通过市场实现价值。如果把企业内部活动也市场化，上一道工序的客户或市场就是下一道工序，也必须考虑为下一道工序提供符合标准要求或工序要求的中间产品与服务。管理就是要明确标准与规则，让上道工序提供符合下道工序质量要求的产品与服务，或者直接提供给市场所需要各类品质要求的产品与服务。这里，精细化管理的很多方面可以与 ISO 质量管理标准体系融合起来，或者借鉴 ISO 质量管理标准体系的诸多规则、标准以及技术内容，一方面改善企业运营流程质量与品质，提升流程运行效率；另一方面提升输入产品与服务的品质或质量要求。

（四）敏捷目标

敏捷包含两个方面：一是灵活地适应市场的需求，二是准时提供恰当的服务。在当今超复杂的竞争环境下，企业必须建立满足市场需要的柔性服务系统，生产出不同品种和开发出新品种或提供不同的服务和开发新的服务，否则就会被市场淘汰。要能够很快适应市场变化，企业必须通过管理来提升生产系统的柔性，也就是处理环境变化的能力。三是准时性，即按照客户需要的时间、需要的数量提供所需要的产品与服务，其实这正是 JIT 工作方法或方式，是从市场角度审视企业内部运营过程，从市场角度审视连续性、平行性、比例性和均衡性。总体来看，敏捷目标的两个维度是：柔性能快速满足市场需求，并且能使企业内部运营灵活、效率高，只有后者达成或满足才能实现系统的柔性，恰当地满足市场需要。

四、精细化管理的要求

（一）必须全员参与

现代任何一种管理方式在企业中被采用时，都需要一个基本前提——全员参与，如 ISO 质量管理体系、六西格玛管理方式、精益管理。全员参与是 ISO 质量管理体系的八大原则，是六西格玛与精益管理的基本要求。精细化管理的全员参与就是让每个员工对企业有使命感，对流程有责任感，员工亲身参与到流程改进与优化过程中，有利于调动员工积极性，有利于团队精神和合作意识的培养。基本要点在于：使员工知道自己在流程运营中的责任、制约条件、达成目标；对员工进行精细化管理理念、意识和规则、标准、技能的培训，使员工胜任工作并愿意积极奉献；提供必要的资源和工作条件；规定职责，给员工在职责范围内的自主权，努力实现规定的工作；建立激励机制，激发员工不断进取，并评价、承认成果；在内部组织交流，创造自由分享知识和经验的氛围。

（二）必须强调人本管理

人本管理是把员工作为企业最重要的资源，以员工的能力、特长、兴趣、心理状况等综合情况来科学地安排最合适的工作，并在工作中充分地考虑员工的成长和价值，使用科学的管理方法，通过全面的人力资源开发计划和企业文化建设，使员工能够在工作中充分地调动和发挥工作积极性、主动性和创造性，从而提高工作效率、增加工作业绩，为达成企业发展目标做出最大的贡献。从本质上说，企业最重要的资源是人，是企业的员工，作为管理者都会十分关注组织成员的工作积极性和创造性，这是因为组织目标的达成依赖于组织成员对工作全身心的投入。管理者的重要任务就是要最大限度地激发组织成员的工作潜能，并将他们的行为引向组织目标之途。但问题在于，管理者何以最大限度地激发其组织成员的工作潜能，即组织成员在什么状态下愿意充分展现其才能并不断自主地挖掘其自身的内在潜能。这就要求对员工进行人本管理，尊重员工，重视员工，调动其积极性、创造性，增强员工主动工作的意识、主动承担责任的意识以及创新意识。实际上，人本管理是精细化管理的内在要求。

（三）必须能够进行过程监督，具有过程监督的方式或手段

过程监督其实是关注流程运行中的环节是否按照标准、规范要求在流转，需要一系列的工具与方法纠正流程中流转的偏差以确保流程运行效果。规范、标准、规则等是过程监督的依据，方法、工具是过程监督的手段，精细化管理的意识、理念是过程监督的文化保证。精细化管理必须有一系列的工具、方法来监督流程运行的过程和监督细节，确保方向和目标。应该说，关注流程与过程，按照管理学术语来说，就是过程控制，或者流程导向。由于流程范围的差异，企业不同层级的人员关注流程的范围不一样，关注的角度也不一样。因而，不同层级的企业人员对流程或过程监控、监督的环节和范围有差异。

（四）能够进行结果控制

结果控制实际上就是目标管理，按照管理学专业术语来说，就是结果导向。结果导向的管理不关注过程，也不关注细节，但结果控制中的结果或者目标必须符合企业的资源环境条件要求，这种目标是能够控制性实现的，通过目标、结果的负反馈调节流程与过程。结果、目标管理强调自主管理、自适应管理等，同时企业中的创新活动得到加强。结果控制或目标管理能使责任更明确，会使控制活动更有效。控制就是采取措施纠正计划在实施中出现与目标的偏离，确保任务的完成。有了一套可考核的目标评价体系，监督就有依据，控制就有准绳，也就解决了控制活动最主要的问题。目前我国很多企业实施所谓精细化方案，往往只是把精细化管理变成一系列的考核表单、考核指标等。其实这不是精细化管理所希望达到的效果，精细化管理需要有目标管理与结果控制的方法、手段，但不局限于此。

第二节 精细化管理与其他管理模式的关系

一、概述

精细化管理是我国本土化的管理模式，不仅融合了中国传统文化与工业化而且具有一致性的理念要素，重要的是糅合了工业化国家先进的工业化理念、要素以及管理方法、工具，把现代技术也融合到体系或模式中。从某种程度上说，精细化管理是一种管理上的整合者角色：强化企业的基础管理

与规范化管理，以科学管理的理念、意识强化国内企业的规则管理、标准管理，同时把现代工业化体系下的质量管理体系（ISO体系）、六西格玛管理、精益管理、流程管理等的方法、工具融合起来。在形成自己的理念、意识体系之后，精细化管理需要着手对国内企业已经运行的一些管理体系进行整合，是横向整合，而不是沿袭以前的只是对企业的职能搞精细化。横向整合的方法是把有利于本模式的其他模式中的规则、方法甚至理念融合进来（当然核心理念除外），拓展本模式的应用范围与发展空间。具体怎么整合和融合，应结合企业管理实践，而不是理论推演。同时，精细化管理要想成为未来十年我国企业的必需管理模式，或精细化为未来十年的必经之路，不能总是搞那些五精六细，精细化是细化、精化，是细节化管理，是战略的精细化、人力资源的精细化等之类的事情。理念导入都成问题，更不要说实际操作。精细化管理如何整合其他管理体系的理念、规则、标准与方法、工具，精细化管理究竟是什么样的体系、架构，其核心理念与主要规则、标准是什么，这是一个很大的课题，同时需要在实践中解决。

二、精细化管理与 ISO 管理

ISO质量管理体系提出八项质量管理原则：关注顾客、领导作用、全员参与、过程方法、管理的系统方法、持续改进、基于事实的决策。应该说，这七项原则融合工业化阶段以及后工业化阶段企业成功运营的关注重点、工作方法以及正确处理各种利益关系的准则，其意义远远超过质量管理本身的范围。精细化管理是什么？是企业通过目标、流程、组织责任以及现场的运营分析，对管理与效率的一种追求，核心在于柔性、敏捷适应市场需求基础上的运营成本降低与运营效率提升。

（一）关注顾客

这是任何现代管理模式一致的要求，企业是依赖于市场与顾客，必须理解顾客与市场当下需求与未来需求，超越客户期望，在此基础上安排运营活动，并开展管理活动。在企业运营活动中，失去市场与顾客，企业就失去发展的动力，客户关系到企业在市场中的发展战略定位与发展目标，企业是否能够持续发展以及持续发展的依据都在客户，在市场，在现在的顾客与潜在的顾客，在顾客现在的期望以及未开发的期望。管理与运营的目的在于主动、快速抓住市场与客户。精细化管理不可能不关注市场，否则这种管理没任何价值。精细化管理在什么角度、什么方向采取什么措施、方法等去关注顾客需求？可考虑如下方面：①调查、识别并理解顾客需求；②确保客户需求、期望与企业目标结合；③确保整个企业内沟通顾客的期望与需求；④测量顾客的满意程度，并根据结果采取相应措施；⑤系统管理企业与顾客关系。

（二）领导作用

不论中外企业，领导者始终是企业持续发展的关键因素，尤其是国内企业，领导者决定企业成败与衰落。企业领导者是企业运营活动的中枢，确立企业统一的宗旨与方向，在创造和保持员工充分参与和实现企业目标的内部环境方面发挥决定性作用。对于包括 ISO9000、精细化管理在内的管理活动来说，领导者不能置身于体系外。精细化管理项目不是只给操作性员工制定管理标准与约束标准。很多人认为，我国企业乃至我国社会缺乏执行力，其实这是误区。问题在于我国社会包括企业组织的管理者总是把自己排除在规则、标准之外，所以破坏了整个系统的运行法则，导致表面"执行"的力量不够。精细化管理在体系内可通过如下方式强化企业领导者的领导作用：①领导的职能职责；②领导如何履行职责，如何执行规则；③为员工创造一个企业与员工共同发展的环境。

（三）全员参与

企业提供的产品与服务是由企业员工都参与到运营活动中而形成的，如果不是企业全员参与，每个人的积极参与和主动工作、主动承担责任，企业运营不可能取得好绩效。从质量管理角度来说，员工的积极性、主动性和创造性的充分发挥，员工素质的全面发展与提升，是质量管理取得实效的前提条件。实际上，从企业运营与行为科学角度来看，全员参与能满足员工的自我成就愿望，当企业和员工之间的需求相互得到满足，员工在心理上就会得到信任感，从而激发其聪明才智和创新精神，为企业带来更大经济或者社会效益。其实，在现代管理学发展过程中，工业心理学、人际关系理论、需要层次论、强化理论、公平理论、双因素激励理论、成就动机理论、期望理论等都非常关注企业员工积极性与创造性的发挥。基本上，现在流行的企业管理理论都强调全员参与，精细化管理通过以下几个方面来落实这个规则与要求：①企业中的每个员工是否了解自身的贡献度以及组织角色；②如何贯彻员工的主动工作意识以及主动承担责任的意识；③企业中的每个员工如何根据活动结果与规则标准评价业绩；④企业员工如何寻找机会增强自身能力、知识与经验；⑤企业通过什么规则落实上述保证活动。

（四）过程方法

实际上，精细管理在很多人看来，不过是一种理念、一种意识，原因在于缺少规则、标准，缺少方法、工具，即使有部分规则、标准也不能与精细化管理理念有机融合。换句话说，某种工具、方法并不是在精细化管理中特别有用，不可缺少；离开某种规则、标准，精细化管理还是有所谓的"化繁为简、专注细节"的理念，细节成为精细化管理的唯一和至上要求。ISO9000特别强调质量管理原则中的过程方法，这是值得精细化管理借鉴的。企业是一组输入转换为输出的活动集合，为了使企业有效完成这些活动，必须识别和管理很多相互关联和相互作用的过程与活动，或者是流程。一个流程或过程的输出直接转换为另一流程的输入，系统识别和管理企业内应用的过程，特别是这些过程之间的相互作用，就是过程方法。现代企业管理关注的不仅仅是输出本身，更重要的是关注转换过程与转换效率，所以过程、流程、细节成为管理中的关注点。过程方法就是能系统地识别企业的各个活动过程、相关资源、运行接口与相互作用，并把相关资源与活动作为过程进行管理，以获得高效和期望的结果。

（五）管理的系统方法

在质量管理中运用的系统方法是把质量管理体系当作一个大系统，对其中各个子系统和过程加以识别、理解和管理，以期通过各个子系统的协同作用和相互促进，使总体效应大于各个子系统之和，从而企业提高实现目标的有效性和效率。那么对于精细化管理来说，是不是需要借鉴这种理念，充分理解企业各类管理活动是如何运作的，各个过程内在的相互依存关系如何，如何通过系统工作和管理方法，使企业整体运营效率提升，效益最佳。管理的系统方法是精细化管理能否成为一个模式、体系的核心。不能想当然地认为企业未来发展就需要精细化管理、精细化是企业未来管理的必由之路等。问题在于精细化管理为企业带来什么，创造什么，需要通过方法与工具，而且是系统的方法与工具。精细化管理如何建立一个体系，以最佳效果和最高效率实现企业目标；如何理解体系内各过程之间的相互关系；如何更好地理解为实现企业共同目标所必需的责任和作用，减少运营障碍；如何在设定目标基础上，确定并管理体系中的特殊活动。这些问题需要研究。

（六）持续改进

企业要把产品、过程和体系的改进作为企业内每个员工的目标，持续改进不仅是企业质量管理体系的目标，也是所有企业管理模式的目标。企业要在复杂多变的市场环境中立于不败之地，必须持续不断地提高产品和服务质量，持续不断地改进企业管理活动，优化企业内部运营流程，提升企业管理质量和效果，降低企业运行成本，让顾客满意、员工满意、股东满意、社会满意。企业的持续改进与质量追求是个永不止境的过程，正如很多人认为的精细化管理的细节追求是个永不满足的过程一样。实际上，企业的持续改进应该作为一个战略和目标，贯彻到企业的各类活动中，致力于提升企业运营效率。

（七）基于事实的决策

精细化管理是用来调整产品、服务和运营过程的技术方法，以专业化为前提、系统化为保证、数据化为标准、信息化为手段，那么专业化、系统化、信息化、数据化如何贯彻到体系中，以什么方式进行，如果没有方式方法的保证，精细化管理的这个界定没有任何意义，最后的结果就是精细化不过是一种理念、说教而已。可以借鉴质量管理体系的原则：基于事实的决策方法。企业质量管理的有效性之一就表现在数据的准确和信息流的畅通。要保证数据和信息充分可靠，并采用正确的方法分析数据和信息，然后根据对实施的分析，加上经验和判断，做出决策并采取行动。

三、精细化管理与流程管理

流程是一组将输入转化为输出的相互关联作用的活动，流程是规范企业内部门和员工做事的先后顺序问题，可以解决企业跨部门协调配合不力、效率低下等情况，从而提升企业整体运行效率和效益。流程管理（process management）是一种以规范化的构造端到端的卓越业务流程为中心，以持续地提高组织业务绩效为目的的系统化方法，是一个可操作性的定位描述，指的是流程分析、流程定义与重定义、资源分配、时间安排、流程质量与效率测评、流程优化等。流程管理是为了客户需求而设计的，因而流程会随着内外环境的变化而需要被优化。企业流程管理主要是对企业内部改革，改变企业职能管理机构重叠、中间层次多、流程不闭环等，使每个流程可从头至尾由一个职能机构管理，做到机构不重叠、业务不重复，达到缩短流程周期、节约运作资本的作用。

在现代社会，一方面，产品个性化、生产复杂化、企业经营多元化，片面追求分工精细，强调专业化，使企业的整体协调作业过程和对过程的监控日益复杂，管理环节越来越多，管理成本越来越高，结果致使整个企业效率低下，以至于走到了分工原则初始动机的反面；另一方面，高科技的发展，特别是计算机的普及，使简化管理环节成为可能。目前，国内很多企业进行流程型组织变革，从职能驱动业务向流程驱动业务转型，即在发挥职能型组织优势的同时，利用流程打破部门间的"部门墙"，用流程实现信息、物资以及资金在不同部门或者业务单元之间的流转，从而提升企业运行效率，降低运营成本。

从本质上说，精细化管理离不开持续优化的流程。对于企业管理来说，流程是核心要素，流程管理水平的高低将决定一个企业的整体管理水平。通过流程规范化和精细化可以提高业务过程受控程度和工作效率，通过流程可以实现隐性知识显性化，利用企业知识积累和创新，同时提高企业资源合理配置程度。我国企业早已进入国际化市场，市场化程度比较高，企业要在市场上立足，比拼的不仅仅是产品，更重要的是服务，这些都离不开流程的持续优化。流程和细节是精细化管理的两个支点，前者比后者更为重要。基于流程的企业运营管理可以提升企业持续竞争能力。

对于企业管理者来说，产品质量是生产出来的，不是检验出来的。企业不同层级的管理者都应关注造成结果的过程而非结果本身，当过程正确时得到的结果自然也就正确。对于产品质量的管理是这样，那么对于企业的管理呢？现在的管理人员进行企业管理的主要手段是各种报表，但报表体现的是管理的结果，并不能体现管理的过程。因此，对于企业的管理也应关注管理的过程，过程正确结果自然正确。而对于企业管理来说，所谓的"过程"就是企业的各种业务流程。管住了流程就等于管住了企业，管好了流程就等于管好了企业，优化了流程就等于优化了企业的管理。现代化的管理首先体现在现代化的业务流程中。业务流程优化不是改变传统的，而是优化现在的、改变不合理的，而且这种改变是一个长期持续的过程，就像 GE 一样每年都有变动，因为企业经营环境不断变化。企业要不断地优化现有流程，甚至对流程进行再造。

流程决定绩效。企业管理层可以通过动员、强调达到一时效果，但不改变流程及其背后的规则，这种效果是暂时的。流程管理和改进的关键是确定目标和战略，书面化流程，实施流程，确定责任人并定期评估。在此基础上，开发一系列的指标，确保流程按既定方式运作，并与前面讲的按时交货率、质量合格率等挂钩。这样一来，从流程到绩效，再由绩效反馈到流程，形成一个封闭的管理圈。要做好企业流程管理，首先需要领导全面支持，只有领导有主动变革的决心和意愿，流程管理的成功才有保证。第二是需要持之以恒的培训，包括管理思想和管理团队的培训，一把手的改革思想逐层传递到员工和真正的改革执行者，使全体员工统一思路，保持一致行动。最后需要动员员工广泛参与。这样保证流程管理获得所需要的资源，同时，也有利于在组织内部传播改革的思想。因为员工是流程的最终执行者，员工的参与有助于及早适应和改进流程。流程管理不可能一步到位，要通过"试点—改进—推广"的多次循环，不断发现问题和做出改进。

流程管理应该成为精细化管理的一个重要内容。但实际上，现在的精细化管理文献更多地关注做事的细节，而不是做事的程序、流程。①精细化管理应该关注流程或把流程内容纳入其中作为一个重点，这是比所谓的细节更为重要的内容。②通过精细化管理提高流程受控程度。③精细化流程本质上是流程优化。④流程管理的工具、方法也可成为精细化管理的工具、方法。⑤通过流程的优化提高企业运营的效率。⑥通过制度或规范使隐性知识显性化。⑦通过流程化管理提高资源合理配置程度。⑧快速实现管理复制。

四、精细化管理与规范化管理

精细化管理与规范化管理无论在内容、结构、框架，还是在方法、工具，甚至理念、意识上都具有一致性。

第一，在管理理念上，两者具有一致性。精细化管理的出发点和目的在于建立起我国企业现代化和工业化基础上的企业管理基础，把企业基础管理夯实，无论采用科学管理的方法，还是质量管理的方式等，目的在于推进国内企业的基础管理工作，提升我国企业基础管理水平，本质上是按照规范化要求强化企业基础管理，提升企业运营效率。这与规范化管理的目的、出发点、理念完全一致，只是称呼上有所不同。

第二，在管理规则、标准、准则上，两者具有一致性。精细化管理中的控制措施、控制标准、行为标准、关键控制点等与规范化管理的相关内容基本一致，两者都在于建立一套包含中华传统文化要素的现代化管理标准体系，形成一套带有传统文化中精华因子的、系统的、现代化的价值观体系。

第三，从两者的框架、结构上看，两者是一致的。规范化管理体系强调目标、组织结构、战略与规划管理、流程管理、支撑系统管理（人力、财务、后勤）的规范化、制度化，强调决策程序化、考核定量化、组织系统化、权责明晰化、奖惩有据化、目标计划化、业务流程化、措施具体化、行为标准化、控制过程化。实际上，这正是精细化管理也同样强调的内容。两者在框架、结构上完全一致。总体来看，这种中国式的管理模式可以称为规范化管理体系，也可称为精细化管理体系，两者没有实质性差异。

五、精细化管理与精益管理

精益管理是对丰田生产方式的总结与提升，代表了在众多行业和领域丰富的实践经验和深刻的管理思想。精益管理的本质是通过消除各种形式的浪费，不断提升价值流效率。精益管理的主要内容至少包括以下几个方面：

①理念——对浪费的定义和深恶痛绝的态度。除了在制造领域都很熟悉的经典的 7 种浪费外，在企业经营活动中还普遍存在着如沟通障碍、架构僵化、方向冲突、错误工具、断层、无用信息、等候、知识废弃、过早设置、人力资源和劳动技能等各种形式的浪费。

②理念——精益企业文化。站在顾客的立场审视企业活动，力求提高价值流效率；劳资双方的和衷共济，企业内部建立真正的团队；将员工热情追求完美，持续改善、精益求精的理念贯彻到每个人的头脑里。

③方法——准时制（JIT）的运作。在适当的时间、适当的地点提供适当数量的产品或服务，并且用最少的资源。做到动如脱兔，静如处子。企业的流程标准不僵化，内部流程可因市场变化而更改，对市场的反应更为灵敏和快速。

④准则——企业流程的自动化。企业运营机制被设计成能自动识别异常，提示异常，必要时中止操作。特别是在各种重大决策流程，如企业战略、运营体系的调整和设置过程，从一种制衡的角度应该包括风险评估和防范体系以及应急计划和措施。

⑤方法——防呆体系与防错系统。各种操作、流程、体系能有效防止各类容易发生的低级错误，降低各类质量事故和安全事故。

⑥理念与准则、方法——企业运作体现"拉动"思想。企业以市场的反应和顾客的需求为导向，企业内部建立对市场需求的快速反应和拉动机制。企业的发展和运作不是以行政命令为特色，而是更关注人性化管理，用一种"引导"而不是"推动"的方式带领和提高全体员工朝发展方向前进。

精益管理产生于现代工业生产过程中，是市场的变化引起的一种生产方式与管理方式的变革，适用于已经具备现代生产的价值理念体系的环境下的运营管理。很显然，精细化管理可以借鉴其理念、准则、标准与方法，但精细化管理更主要的适用对象是需要强化基础管理、提升价值理念的生产环境下的企业运营管理。在这种环境下，主动工作、主动承担责任、团队意识、创新意识上没有形成普遍的环境意识，需要不断培育。重要的是管理环境的差异，需要强化的是企业的基础管理工作。

第三节 精细化管理的内容、模块、特征和步骤

一、精细化管理的内容与模块

精细化管理需要落到实处，这样才能成为一种管理模式。所谓的细化、量化的方法仍然不过是一种理念，是操作性理念，而不是哲学层级的理念。精细化管理需要落实到企业运营所需要的资源以及资源的结合上，形成对人、事以及过程的管理、控制，这就是精细化管理的内容。

（一）精细化的目标管理

目标是精细化的第一层级，目标是企业开展运营活动的根本，目标驱动着企业采取各类管理活动整合资源，提升资源使用效率，达到价值创造与价值实现的目的。从精细化管理模式的角度来看，目标管理是其他一切管理活动的基础。在这个层级上，可以谈论细化、量化的要求，进而采取或使用一些可以细化、量化的工具与方法。

在整体目标层级上，精细化管理的目标是企业目标。在此层级上通过一系列的行为准则、价值准则等支配、约束，寻找完成任务的方法、手段与工具。企业目标需要组织中的个体与团队的目标同时达成。

不同企业实施精益管理的方法有所选择，但都必须是有效率的。对于精细化的目标管理来说也是如此，选择、使用的目标达成方法必须是有效率的，符合精细化管理理念和准则要求。目标管理是精细化管理的基础。

（二）精细化的流程管理

流程管理是精细化管理的第二层级内容，也是精细化管理中的重要组成部分。分析、优化输入向输出转化的活动过程，是效率改进、提升的根本，资源在这个输入输出转换过程中实现价值转移，流程管理是现代企业最重要的管理课题之一，也是精细化管理必须关注和处理的过程与内容，从宏观层面上来说，也是精细化管理创造价值的工具和方法。

企业中管理者包括两个内容：一是关注做事的细节，二是关注做事的流程。不同层级的企业管理者关注细节和流程的范围、程度有差异，需要明确流程中的责任、权力等以及管理者与流程、细节的关注对应度。这是流程管理的内容，也是精细化管理的内容。

流程管理的效率与流程稳定性以及环境对流程的影响有关，要确保流程稳定性效率，必须通过一系列的流程管理工具、方法进行流程管理。明确流程的责任者、客户、目的与结果。精细化管理通过对流程进行管理，确保流程稳定运行，从而达到企业运行的目标。流程管理是目标管理的手段和工具，也是实现目标管理的过程基础。

（三）精细化的组织管理

组织与结构内容是企业实现目标的保证，组织精细化的内容主要包括以下几方面：①组织与目标、环境的适应性；②组织效率；③组织中的层级划分；④组织的权责；⑤组织的功能；⑥组织与流程的匹配性；⑦组织文化；⑧组织中的资源。

实际操作中关注的是通过组织管理促使流程稳定性运行，确定组织功能与组织中个体、团队的权责、目标等至关重要。组织是流程有效、稳定运行的制度保证和规则保障。组织精细化与流程精细化是从属于目标精细化的管理内容。

（四）精细化的班组管理

班组是企业所有管理活动与生产运营活动落实的基本单位，是企业最基层的生产管理组织。班组承载着精细化管理的目标内容，是目标落实的指向点。

班组精细化管理使班组在企业中发挥出最大化的效能，确保企业制度及目标有效执行和落实。班组精细化管理是组织、流程精细化管理的落脚点。

（五）精细化的现场管理

现场精细化管理也是组织、流程精细化管理的落脚点，是人与事的结合点。

与精细化管理的五个内容相对应，精细化管理有五大模块，分别为目标精细化管理模块、流程精细化管理模块、组织精细化管理模块、班组精细化管理模块、现场精细化管理模块。

二、精细化管理的特征

（一）精细化管理是专业化的管理

精细化管理强调的"细节""精准"等对工作、流程等的管理要求首先体现在"专业"，现代管理必须从侧重操作、凭经验进行管理转变到具有较强专业能力、能以系统的管理方法与管理工具来处理企业问题，实际上这也是现代社会分工日益细化的必然要求。精细化管理强调一个"细"字，不仅体现在责任要求的"细"，流程管理上的"精"与"细"，而且是"过程控制"方面的"细"，这是关键。要控制过程就必须对过程中的每一个动作控制到位，需要执行这些动作的专业能力。专业化是精细化管理的首要条件，管理欠缺专业能力，精细化管理就不可能成功。专业化不只是对管理者的专业能力提出要求——它要求管理者必须持续学习，以提供工作所需要的各种知识，同时对管理者的工作方式提出了挑战。另外，精细化管理中的专业化特征还在于同等条件下要想把事情做得精，就必须把有限的资源投入最能产生效益的事情上去，把有限的精力投入效益最大的管理活动中，投入最熟练与具有专业性经验、财富的管理活动中。管理中的专业化是精细化管理的途径。

（二）精细化管理是系统化的管理

精细化管理对管理工作提出系统性思维要求，要求管理者将企业视为一个整体而不是分裂开的事物，从全局的角度来思考问题，并发掘发展机会。系统性在企业中具体运用的例子莫过于 PDCA 管理循环。企业管理问题之所以重复存在，一个重要原因在于管理者的工作没有做到很好的衔接，而是处于断裂状态，如同 PDCA 中的管理循环。管理者拟订工作计划，却没有人执行计划；有人执行计划，却没有人检查计划有无偏离预期目标；也许有人监督、检查，但结果往往是只监不"控"，无人对检查结果进行总结，形成改善动作，为进入下一个 PDCA 循环创造条件。在整个 PDCA 循环中，精细化管理特别侧重于"总结／改善"环节，因为"总结／改善"所形成的生产力正是前三个动作的价值所在，否则，管理行为就无法去伪存真，去粗存精，管理行为就无法得到固化、优化，企业就不能呈现螺旋式上升发展。

（三）精细化管理是体系化的管理

企业是一个有机整体，对企业进行管理的行为方式、方法等不应该是拼凑起来的、支离破碎的。模式是核心理念加准则、规范与方法，准则、规范与方法是服务于理念体系、价值体系的。精细化管理的核心价值理念在于满足客户价值基础上实现企业价值，精细化管理就是以这一价值理念为指导思想来协调企业组织运行和管理的行为，使企业方方面面的管理方法和技术融合为一个整体，并彼此协调照应。按照规范化管理专家舒化鲁的说法，一套系统的、在企业内部广泛认同的价值观念体系，是构成企业组织自我免疫、自动修复机能的基础。企业组织有了这样一套价值观念体系为企业组织的运行提供指导思想，任何有违于企业发展正道的行为和做法才能被及时纠正，避免不利于企业持续稳定发展的行为和做法。精细化管理正是具有一套为企业员工所认同的价值体系，才能整合企业相关管理方法、工具，形成提升企业运营效率、推进企业发展的管理系统或模式。

（四）精细化管理是人本管理

精细化管理是在深刻认识人在社会经济活动中的作用的基础上，突出人在管理中的地位，实现以人为中心的管理。第一是依靠员工的管理理念。在生产经营实践中，决定企业发展能力的因素主要不在于机器设备，而在于人们拥有的知识、智慧、才能和技巧。企业最重要的财富是人，必须树立依靠人的经营理念，通过全体员工的共同努力，去创造企业的辉煌业绩。第二是开发员工的潜能，这是最主要的管理任务。人们通常都潜藏着大量的才智和能力，管理的任务在于如何最大限度地调动人们的积极性，释放其潜藏的能量，使人们以极大的热情和创造力投身到企业价值创造过程之中。第三是尊重每一位员工，这是企业最高的经营宗旨。每一个企业员工都是具有独立人格的人，都有做人的尊严和做人的应有权利，必须充分肯定和尊重每一个员工的工作。不仅尊重每一名员工，更要尊重每一位消费者、每一个用户。第四是在企业内组建高素质的员工队伍。一支训练有素的员工队伍对企业至关重要。精细化管理强调，企业都应把培育人、不断提高员工的整体素质，作为经常性的任务，尤其是在急剧变化的现代，技术生命周期不断缩短，知识更新速度不断加快，每个人、每个组织都必须不断学习，以适应环境的变化并重新塑造自己。提高员工素质，也就是提高企业的生命力。第五是确保员工的全面发展，这是精细化管理的终极目标。第六是凝聚员工的合力，确保企业有效运营。精细化管理不仅要研究每一个员工的积极性、创造力和素质，还要研究整个企业的凝聚力与向心力，形成整体的强大合力，把企业建设成现代化的有强大竞争力的团队。

三、精细化管理的步骤

（一）运营现状和管理现状评审

"知己知彼，百战不殆"，孙子兵法中的战争原则也适合精细化管理活动的实施。对于企业来说，管理变革本身就是一场战争活动，这里敌方就是管理改进、提升，是精细化管理的目标，而我方是目前的管理与企业运营现状。推行任何一项管理变革或实施一项管理活动，必须首先了解本企业的管理现状以及管理中经常出现的问题，也就是需要对企业的管理现状进行审计，明确将要推行的活动重点以及侧重点，有针对性地解决企业运营中的问题，提升企业运营与管理水平，把握现状，明确目标、理想、定位与现状的差距。

为此，企业在推进精细化管理之前，必须根据精细化管理的基本要求，对企业的管理现状和运营现状进行诊断评论。通过诊断，可以比较客观地掌握企业的整体水平。需要考量的问题大致如下：①迄今为止，企业实施了哪些管理活动以及做过哪些变革，这些变革、管理活动与精细化管理活动在内容上有哪些交叉，是否覆盖相关部分？②这些管理变革以及管理活动在哪些部门实施，实施的时间多长，实施的效果如何，效果好与坏的原因有哪些，解决了管理上的哪些问题？③员工是否能正确对待上述管理活动以及变革的推行，是否理解？④与精细化管理活动在内容上交叉的那些部分员工是否理解，实施效果如何？⑤企业员工对推行一项新的管理活动持什么态度？

其实，以上对于企业的审计也就是推行精细化管理前的活动策划，主要内容如下：①采取各种能采取的方式收集相关信息；②记录下管理审计的各种审计或诊断结果；③分析、研究推行或实施精细化管理活动的效果测定方法。

（二）精细化管理的阶段与推行步骤

精细化管理需要经历以下三个阶段。

1. 准备阶段

首先必须了解什么是精细化管理，通过基础培训了解精细化管理以后，对企业的现状要做对照检查，发现差距，同时在有条件的情况下，通过参观标杆企业，做一个外部交流，横向对比也容易发现不足，发现差距，从而对精细化管理的必要性、紧迫性达成共识，在这个基础上建立企业的推进体制，也就是说，企业的精细化管理推行组织应该怎么做，应该明确哪些责任人。

2. 实施评估阶段

这个阶段就是要导入精细化管理。首先通过标准建设、制度建设、流程分析等建构企业的目标管理、流程管理、组织管理、现场管理、班组管理系统，局部试推行；然后全面铺开，全员行动，全面进行改善，通过导入精细化管理发现问题，推动问题解决，而且做到奖优罚劣，推动相关问题的解决，形成一个自主的推动方式。

3. 巩固阶段

固化准则、制度、程序，标准化行为、规范等，做到让员工容易遵守，使员工形成良好的习惯，形成一个自主改善的状态。把这一个过程固化成企业的制度、企业的标准。

精细化管理的推行步骤有六个，分别是：成立推行组织，明确职责；精细化管理策划与管理审计；宣传造势、教育训练；全面导入；巩固，纳入日常管理活动；深入，持续改进与提升。

第二章 公路工程施工现场管理

第一节 施工现场管理的基础

一、施工现场管理的特征

公路工程施工现场管理有以下特征：①施工现场管理的对象是施工项目，施工项目是一次性的，而不是工厂式的重复生产，施工企业应当以施工项目为对象组织生产。②施工现场管理的组织机构是临时性的，随着施工项目的完成而撤销。管理组织机构的设置，要求最大限度地使企业各生产要素在施工现场上得到最佳的动态组合。③项目经理是管理的核心，企业要建立以项目经理部或承包班子为主要组织管理形式的施工管理系统，实行项目经理负责制。④企业要建立以施工项目为对象的经济核算体系，以体现施工项目的责、权、利关系。⑤为适应施工管理的需要。企业要建立多功能相对稳定的劳务管理后方基地，发展多种经营，以便转移、安置富余人员。为适应施工管理的要求，企业应当建立内部市场机制，把社会市场的公平竞争、买卖关系、经济杠杆、优胜劣汰等机制引进内部管理中，为进一步推行施工管理创造条件。综上所述，施工现场管理要求做到：一是施工生产人员不拖家带口到现场；二是动态投入生产要素；三是按管理与劳务两个层次组织施工。

二、施工现场管理的职能

公路工程项目施工现场管理主要具有以下四个职能：①计划职能。在实施施工管理的全过程中，应将全部目标和全部经营活动统统纳入计划的轨道，用一个动态的计划来协调控制整个施工项目，使项目协调有序地达到预期目标。②组织职能。通过职权划分、授权、合同的签订和执行与运用各种规章制度等方式，建立统一高效的组织体系，以确保项目目标的实现。③协调职能。项目施工需要在不同阶段、不同部门、不同层次间进行协调与沟通。④控制职能。项目施工主要通过计划、决策、实施、反馈、调整来对项目进行有效控制，其控制中心内容是质量控制、工期控制、成本控制和安全控制。

三、施工现场管理的目标和任务

公路工程施工现场管理的目标是在确保承包合同规定的工期和质量要求的前提下，降低工程成本。然而，质量、工期、成本三者不是彼此孤立的，施工现场管理的基本任务就在于实现上述三大目标的和谐统一。据此，施工现场管理的目标和任务即在于：合理组织项目的施工过程，充分利用人力、物力，有效使用时间和空间，保证综合协调施工，按期、保质并以较低的工程成本完成工程任务。

四、施工现场管理的工作内容

施工现场管理，是指从施工项目合同签订直至工程竣工所进行的各项管理工作的总称。按阶段划分，可分为施工准备阶段管理和施工阶段管理。施工准备阶段管理，是指为了工程项目施工的顺利进行而开展的技术准备、施工力量组织及各项基础工作。施工阶段管理，是指为了使工程项目施工顺利完成而进行的各项调度和控制工作。

五、施工现场管理的规划大纲

（一）编制依据

①招标文件及发包人对招标文件的解释。②企业对招标文件的分析研究结果。③工程现场情况。④发包人提供的工程信息和资料。⑤有关竞争对手、市场资源的信息。⑥企业决策层的投标决策意见。

（二）大纲内容

①项目概况。包括根据投标文件提供的情况对项目产品的构成、工程特征、使用功能、建设规模、投资规模、建设意义的综合描述。

②项目实施条件分析。包括发包人条件、相关市场、自然和社会条件、现场条件的分析。

③项目投标活动及签订合同的策略。包括投标和签订合同的总体策略，工作原则，投标小组组成，签订合同谈判组成员，谈判安排，投标和签订合同的总体计划安排。

④项目管理目标。包括施工合同要求的目标，承包人自己对项目的规划目标。

⑤项目组织结构及其职责。包括拟选派的项目经理，拟建立的项目经理部部门设置及主要成员等。

⑥质量目标和施工方案。包括招标文件（或发包人）要求的质量目标及其分解，保证质量目标实现的主要技术组织措施，工程施工程序，重点单位工程或重点分部工程的施工方案，拟采用的施工方法、新技术和新工艺及拟选用的主要施工机械。

⑦工期目标和施工总进度计划。包括招标文件（或发包人）的总工期目标及其分解，主要的里程碑事件及主要施工活动的进度计划安排，施工进度计划表，保证进度目标实现的措施。

⑧成本目标及管理措施。包括总成本目标和总造价目标，主要成本项目及成本目标分解，人工及主要材料用量，保证成本目标实现的技术措施。

⑨项目风险预测和安全目标及措施。包括根据工程实际情况对施工项目的主要风险因素做出预测，采取相应对策措施，风险管理的主要原则。安全责任目标，施工过程中不安全因素分析，安全技术组织措施。专业性较强的施工项目，应当编制安全施工组织设计及采取的安全技术措施。

⑩项目现场管理和施工平面图。包括施工现场情况描述，施工现场平面特点，施工现场平面布置的原则，施工现场管理目标和管理原则，施工现场管理的主要技术组织措施，施工平面图及其说明。

第二节 施工准备阶段管理

一、施工准备阶段的工作内容

施工准备阶段是工程项目施工生产的首要环节，其基本任务是为工程的正式展开和顺利施工创造必需的条件。其主要工作有：

（一）建立施工的技术条件

主要包括：①研究和熟悉设计文件并进行现场核对；②补充调查资料；③设计交桩和设计技术交底；④建立工地实验室；⑤编制施工组织设计；⑥编制施工预期。

（二）建立施工的物资条件

建立施工的物资条件主要包括：①组织材料订货、加工、运输和进场；②施工机械设备的进场、安装和调试；③设置施工临时设施。

（三）组织施工力量

组织施工力量主要包括：①组建施工队伍，成立项目管理机构；②组织特殊工种、新技术工种的技术培训；③落实协作配合条件，组织专业施工班组，签订专业分包合同；④对临时工的教育和培训。

（四）做好项目管理的基础工作

1. 建立以责任制为核心的规章制度

建立以责任制为核心的规章制度包括：①岗位责任制。如人人有基本职责；有明确的考核标准；有明确的办事细则。②经济管理规章制度。如内外合同制度、考勤制度、奖惩制度、领用料制度、仓库保管制度、内部计价及核算制度、财务制度等。

2. 标准化工作

标准化工作包括技术标准、技术规程和管理标准的制定、执行和管理工作。

3. 制定各类技术经济定额

根据项目管理的实际情况，制定出反映项目水平的消耗定额、状态定额和效率定额。

4. 计划工作

包括计量核定、测试、化验分析等方面的计量技术和计量手段的管理工作。

（五）建立施工的现场准备

根据施工组织设计及施工平面图布局的要求，进行施工，场地准备及工作面的准备工作。

工程施工对象的性质、规模不同，施工准备工作的内容和组成也不尽相同。然而，施工准备工作的基本内容主要有两个方面：一是抓规划，编制施工组织设计；二是在施工组织设计指导下，抓施工条件的落实。

二、技术准备

（一）研究和熟悉设计文件并进行现场核对

组织有关人员学习设计文件，是为了对设计文件、图纸及资料进行了解和研究，使施工人员明确设计者的设计意图，熟悉设计图纸的细节，掌握设计人员收集的各种原始资料，对设计文件和图纸进行现场核对。其主要内容包括以下内容：

①各项计划的布置、安排是否符合国家有关方针政策和规定；②设计文件所依据的水文、气象、土壤等资料是否准确、可靠、齐全；③对水土流失、环境影响的处理措施；④路基平、纵、横断面，构造物总体布置和桥涵结构物形式等是否合理，相互之间是否有错误和矛盾；⑤核对路线中线、主要控制点、水准点、三角点、基线等是否准确无误，主要构造物的位置、尺寸大小、孔径等是否恰当，能否采用更先进的技术或使用新型材料；⑥路线或构造物与农田、水利、航道、公路、铁路、电信、管线及其他建筑物的互相干扰情况及其解决办法是否恰当，干扰可否避免；⑦对地质不良地段采取的处理措施；⑧主要材料、劳动力、机械台班等计算（含运距）是否准确；⑨施工方法、料场分布，运输工具、道路条件等是否符合实际情况；⑩临时便桥、便道、房屋布设是否合理，电力、电信设备、桥梁吊装方案、设备、临时供水、场地布置等是否恰当；⑪各项协议文件是否齐备、完善；⑫工程验算与采用的定额是否合理。如现场核对时发现设计不合理或错误之处，应做好详细记录并拟定修改意见，待设计技术交底时提交。

（二）补充调查

现场补充调查的目的是为编制施工组织设计进行资料准备。这与投标前的事前调查在大范围上是基本一致的，但是深度不同。因为编制施工规划和编制施工组织设计要求掌握的资料更为具体和详细。调查的主要内容有：

①施工地区的自然条件，如气象、水文、地质、地形情况等。②地方材料市场及供应情况，如灰、砂、石等地方材料的生产、质量、价格、供应条件等。同时必须了解材料供应季节性的特点和要求。③施工地区的交通运输条件，如现有交通运输设施条件及可能为施工服务的能力等。④施工地区可供施工使用的施工机械设备情况，包括数量、规格、能力等。⑤施工现场情况，如有无障碍物和待拆迁的设施、可供施工利用的原有建筑物及设施、

可作为施工临时用地的面积大小等。⑥当地市政、公用服务设施情况，如当地供水、供电、通信、生活、医疗等方面的条件，可为施工服务的能力等。⑦施工地区的其他建筑安装企业、建筑制品或构件工厂的可能协作配合条件，以及当地可作为临时工的劳动力情况等。⑧施工地区对环境保护、防治施工公害方面的要求及技术标准等。

（三）设计交桩和设计技术交底

工程在正式施工之前，应由勘测设计单位向施工单位进行交桩和设计技术交底。交桩应在现场进行，设计单位将路线测设时所设置的导线控制点和水准点及其他重要点位的标志逐一移交给施工单位。施工单位在接收这些控制点后，要采取必要措施妥善加固保护。

设计技术交底一般由建设单位主持，设计、监理和施工单位参加。交底时设计单位应说明工程的设计依据、设计意图和功能要求，并对某些特殊结构、新材料、新技术以及施工中的难点和需注意的方面详细说明，提出设计要求。施工单位则将在研究设计文件中发现的问题及有关修改设计的意见提出，由设计单位对有关问题进行澄清和解释，对于合理的修改意见，经讨论认为确有必要，可在统一认识的基础上，对所讨论的结果逐一记录，并形成纪要，由建设单位正式行文，参加单位共同会签，作为与设计文件同时使用的技术文件和指导施工的依据，以及进行工程结算的依据。

（四）建立工地试验室

公路工程施工过程中，必须进行各种材料试验，以便选用合适的材料及材料性能参数，才能保证公路工程结构物的强度和耐久性，并有利于掌握各种材料的施工质量指标，保证结构物的施工质量。

工地试验室是为施工现场提供直接服务的试验室，主要任务是配合路基、路面施工，对工地所用的各种原材料、加工材料及结构性材料的物理力学性能，以及施工结构的几何尺寸等技术参数进行检测。

一个比较正规的工地试验室，应配备 3 ~ 6 个基本试验人员。其中，试验室主任或负责人1人，试验员2 ~ 5名。至少应有100平方米的试验用房，才能布置好不同项目所需要的使用仪器（具）设备和办公、保管用房。试验室除了配备加热设备、测温仪器、计量衡器、计时仪表等一些通用的仪具外，还应按施工过程中需进行的试验和检查测试项目配备相应的专用试验仪具。

（五）编制施工组织设计

公路施工组织设计是指导公路施工的基本技术经济文件，也是对施工实行科学管理的重要手段。编制施工组织设计的目的在于全面、合理、有计划地组织施工，从而具体实现设计意图，按质、按量、按期完成施工任务。实践证明，一个工程如果施工组织设计编制得好，能正确地反映客观实际，并能得到认真的执行，施工就可以有条不紊地进行，否则就会出现盲目施工的混乱局面，造成不必要的损失。

（六）编制施工预算

施工预算是在施工图预算的基础上，根据施工图纸、施工组织设计或施工方案、施工定额等文件进行编制的，是企业内部控制各项成本支出、考核用工、签发施工任务单、限额领料和进行经济核算的依据。

三、物资准备

物资准备的主要内容包括：①路基、路面工程所需的砂石料、石灰、水泥、工业废渣、沥青等材料的准备。②沿线结构物所需的钢材、木材、砂石料和水泥等材料的准备。③施工工艺设备的准备。④其他各种小型生产工具、小型配件等的准备。

物资准备是一项非常重要的工作，应与施工组织设计及作业计划进行相应内容的准备，不要因为准备不足而造成工程窝工，也不要因为准备过剩而造成材料的积压、变质和机械台班的闲置。

四、施工管理组织的组建

施工企业通过投标方式获得工程施工任务后，应根据签订的施工合同要求，迅速组建符合本工程实际的施工管理机构，组织施工队伍进场施工。施工管理的组织机构是指为了实现项目的总目标，对所需一切资源进行合理配置而建立以项目经理为项目实施的最高领导者、组织者和责任者，以分工协作、责权利一致、命令统一、精干高效等为原则的一次性临时组织机构。

（一）施工管理组织机构的类型

1. 部门控制式

它是在不打乱企业现行建制的条件下，把项目委托给企业内部某一工程处或施工队，由其组织项目实施的项目管理组织形式。一般适用于小型简单项目和单一专业型项目，不需涉及众多部门，职责明确，职能专一，关系简单，便于协调。但这种形式不适应大型复杂项目或涉及多个部门的项目，局限性较大。

2. 混合工程队式

这是完全按照对象原则组建的项目管理组织机构，适用于大型项目和工期要求紧迫的项目，或者要求多工种、多部门密切配合的项目。项目管理组织成员来自公司内不同部门和单位。首先聘任项目经理，从有关部门抽调管理人员组成项目班子，然后抽调队伍归其指挥，建立一个项目工程队，组成新的项目管理经济实体。项目完成后，工程队成员仍回原单位。

混合工程队项目管理组织的优点：①可以培养一专多能人才；②减少矛盾，能及时解决问题；③权力集中，决策及时，工作效率高；④减少管理界面和行政干预，便于协调。缺点是人员来自不同部门，缺乏共同语言；职工长期离开原单位，容易影响积极性的发挥；人员分散，培训困难。这种形式也有其局限性，因此，当人才紧缺时，有多个项目需要完成，或对人工效率要求很高时，不宜采用。

3. 矩阵式

这是现代大型项目管理中应用最为广泛的新型组织形式，我国已有为数不少的施工企业开始采用这种形式。当企业同时承担多个项目，对专业技术和管理人才需求量很大，而施工企业人才资源又有一定限度，且大型复杂项目又要求多部门、多工种配合实施，对人工利用率要求很高时最适用。在矩阵组织中，永久性专业职能部门和一次性项目管理组织同时交互起作用。

矩阵式管理组织的具体做法是公司设置综合性的具有弹性的管理科室，科室负责人根据不同项目的需要和忙闲程度，将本部门的专业人员在项目之间进行增减调配：项目经理部则视项目管理需要，在项目经理之下设经营经理、施工经理、生活经理等，这样便使项目管理中既有职能系统的竖向联系，又有以项目为中心的横向联系。纵向上表现出施工生产上的决断，横向上表现出现场动作协调、平衡。对劳务作业力量实行切块分包任务，根据项目网络计划的需要确定进场时间，完成任务后自行撤离现场，从而为项目提供了一支灵活机动、弹性多变的施工力量。一个项目由多个工程队承担，一个工程队同时用于多个项目，利用各项目施工高潮的错落起伏统筹安排、穿插交错、多点使用，使人力、财力、物力得到最大限度的利用。

矩阵式项目组织形式的好处是有利于充分利用人力，特别是技术力量，用较少的人力完成较多的项目。同时项目中各项专业管理可以由精通专业、经验丰富的人员担任，有利于各项专业管理的加强。其局限性是纵、横双重领导的体制容易发生纵、横向需求矛盾而使当事人无所适从，管理要求高，协调难度大，而且矩阵式项目组织一般不形成经济实体，容易发生责、权、利脱节现象，不能很好地起到约束项目组织成员行为的作用，对管理人员责任心的要求较高。

（二）项目管理组织类型的选排

选择什么样的项目管理组织形式，要根据企业和项目的具体条件因地制宜地选择，一般来说，应考虑的因素有企业人员素质、管理基础的情况以及项目本身的规模、技术复杂程度、专业多寡和项目经理的素质与能力。项目组织类型选择组合如表 2-1 所示。

表 2-1 项目组织类型选择组合表

项目组织形式	适用项目特点	适用施工企业类型及企业资质状况
部门控制式	①小型项目 ②简单项目 ③只涉及个别少数部门的项目	①任何施工企业均可适用 ②企业人员构成较为单一，力量较为薄弱 ③企业总体水平虽不甚高，但其中某个部门或某个下属单位较强，可以承担项目管理，少数人员素质较高，可以实施项目管理
混合工程队式	①大型项目 ②复杂项目 ③工期至关重要的项目 ④远离企业总部的单独项目	①大型综合施工企业和有得力的项目经理的企业 ②管理人才济济，人员专多能，可以组织若干高水平的项目班子和项目组织 ③管理水平较高，基础工作较强，管理经验丰富，且欲较快培养项目管理后备人才
矩阵式	①多工种、多部门、多技术配合的项目 ②人工效率要求很高的项目 ③企业总部附近的项目或虽远离总部但有多个互相来往较为方便的项目	①大型综合施工企业 ②经营范围很宽、实力很强的施工企业 ③文化及管理素质、技术素质很高，但人才紧缺的施工企业；管理水平较高，管理渠道畅通，信息沟通灵敏，管理经验丰富的施工企业

五、建立健全各项管理制度

（一）施工计划管理制度

施工计划管理是施工管理工作的中心环节，一切其他管理工作都要围绕计划管理来开展。计划管理包括编制计划、实施计划、检查和调整计划等环节。由于公路施工受自然条件的影响大，其他客观情况的变化也难以准确预测，这就要求施工计划必须经过充分调查研究后制订，同时在执行过程中应随时检查，发现问题及时采取措施解决，必要时还应对计划进行调整修改，使之符合新的客观情况，保证计划的实施。

（二）工程技术管理制度

施工技术管理是对施工技术进行一系列组织、指挥、调节和控制等活动的总称。其主要内容包括：施工工艺管理、工程质量管理、施工技术措施计划、技术革新和技术改造、安全生产技术措施、技术文件管理等。要搞好各项技术管理工作，关键是建立并严格执行各种技术管理制度。有了健全的技术管理制度，又能认真执行，才能更好地发挥技术管理作用，圆满地完成技术管理的任务。

1. 技术责任制

技术责任制就是在一个施工单位的技术工作系统，对各级技术人员规定明确的职责范围，使其各负其责，各司其事，把整个施工技术活动和谐地、有节奏地组织起来。它对调动各级技术人员的积极性和创造性，促进施工技术的发展和保证工程质量，都有极其重要的作用。

根据施工单位的组织机构情况，制定分级技术责任制。上级技术负责人应履行向下级技术负责人进行技术交底和技术指导的职责，监督下级按施工图纸、施工规范和操作规程进行施工，处理下级请示的技术问题等责任。下级技术负责人应该接受上级技术负责人的技术指导和监督，执行自己所在岗位上的任务。各级技术负责人应负的责任，应根据组织机构和施工任务情况，明确规定在技术责任制中。

2. 技术交底制度

工程开工前，为了使参与施工的人员及工人了解所承担的工程任务的技术特点、施工方法、施工程序、质量标准、安全措施等，必须实施技术交底制度，认真做好交底工作。

技术交底不仅要针对技术干部，而且要把它交给所有从事施工操作的工人，从而提高他们自觉研究技术问题的积极性和主动性，为更好地完成施工任务和提高技术水平创造条件。

技术交底按技术责任制的分工，分级进行。施工单位的技术总负责人，应将公路施工质量标准、施工方法、施工程序、进度要求、安全措施，各分部工程施工组织的分工和配合，主要施工机具的安排和调配等，连同整个工程的施工计划，向所属工程队长及全体技术人员进行交底。

工程队技术负责人应将本队承担的工程项目，向所属班组组长及全体技术人员进行交底。班组技术负责人，应将本班组承担工程项目的施工方法、劳动组合、机具配备等，向全组工人进行交底。班组技术交底是技术交底制度最重要的环节，班组工人应在接受交底后进行讨论，目的是要使参加施工实际操作的所有人员，充分了解自己施工中应掌握的正确方法和应尽的具体责任，并对改进施工劳动组织和操作方法，以及提高工程质量和保证施工安全等方面提出合理化建议。因为工人是对施工操作最熟悉、经验最丰富的实践者，他们的意见和建议往往能切中要害，能提出和解决工程师考虑不到的问题，对完善施工计划能起到良好的促进作用。分级交底时，都应做好记录，作为检查施工技术执行情况和检查技术责任制的一项依据。

（三）工程成本管理制度

工程成本管理是施工企业为降低工程成本而进行各项管理工作的总称。

（四）施工安全管理责任制

加强施工安全、劳动保护对公路工程的质量、成本和工期有着重要的意义，也是企业管理的一项基本原则。其基本任务是：正确贯彻执行"安全为了生产，生产必须安全"和"预防为主"的方针。建立安全施工责任制，加强安全检查，开展安全教育，在保证安全施工的条件下，创优质工程。

1. 施工安全责任制

施工工地应设安全工程师，班组应设不脱产或半脱产的安全检查员。各安全检查员应该负责本班组或单位工程施工的安全工作，督促和帮助操作人员遵守操作规程和各项安全施工制度。组织班前和班后的安全检查，一旦发现事故苗头应及时向工程管理人员报告，采取预防措施，防止事故的发生。

2. 安全教育、检查及事故处理

安全教育是提高施工人员安全施工知识和预防作业时发生事故的一项重要手段。安全检查是预防各种事故发生的重要措施。发生伤亡事故时应立即采取紧急措施，组织力量抢救，并将情况向有关部门报告。

3. 加强安全技术工作

安全施工是一项技术性很强的工作，应根据公路工程作业的各种特点来制定安全规范、作业章程。

六、施工的现场准备

施工现场准备的主要内容包括：①恢复定线测量。包括公路中线、边桩的恢复测量，桥梁、涵洞的定位测量等。②建造临时设施。包括工地行政办公用房、宿舍、文化福利用房及作业棚、仓库等。③进行"三通一平"。包括临时交通便道、便桥，施工、生活及消防用水、用电，场地平整等工作。④设置安全设施。包括仓库的消防措施、用电安全设施、爆破作业的安全设施以及消防车道的设置等。

第三节 施工计划管理

一、施工计划概述

（一）施工计划的种类和指标体系

1.施工计划的种类

按照不同的施工对象、计划用途和要求，有不同类型的计划：

①工程项目总体计划是针对施工企业所承担的工程项目而编制的计划，是施工组织设计的重要组成部分，是施工总体方案在时间序列上的反应，可用以合理确定各单位工程施工的先后顺序、施工期限、开工和竣工日期，以及各单位工程之间搭接关系和搭接时间，综合平衡各施工阶段的工作量、不同时期的资源量以及投资分配。它是工程从开工一直到竣工为止，各个主要环节的进度安排，起着控制构成工程总体的各个单位工程或各个施工阶段工期的作用。项目总体施工计划的内容有：建筑安装工程计划、劳动工资计划、材料供应计划、技术组织措施计划、降低成本计划、财务计划及辅助生产计划等。

②单位工程施工进度计划是指一个公路工程项目中具体某一单位工程，如一座桥梁、隧道工程的进度计划。它的任务是确定单位工程中各工序的施工内容、作业顺序和时间，并使工序任务及其要求的作业时间，与完成任务所需的主要资源（人力、设备和物资等）联系起来，以指导和控制单位工程在规定时间内有条不紊地完成。单位工程进度必须服从工程的总进度计划。

③年度、季度、月份（旬）施工计划在总进度计划和单位工程进度计划编制完成后，可根据需要编制年度、季度、月份（旬）施工进度计划。年

度、季度、月份（旬）施工进度计划要以总进度计划和单位工程进度计划为依据，即年度、季度、月份（旬）施工进度计划受总进度计划和单位工程进度计划的控制。年度施工计划应反映本年度施工的各单位工程的形象进度控制指标，同时也应突出组织顺序上的关系，即各工程项目的施工工序。

季度、月份（旬）施工计划在于确定季、月、旬施工任务，以及它们包括哪些施工内容，预计要完成的什么部位，工作量和工程量多少，由谁完成，项目间如何配合等。这些内容确定后可以具体地指导施工作业，即相关的施工队伍（班组）如何实现流水作业，以及施工顺序如何等。

2. 技术经济指标

在施工计划中，对完成的任务、耗费的资源，以及相关因素（如时间、安全等）应有定性、定量的明确要求，即期望通过努力达到的目标和水平，称为经济技术指标。它是生产经营活动的规模、技术水平和经济效果等多方面管理目标的具体体现，它在企业生产经营活动过程中发挥着约束、监督和促进的作用。一般而言，它用各自独立而又相互联系的一系列具体量化指标来综合反映企业的生产经营状况，这就构成了企业的计划指标体系。经济指标按其性质可分为以下两类：

（1）数量指标

它是计划期内企业生产经营应达到的数量目标，通常用绝对值表示，如工程项目及数量、建筑安装工作量、劳动工资总额、固定资产总额、流动资金总量、物资设备数量、降低成本额等指标。

（2）质量指标

它是计划期内企业生产经营应达到的效率指标，通常用相对值表示，如工程项目合格率、劳动生产率、机械利用率、成本降低率和利润等指标。

（二）施工计划的重要性与任务

公路工程施工，特别是高速公路和一级公路的施工，是一项复杂的工程，在施工过程中常常会遇到各种各样的问题。施工企业承接和完成公路工程施工项目，必须努力满足以下两个方面的要求，才能得以生存和发展。一是企业本身，为了适应社会主义市场经济条件下市场竞争的要求，应不断提高企业的经营素质和竞争能力；二是满足建设方（业主）对工程项目提出的有关工期、质量和费用等要求。施工计划是施工管理的主要内容。为了充分发挥施工计划的作用，每一具体计划都应认真制订、实施和调整。施工企业计划管理的任务是：从企业经营管理的基本目标出发，根据施工承包合同中的有关具体要求，结合施工企业具体条件，应用系统设计知识和工程管理经验，经过科学的预测，反复进行综合平衡，采用最合理、最有效的措施，充分挖掘内部人力、财力、物力的潜力，制定和贯彻各种先进合理的技术经济指标，组织有节奏地、均衡地施工，并在施工过程中依据实际的反馈信息，进行即时的调整和控制，以保证施工企业高速、优质、低耗地完成施工任务。

（三）计划管理的特点和基本方针

1.计划管理的特点

在接到工程项目之后，施工之前，要有针对性地制订一个计划，用以指导、调整和检验具体的行动，从而保证施工任务高效完成。由于公路工程施工管理的特殊性，计划管理呈现以下几方面特点：

（1）计划的多变性

当施工单位按承包合同组织进场施工后，由于施工条件的变化、设计的修改、工程变更以及业主、监理对工程工期的要求等不可预见因素较多，这就造成施工企业的施工计划的多变性。因此，编制施工计划除了要积极可靠和留有余地外，还要迅速收集和分析变化的信息，及时调整计划，以便适应随时变化的新情况。

（2）计划的可检验性

施工完成后，只有达到了工程计划所规定的目标，计划工作才是有效的。工程管理目标包括时间、费用、质量、信誉四个方面，施工企业往往以时间和费用作为主要控制对象，而时间和费用计划包括许多作业和费用估算，是可定量评价和权衡的。因而，所编制的计划应具有可操作性和易检验性，这样才能发挥计划的指导和控制作用。即把每一项具体施工生产和经营活动与最终目标紧密联系起来，通过了解和分析施工全过程中的每一步骤、每一环节具体的实施情况，就可推断整个工程最终的完成结果。

2.计划管理的基本方针

计划管理的主体是人，计划管理的过程就是管理者意志的体现，因而，计划管理的效果在很大程度上取决于管理活动参与者的思想认识。为此，施工企业计划管理必须遵循以下基本方针：①计划管理的科学性。②计划管理的严肃性。

（四）施工计划的编制原则及步骤

施工计划的编制原则及步骤是编制者必须注重的。编制原则贯穿于编制程序和方法中，它是编制计划的指导思想；而编制步骤在一般情况下应遵守先后顺序。在编制过程中，积极应用合理有效的编制方法和技巧，可以优质、高效、快速地完成计划编制工作，制订可靠、实用的能有效指导施工活动的施工计划。

1.施工计划的编制原则

施工计划的编制，通常应紧密围绕四个方面的问题来进行：计划应达到的目标、计划由谁实施、计划在什么时候执行、采用什么方法进行。为了使编制的计划高效、实用，一般应遵循以下原则：①施工计划要以工程承包合同为依据，以提高经营效益和社会信誉为目标，提出相应的指标作为计划执行的检验标准。②施工计划要与各项工程的施工组织设计中的有关内容相衔接，如施工顺序、进度安排、工期要求等。③安排施工计划应合理，努力实现施工的连续性和均衡性。施工准备工作的内容应列入计划，以便得到监督和保证；施工顺序、计划持续时间和间隔时间的确定要符合客观生产规律的要求。④坚持实事求是的态度，在认真调查研究，摸清内部、外部情况的基础上，通过不断调整，搞好综合平衡。综合平衡是计划管理的核心，也是计划工作的基本方法。⑤为了在施工计划执行过程中，对工程进度进行适时检查、调整、优化与控制，应使用电子计算机，采用网络计划技术来编制实施性的作业计划。

2.施工计划的编制步骤

多数情况下，较为完善的计划分为五个步骤来制订。①确定目标。主要包括应完成施工项目的名称及其工程量、施工进度、竣工日期、承包费用、质量要求等。②计划准备。就是为编制计划摸清情况和准备资料。③计划草案。各项计划往往存在多个可行方案，有的是表面化的，有的是非表面化的。为了使计划有可比性和选择性，应由计划专职人员根据承包合同，实施性施工组分别编制出具有一定可行性的计划草案，交部门领导或单位领导，以供择优选用。④计划评价。对各个计划草案分别加以分析和评价，指出各个草案的优点、缺点，现实性和相关经济指标。⑤计划定案。在对各计划草案经过分析评价之后，即可通过决策，最后选择和确定一个方案，作为正式计划，付诸实施。

二、施工进度计划与控制

（一）施工进度计划制订

公路工程施工企业根据项目自身的特点，为保证施工计划的准确性，首先按照招标文件要求，施工图设计文件等，复合计算公路工程项目的分部分项工程量。公路工程施工企业必须做如下工作：

一是划分施工项目——分解施工项目后列出施工工序。

二是按施工图和相关标准计算工程数量，按分项工程、分部计算项目的实际工程量。

三是按交通行业现行的预算定额和劳动定额计算劳动量。确定施工顺序和每项工序的开竣工时间和相互搭接关系主要考虑以下六个方面：①某一时期内开工的分项工程较多，就会使人力、物力、资金、设备过于集中在这一时期内。尽量做到使主要工程材料、施工设备、劳动力、资金的供应在整个项目工期范围内均衡供应。②路基排水施工对雨季路基施工非常重要，所以要尽量提前建设可供使用的永久性工程以节省措施费用。③急需和关键工程的施工要优先开工，确保工程项目按合同工期完工。对于施工困难较多的桥梁、涵洞等工程，由于施工时间长，技术复杂，应安排提前开工，才能保证合同工期顺利实现。④施工顺序必须与主要系统投入使用的先后次序相一致，配套的附属工程也要及时完工，确保已完工程在投入使用时发挥最大的效用。⑤冬、雨季施工时，为了不影响工程质量，确保合同工期顺利实现，必须制订冬、雨季施工方案。⑥注意主要工序和主要施工机械的连续施工。以上工作完成以后，我们就可以绘制进度计划网络图。

（二）施工进度控制

公路工程项目的施工过程是一个动态的实施过程，进度控制也应该是一个动态的管理过程。公路工程项目进度控制，是指在公路工程项目在执行项目进度计划的施工过程中，经常检查实际进度情况，并对其和计划进度做比较，若出现偏差，便于分析产生的原因和对总工期的影响程度，找到必要的调整措施，修改原施工计划，不断地循环反复，直至所施工的工程竣工验收。从而确保实现公路工程项目的既定目标，从而使在不增加实际费用支出的情况下，确保公路工程施工质量时，适当缩短工期。为了保证项目的实施进度，项目进度控制检查系统是非常必要的，从公司的总经理到项目经理再到作业班组都需要设置专门的人员或者职能部门来负责汇报和检查，统计和整理实际施工过程中的进度资料，并且对其与计划进度进行分析、比较，如存在偏差，分析原因并做出及时的调整。由不同级别的人员负不同的施工进度控制责任，项目部全体人员分工协作，组成保证公路工程项目进度计划的组织机构。

信息反馈是项目进度控制最主要环节，在现场施工时，将信息反馈到基层的施工人员手中，其在职责范围内进行加工、整理，再将信息逐层反馈到项目部进度计划控制部门，由进度计划控制部门统计和整理各方面的信息，正确及时做出决策，对计划进行调整，让其符合预期的工期目标。假若没有进行信息反馈，那么项目的计划控制调整将不能进行，所以说项目施工进度控制其实就是信息反馈及调整的过程。

三、施工资源计划与控制

（一）资源计划的特殊性

①公路工程项目实施过程中，所需资源的种类多，需求量大。②资源供应过程的复杂性。③资源对公路工程项目成本影响大。④资源供应受外界影响大。⑤当多项目同时使用相同的资源时，必须协调每个项目的资源投入量，投入时间，投入品种等问题，这时资源的均衡使用计划就显得非常重要。⑥资源计划对实施工程影响大。

（二）资源计划的内容

根据每一项公路工程的施工特点、工程数量及拆动迁情况，公路工程项目中标单位的计划工程师与采购工程师密切配合，必须制订各种资源（人员、资金、设施、设备、材料）的资源需求计划。以保证公路工程施工项目总体施工进度、工程质量、安全与费用成本等各项管理工作平稳有序进行，节约材料和能源消耗，提高工作效率，降低了工程成本，以确保项目管理目标的实现。

（三）控制措施

资源计划的调整是与进度计划的调整密不可分的，公路改扩建工程都有当地百姓要求尽快恢复通行的需求，所以公路改扩建工程的工期一般是不能变化的，这就要求施工企业要有充分的思想准备，做好拆、排迁工作滞后而导致的后期赶工现象的出现。首先，应按照项目进度的总体要求，利用网络技术优化施工进度计划，尽量使工程材料减少现场存放时间，随进场随使用，增加作业效率，杜绝浪费。其次，合理安排资金使用，避免工程赶工期时，沥青、碎石、水泥类材料短缺，造成停工待料现象，致使作业效率低下，不能完成计划进度。必要时采取预付定金的方式，将所需材料确定下来，签订随时优先供货合同。最后，所有的作业工作都得由人和机械来完成，与专业劳务分包单位和机械租赁单位签订劳动力资源和机械使用合同，这也是为抢工期时做准备。增加作业面，将单一流水施工，变为多个平行作业面的流水施工，所以同一时间内资源的消耗量都是原消耗量的两倍或三倍。

四、施工费用计划与控制

（一）施工费用计划

当前，公路工程项目的利润越来越低，某些项目甚至是零利润，即使这样，施工项目的竞争也非常惨烈，要保证施工企业获取最佳利润的同时保证工程质量，增加施工人员的工资收入，必须制订项目费用计划和费用计划的控制措施，这也是解决公路工程费用问题最有效方法。对公路施工所消耗的工、料、机以及资金等资源，一定要制订科学合理的费用计划，并及时检查、调整费用计划，使各项生产费用的实际支出控制在费用计划的范围之内。

在公路工程项目中标以后开工之前，需要编制公路工程项目费用计划。该计划是对施工过程进行科学管理与目标考核的依据。制订工程的费用计划，要考察供应商的资质与能力、产品数量与质量、价格等因素，择优选取合格供应商，确定优选后的施工方案、施工方法，通过科学的分析论证做出完整的符合每项公路工程特点的费用计划。

（二）公路工程的费用计划控制方法

在公路工程项目施工过程中，选取最优的技术方案，核算实际发生的成本及费用与预先制订的费用计划进行比较分析。比较的内容有直接费的比较和间接费的比较等内容。直接费控制包括工、料、机三个方面：

1.控制人工费的措施

①尽可能地降低非生产人员的数量。②加强技术教育和培训工作，不断提高队伍技能，使劳动力之间的配合默契，优化劳动组合，熟练操作机械，

人机配合默契，杜绝窝工现象。③避免工时浪费，合理组织生产，提高工作时间的工作效率，减少工作中的非生产时间，形成流水施工。④提高临时用工的劳动生产率，加强对临时用工的管理。

2. 控制材料费的措施

加强在材料采购、收发、运输、保管环节的管理，科学制订符合实际情况的材料使用计划，减少各个环节的损耗。制定材料进场验收操作规程和限额领料单制度，杜绝材料浪费现象的发生；合理堆置工程物资，避免或减少二次搬运，造成材料的浪费增加费用；制定并严格执行超料浪费者惩罚和节约材料者奖励的措施，以保证项目部全体人员合理使用材料，杜绝浪费。在控制材料费时应主要控制以下四个方面的内容。

（1）控制材料的数量

因为材料成本占整个公路工程施工项目成本的 60% ~ 75%，所以材料费的控制是公路工程成本控制中最重要的内容，公路工程施工项目需要使用大量的钢材、水泥、沙砾、碎石等材料，必须贯彻执行限额发料制度。

（2）控制材料的单价

在公路工程施工项目的成本控制中，另一个重要内容是降低材料单价。必须组织项目部技术、采购、财务等人员到材料供应地进行充分的调查、谈判，货比三家，了解材料的真正单价，争取以最优惠的价格采购性价比高的工程材料。

（3）制定施工现场的材料领用操作指南

公路工程施工项目一般都是远离居民聚集区的野外施工，材料管理工作不到位，材料领用制定不落实，很容易造成公路工程材料的浪费。项目部材料管理人员依据材料领域操作指南，对一切工程材料的收、发、领、退按规定执行。工程材料的进场、领取、余料退库、不合格材料分别填写"材料入库单""限额领用单""退料单""残次料交库单"等凭证，项目部材料管理人员要定期盘点库存材料资产，保证账物相符。

（4）要广泛考察料源，争取采购到质优价廉的工程材料

应按照少量库存的原则，安排材料进场，随用随进，以节约资金，降低工程成本。还要及时掌握最新材料价格，密切关注市场供求信息，提前储备价格较低或在一定时间内供求紧张的工程材料。

3. 控制机械费的措施

根据施工进度计划以及现场实际调整后工期、分部分项工程开工的具体时间合理安排机械设备种类、数量需求后相继进场，避免施工设备闲置。科学合理组合机械设备，机械设备的数量要满足数量要求，且按照留有余地的原则进行配备，机械设备的选取以小型代大型，以国产代替进口是一定要在保证工程质量的前提下进行。工作间歇搞好机械设备的维修保养工作，提高机械的完好率、利用率做到连续不间断地流水施工，这样才能加快施工进度、提高工作效率、降低机械使用费。

五、施工质量计划与控制

在项目管理中，由于公路工程项目的特点为露天作业，施工路线长，施工作业点多，施工具有不可重复性，所以施工质量一次性合格难度大。因此，要做好质量的事前控制和过程控制，事前控制的主要方法是做好质量策划与质量计划工作。

（一）施工质量计划

①施工项目部建立后工程开工前，根据每个公路工程项目的施工特点及施工企业的人员素质及管理方式，组织项目部的全体技术人员认真学习合同文件、技术规范，部门规章，制订详细的公路工程项目质量计划，明确每个施工人员的岗位职责、质量责任，以保证公路工程的施工质量。

②工程开工前，必须组织项目部全体成员参加岗前教育培训，全体施工人员经严格考核，持证上岗。

③项目部组建后工程开工前，必须组织相关人员认真进行施工前的准备工作，内容包括：原材料检查复试、机械设备性能检测、施工工艺方案检查、检测方法论证、质量通病预防措施。制定严格的质量控制程序，确保工程质量目标的实现。为便于直观了解质量计划，绘制质量保证体系框图和质量检验流程图。

（二）质量控制

公路工程的质量控制分析可以绘制因果关系图（又叫逻辑图或鱼刺图）进行分析，通过工、料、机、环、法五个方面与质量有关的因素分别进行不同层次的分析，找出质量特性与质量因素之间的关系，再将这些众多的原因、因素进行分析、分解，确定影响公路工程质量的主要原因及其子原因，最终明确问题与原因之间的关系。

在材料检查中所采取的措施。公路工程的质量，与使用的工程材料有着直接的联系。工程材料性能的优劣，直接决定着工程的质量优劣和寿命长短。施工原材料的质量是保证施工质量的第一道关口。公路工程包括道路工程、桥梁工程及其附属构造物工程，它们常年暴露在大气环境下不仅要承受较大的荷载，还要经受各种复杂环境变化的影响，因此应对公路工程施工所需原材料质量进行严格控制管理。

在施工过程中所采取的措施。在市场经济条件下，公路工程的质量控制当然要与经济奖罚有关，经济奖罚不是管理的真正目的，它只是作为一种管理的手段，不能本末倒置。进行质量控制的实际效果表现在施工质量管理水平的提升和公路工程各项指标优良的实际情况上。

六、施工安全计划与控制

（一）公路工程施工的特点

安全生产是每一个工程在施工中都必须做到的，所以公路工程项目的施工更不能例外。公路工程项目施工的安全管理是施工项目管理的重要组成部分，但是与其他工程相比，公路工程具有一定的特殊性，主要表现在以下几个方面：①公路工程几乎全部都是在野外工作，因此，其施工会受到天气影响的可能性比较大，遇到极端天气，很容易发生安全事故。②公路工程有的是高空作业，有的则是地下作业，因此，其施工的环境是多变的，且有些比较特殊，所以在施工时要多加注意。③公路工程项目的完成需要多工种的相互配合，但是在实际的施工中，要想做好这些工种之间的协调是比较困难的。④公路工程在施工的过程中需要用到的机械设备是比较多也比较重大的，所以对这些设备的移动和使用也是一项极不容易的事情。⑤公路工程建设的过程中需要用到的材料是多种多样的，并且材料的型号也是不尽相同的。正是由于公路工程项目施工的特殊性、单一性，因此没有相同的经验可以照搬，一定要充分考虑施工中的安全隐患，做好施工的安全计划，防止安全事故的发生。

（二）公路工程施工安全控制措施

1.严格落实安全生产责任制

首先，公路工程施工单位应建立起有效的、由项目经理任组长的安全生产组织机构，其主要职责是负责全面的施工安全管理工作，签发由项目总工编制的施工安全技术保障措施文件，严格落实安全生产监督和检查职责，调查、处理安全事故等工作。其次，项目部应配备专职安全员，负责对安全生产进行现场巡查监督，并指出安全生产隐患，提出预防安全事故发生的措施。再次，必须定期召开安全生产会议，强调"安全第一，预防为主"，要求项目部各级管理人员必须做到"管生产必须管安全"和"谁主管谁负责"。施工作业的进行要服从安全生产的需要，严肃考核，严格管理，落实安全生产责任制。

2. 施工企业要建立健全安全生产管理规章制度并认真执行

一是公路工程施工企业要制定相关的安全制度，并让制度约束施工人员的行为。二是在制定安全制度时对危险源要考虑全面，为了保证安全制定落到实处，在制定惩罚条款时，不仅要惩罚一般工人，更要惩罚领导。三是施工企业会同相关部门举行专门的培训班，对施工人员进行公路工程相关安全知识的培训，并掌握应急方案及事故发生后的处理措施和程序。四是公路工程开工之前，由项目安全负责人组织项目部全体人员，按照项目的特点设想将会出现的各种危险事故，然后根据事故发生的原因及后果提出相关的预防措施。五是工程施工过程中，要有专门的人员在现场进行监督，及时发现问题，并及时进行处理。六是对于进行危险性大的专项作业，要严格进行岗前培训，由专职人员进行施工，不具备上岗资格的施工人员，严禁上岗作业。鼓励施工人员培养安全意识，做好安全技术交底工作，对于特别危险的操作，在没有进行安全技术交底的前提下，可以拒绝执行。

3. 施工企业要从思想上提高安全意识

公路工程施工事故的防范要从预防做起。只有做好预防工作，做好充足的准备，才能防患于未然。一些安全事故的发生，都是因为施工人员自身心存侥幸造成的。施工人员安全意识淡薄，做事不认真。作为工程第一负责人的项目经理，一定要有正确的安全意识，做到警钟长鸣。

在安排施工作业时，要把安全生产放在绝对重要的位置，为施工人员创造安全的施工环境，制定预防事故发生的安全防范措施。要体现以人为本的安全理念，对施工作业人员进行安全教育培训，使工人思想中牢固树立"我要安全""我想安全""我必须安全"的理念。尤其在雷击、地震、泥石流等灾害发生时，要教会施工人员进行自救和他救，尽量减少伤害的发生。

4. 检查分包单位的安全资质条件

首先，检查工程分包单位的安全资质条件是否符合所分包工程的要求，审查分包单位是否有针对所分包工程的安全技术措施和设备，还要审查分包单位是否存在确保施工安全的专门从事安全管理工作的专职安全人员。其次，明确总包方和分包方的权利义务，分包方的安全管理（特别是人工、材料、机械等）必须服从总包方安全管理的规定，分包方向总包方负责，发生安全事故时总包方承担连带责任。

5. 必须做好公路工程施工中的设备管理工作

项目管理机构的相关人员要做好机械设备的组织调配工作，严格按照机械的操作规程精心操作，专业机械的操作手必须进行岗前培训，持证上岗。施工人员要正确地指挥操作手进行工程施工，对于违反操作规程和可能引起危险事故的指挥，操作手有权拒绝执行。做好施工机械设备的维修保养工作，随时观察机械设备的动态，及时排除各种安全隐患，确保施工顺利进行。

七、施工采购计划与控制

在公路工程中施工材料费用占整个工程费用的 60% ~ 75%，甚至有的项目工程材料的费用占整个工程费用的 75% ~ 85%，这么巨大的材料需求量，决定了公路工程项目费用的计划与控制最主要内容就是材料的采购计划与控制。

（一）科学制订公路工程的材料采购计划

公路工程的施工组织方案是制订材料采购计划的前提和基础，根据优选的施工组织方案计算出材料采购数量，确定材料采购成本。如果材料采购计划编制得不科学，且材料采购人员仍然按原计划执行，就必然会影响到材料采购工作以及费用控制工作。公路工程项目费用控制最重要环节就是材料采购环节。

材料采购费用主要包括：材料购买价格、运输费用、存储和保管等费用。以下是公路工程主要材料采购成本控制要点：第一，购买价格控制；第二，运输费用控制。

考虑运输条件好坏、运输路线长短等因素，合理组织运输。材料采购量大时，应与材料供应商协商，将运输费用包含在材料采购费用内。

在保证质量的前提下，就近采购材料，能大大降低运输费用。

（二）制定完善的材料采购管理制度

施工项目的材料采购主要是由材料采购部门的人员负责完成的，完善的材料采购管理制度能够保障材料采购管理工作的顺利进行。若是施工材料采购流程不科学，采购方案编制不合理，没有完善的材料采购制度做保障，就无法有效约束材料采购部门或人员，这些人员与项目部其他人员之间缺乏经常性沟通和联系，加上项目部材料采购部门与项目部生产、财务、合同、质检、安全等部门之间的联系不紧密，这就使项目采购部门的采购决策缺乏其他部门的动态信息支持，这样一来，材料采购环节就极易产生问题。

（三）利用信息化技术，制定先进合理的材料采购管理方法

计算机云计算技术的应用和网络信息化的普及，实现材料采购工作的信息化管理是公路工程项目科学管理的必然趋势。可是，由于我国绝大多数的公路施工企业工程材料的采购管理工作停留在传统的手工操作的管理方式上，所以大大降低了材料采购管理的工作效率，造成采购信息不全面，材料采购不及时，材料采购费用过高，并且材料采购工作不具有根据实际情况进行动态调整的特性，在科技飞速发展的今天，非常不利于项目部对材料采购管理工作计划执行与动态控制。

八、施工的设计计划变更与控制

公路工程施工的特点是面广、线长、野外施工、露天作业，所以项目很容易发生变更且变更的影响因素比较多，变更的发生不可避免，而当公路工程项目发生变更时，或多或少必然对工程实施各个方面都产生不同程度的影响，尤其是进度与费用方面。所以对变更的控制管理，是项目实施过程中控制工程进度、质量、安全、费用控制时都需要考虑的非常重要的一项内容。

（一）加强公路设计变更管理的必要性

公路工程变更设计必须由原设计单位对原设计内容进行修改、调整、优化及完善，并加盖变更专用章。变更内容涉及工程施工时间、顺序、施工材料、工程量、地质条件、结构形式等内容的改变。必须得到总监理工程师签发变更指令后才能进行施工。从公路工程的施工实践来看，变更设计是不可避免的，而且贯穿于施工阶段的整个过程。公路工程项目一旦发生设计变更必然涉及质量、进度、费用等多方面内容，因此做好变更设计的管理工作

是确保工程施工质量，保证施工进度，控制施工费用支出的一个重要环节。

（二）公路工程施工设计变更的相关原则

1. 必须依据设计任务书和初步设计相同的审批程序审批设计变更

设计变更的提出必须符合有关技术标准和设计规范、以提高工程质量、节约工程投资、加快工程进度等。

2. 对于设计进行变更调整的条件

①原设计地形地貌、地质资料与实际情况不一致；②因施工条件的限制，工程材料规格、数量不能满足原设计要求；③存在质量隐患和不安全条件。

3. 公路工程施工合同中必须有针对变更发生的专门条款解释

任何变更不能使合同失效。施工承包合同中已有单价的变更项目仍执行原合同单价，合同中没有的单价，应按建设部门、定额管理部门或合同规定的计算方法重新计算价格。按照条款的解释设计变更令必须由总监理工程师签发，否则驻地监理工程师可对实施变更发生工程价款不予计量和支付。

（三）公路工程施工过程中设计变更的控制

要保证公路工程项目的设计变更工作规范有序进行必须采取以下措施：

1. 严格申报审批程序

变更申报审批程序必须严格执行，才能避免变更的随意性。经过各个审批部门的专家论证，才能较好地完善公路工程的施工图设计，达到降低工程成本，提高工程质量，加快施工进度的目的。

2. 规范变更设计文件

总监理工程师签发的公路工程变更单，一般具有很强的法律性。它是施工单位变更执行，计量支付，交工、竣工验收的依据；更是政府监督检查，项目决算审计时不可缺少的文件，因此工程变更单必须是严密和公正的。

工程变更单的内容有：变更的原因和依据、内容和范围、预算价格、技术标准、变更项目工程量清单等。工程变更中的工程量清单同原合同中的工程量清单基本相同，其区别在于每个项目都需填写变更前后的单价、数量和金额，目的是便于检查该变更对原合同价格的影响。然后是经原设计单位签字盖章的设计图纸及其他有关文件及证明材料。

第三章 公路工程施工技术管理

第一节 公路工程施工技术的基础

一、技术管理的概念

（一）技术管理的作用

为保证施工活动的正常开展，获得高效、优质、低成本的效果，必须采取一定的施工技术措施。因此，制定技术措施、组织及协调技术活动等工作，就成为施工管理的重要内容。概括起来，技术管理工作的作用有以下几点：①保证施工过程符合施工技术规范和合同文件的要求，在设计文件和图纸规定的技术要求及技术标准的控制下，使施工生产正常有序地进行。②不断提高技术管理水平和施工人员的技术素质。依据一定的管理程序，有目的地分析施工中可能存在的技术薄弱环节并预先采取有针对性的措施，力求高质量地完成工程施工任务。③通过对技术的动态管理，发掘施工中人工、材料及机械设备等资源的潜力，从而在保证工程质量和生产计划的前提下，降低工程成本，提高经营效益。④通过技术管理，积极研究、开发与推广新技术、新工艺、新材料、新机具，促进企业技术管理现代化，增加技术储备和技术积累，提高企业竞争力。

（二）技术管理的任务

技术管理的任务，就是对项目施工全过程运用计划、组织、指挥、协调和控制等管理职能促进技术工作的开展，贯彻国家的技术政策、技术法规和上级有关技术工作的指示与决定。动态地组织各项技术工作，优化技术方案，推进技术进步，使施工生产始终在技术标准的控制下按设计文件和图纸规定的技术要求进行，使技术规范与施工进度、质量与成本达到统一，从而保证安全、优质、低耗、高效地按期完成项目施工任务。具体体现在以下几个方面。

①增强科学研究工作的开展，提高生产的现代化水平，通过提升科学研究，在工程结构设计方面尽量采用国内外先进的理论和技术；在施工方面要采用切实可行的先进工艺来缩短建设周期、降低工程成本；在工程质量方面要不断地进行研究和改进，确保工程质量要大力开展挖潜、革新、改造，提高施工生产的现代化水平。

②科学地组织各项技术工作，建立良好的技术管理秩序。建立健全各项技术管理制度；贯彻执行技术规程、技术规范和技术标准，充分发挥技术力量的作用，大力开展技术革新和开发工作，不断采用新技术；开展全面质量管理，确保工程质量，组织安全生产和文明施工。

③加强技术研究的组织和技术教育的开展，努力提高机械化施工水平，做好信息情报和技术资料的管理，促进管理工作现代化。

（三）技术管理的内容

公路工程施工是由多工种、多工序构成的复杂的综合过程，其技术管理的主要内容见表3-1。

表3-1 技术管理的内容

技术管理	施工过程技术管理	施工准备阶段技术管理	图纸会审、设计交底、编制施工组织设计、技术交底、施工方案编制
		施工实施阶段技术管理	处理工程变更及修改设计、技术检验、材料及半成品试验、定期组织质量巡检、技术质量保证体系正常运转、组织现场专业研讨会、定期核查施工必需的技术措施
		施工验收阶段技术管理	编制竣工工程的养护方案并指导实施、检查和督促质量评定、检查和督促交工文件并存档、组织开展技术总结、技术成果交流会
	技术开发活动		科技情报与信息系统、技术改进与合理化建议、技术管理制度与技术标准化工作、技术培训

（四）技术管理的原则

为实现技术管理的任务，技术管理工作的基本要求如下。

①尊重科学技术原理，按照科学技术的要求办事。公路项目施工中的技术要求可分为两类：一类是只适用于公路施工活动的具体技术要求，主要包括施工工艺技术、操作方法、机械设备的使用、安全施工技术等方面的技术要求；另一类是适用于任何生产领域带有普遍性的技术要求，如一切新技术的采用应先经过试验等要求。

②全面讲求经济效果。即技术管理工作要符合经济节约的原则。全面

经济效果是与狭隘的经济效果相对立的。狭隘的经济效果是只求本单位的和当前的经济效果，并把它作为衡量经济效果的唯一标准和尺度。全面经济效果则与此不同。第一，既要注意本单位的经济效果，还要看给整个国民经济带来的经济效果；第二，不仅要看当前的经济效果，还要看远期的经济效果，要把两者结合起来，因此，就要全面地进行技术经济分析，对重要的施工部分进行多方案比较。

③要贯彻执行国家的技术经济政策。国家根据不同时期的技术经济状况和自然资源的特点，依据科学技术发展规律，对国民经济中的重大技术问题，制定了一系列的技术政策。这些政策保护了技术和经济的统一，应该贯彻执行。如在公路建设方面的技术政策有节约木材的政策；节约能源和节约稀缺材料的政策；节约土地、保护农田的政策；保护环境的政策等。技术政策是有时间性即阶段性的，随着生产技术和经济水平的发展而变化。

二、技术管理的特点

（一）因素性特点

技术管理因素主要指人员、措施及规章制度的影响，其表现出以下特点。

①项目施工技术管理的现场工作是明确固定的，即该项目的施工技术管理的各项制度、标准、要求是确定的。

②项目主要技术负责人、工程各部分和工序的技术负责人是稳定的，以保证项目及工序的技术管理工作的连续性和交工、竣工资料的齐全，完整。

③项目的一般技术工作人员是随着工程进展的需要而增减、调整的，其技术措施是随着项目的内外条件变化而变动的。

④工程队的主要技术负责人根据施工项目的需要巡回流动于各项目之间，检查、指导该队的技术工作。

（二）效益性特点

①先导性。所谓先导性是指技术工作要先行，要抓紧抓好施工前的技术准备和施工过程中的超前服务和预控，这是项目动态管理在空间上的"动"。推行项目动态管理，要充分利用公司智力密集的优势，组织好施工组织设计的编制工作，结合工程项目的特点，尽量采用新技术、新工艺、新材料、新机具。项目实施前，集中力量规划好施工方案、主要施工机械的进出场时间并采取预控措施优化劳动组合。对特殊工种，采取先培训后上岗的办法，根

据实际需要在不同项目之间动态调度各种生产要素，为工程项目实施创造良好的技术条件。这种先导性技术管理是项目动态管理取得成功的重要保证。

②时效性。所谓时效性就是要强调时间观念，提高工作效率。这是项目技术管理在时间上的"动"，对于一定的项目，施工过程有其客观规律性、阶段性和工期目标，而各生产要素的需求在时间上是变化的，动态管理就是一个寻求动态平衡的过程，因此，必须按网络计划的部署，准确、及时地完成施工准备、队伍调动、机械调配和材料供应等工作。而技术管理就要在动态中跟踪做好超前服务，如及时进行交工技术资料整理，做到与施工同步等。

③动态性。动态性是指把动态管理作为技术管理的核心，贯穿于项目技术管理的全过程中。要求改变把施工队伍成建制地固定在某一施工点上进行管理的传统静态做法，而应采取灵活机动的措施，因地制宜地使用人力、财力、机械、物资等活生产要素。一个施工队伍往往同时参与几个施工项目，各项目之间工期交叉，或处于不同的施工阶段，因此对资源的需求是此消彼长、错落起伏的。这就要求随时掌握资源、气候条件等施工要素的信息动向，及时收集整理各种原始资料，反馈质量信息，优化施工方案，制定切实可行的技术措施，做好技术管理工作。

④规范性。规范性即要求施工技术管理向标准化、规范化的方向发展。规范化是针对具体的工程项目，将先进的适用技术制定出规范性的施工方法并予以推广应用。项目动态管理条件下，技术管理规范化的一项重要内容就是采用工法制度。工法是以工程为对象、以工艺为核心，用系统工程方法，将先进技术与科学管理相结合，形成具有实用价值的综合配套的新技术，工法既规定了工序、工艺要求、操作规程，又规定了相应的机械设备、劳动组合，质量标准、安全措施、材料消耗、经济分析及工程实例等内容，这与项目动态管理条件下的技术管理的特点和要求是一致的。这有利于增强企业的技术积累、技术储备和竞争能力，提高工作效率，确保安全和质量，最终提高企业的综合技术经济效益。因此，标准化工作是企业技术管理的重要工作之一。

⑤经济性。就是要以明确的经济观点指导项目的技术管理，用有效的技术管理工作达到实现更好的综合经济效益的目的。因为竣工工程所具有的价值，由消耗资源、占用土地等要素的价值转移而形成，其中科技含量越高则经济效益越好。为此，要求通过科学合理的施工方案、先进可行的技术措

施和周密细致的技术管理，来节省投资，提高经济效益。项目动态管理追求企业的整体效益，以提高企业整体技术水平为最高目标，技术管理的经济性是以整个施工企业为对象的。企业技术管理的综合经济效益，运用投入产出的观点，计算技术投资与其经济效益效果间的比率来衡量。据此，可用技术进步年效益率来考核施工企业的技术进步工作，其表达式为：

技术进步年效益率 = 技术进步取得的年直接经济效益 / 年施工产值 × 100%

企业的施工产值一般是逐年增加的，这就促使企业通过加强技术管理，推进技术进步，提高经济效益来保证技术进步年效益率的稳步增长。

第二节 技术管理的基础工作

一、建立技术管理组织系统及管理制度

（一）组织系统

1. 企业组织系统

企业设总工程师和技术管理部门，对各工程项目的技术管理工作实行集中统一领导、通过各项管理活动，对各工程项目在施工全过程中的技术要求，包括现代化施工水平、施工技术难点等进行预测、预控，对施工技术力量进行综合协调平衡。充分发挥企业整体的技术优势，对高难度的技术问题组织攻关，以保证各项目的施工活动正常、有效地进行。

2. 项目组织结构

项目经理部设项目总工程师和负责项目施工全过程技术管理职能的机构，针对具体工程项目的技术需要开展工作。该机构的职能人员来自企业技术管理部门，在业务上受企业技术管理部门的指导。参与项目施工的作业层施工队的项目技术负责人和单位工程技术负责人，在业务上受该项目的施工技术管理机构领导。项目总工程师、施工队项目技术负责人和单位，工程技术负责人，在项目施工期间应保持相对稳定。

（二）管理制度

管理制度的内容，决定于施工管理体制和管理水平，难以形成统一的标准或规定。一般认为，根据在施工过程中通常开展的技术活动，主要应建立以下几种管理制度。

1. 图纸会审制度

（1）概述

图纸会审是一项极其严肃和重要的技术工作，认真做好图纸会审，对于减少施工图纸中的差错，保证和提高工程质量有重要作用。搞好图纸会审工作，首先要求参加会审的人员应熟悉图纸。各专业技术人员在领到施工图纸后首先必须认真地全面了解图纸，搞清设计图纸及技术标准的规定要求，还要熟悉工艺流程和结构特点等重要环节。

（2）图纸会审的步骤

①初审。初审指在熟悉图纸的基础上，在某专业内部组织有关人员对本专业施工图的所有细节进行审查。②内部会审。内部会审是指施工企业内部各专业工种之间对施工图纸的会同审查，其任务是对各专业、各工种间相关的交接部分，如设计高程、尺寸、施工程序配合、交接等有无矛盾；施工中协作配合作业等事宜做好仔细会审。③综合会审。综合会审是指在内部会审的基础上，由土建施工单位与各分包施工单位共同对施工图纸进行全面审查。图纸综合会审工作，一般由建设单位负责组织，设计单位进行技术交底，施工单位参加。

（3）图纸会审的主要内容

在各阶段会审工作中，抓住施工图纸的主要内容，与现行的国家技术标准及经济政策对照进行会审。图纸会审主要内容见表3-2。

表3-2 图纸会审主要内容

	施工图是否符合国家现行的有关标准、经济政策的有关规定
图纸会审 主要内容	施工的技术设备条件能否满足设计要求：当采取特殊的施工技术措施时，现有的技术力量及现场条件有无困难，能否保证工程质量和安全施工的要求
	有关特殊技术或新材料的要求，其品种、规格、数量能否满足需要及工艺规定要求
	安装工程与安装工程的设备与管线的接合部位是否符合技术要求
	安装工程各分项专业之间有无重大矛盾
	图纸的份数及说明是否齐全、清楚、明确，图纸上标注的尺寸、坐标、高程及地上地下工程和道路交汇点等有无遗漏和矛盾

（4）图纸会审记录

图纸经过会审后，会审组织者应将会审中提出的有关设计问题、需及时解决的建议做好详细的记录。图纸会审记录上应填写单位工程名称、设计单位、建设单位和主持单位及参加审核人员名单等。对会审提出的问题，凡是设计单位变更修改的，应在会审记录"解决意见"栏内填写清楚，尽快地请设计部门发"设计变更通知单",施工时按"设计变更通知单"执行。

2.施工日记和施工记录制度

施工日记是在整个施工阶段,对施工活动(包括施工组织管理和施工技术)和施工现场情况变化的综合性记录。从开始施工时,就应以单位工程技术负责人为主,全体技术人员参与,按单位工程分别记录,直至工程竣工。施工日记应逐日记录,不允许中断,必须保证其完整。在工程竣工验收时,施工日记是质量评定的一项重要依据。施工日记在工程竣工后,由承包单位列入技术档案保存,施工日记的主要内容如下:一是日期、气候。二是工程部位、施工队组。三是施工活动记载。施工活动记载主要包括以下内容:①主要分部、分项工程施工的起止日期。②施工中的特殊情况(停电、停水、停工等)记录。③质量、安全、设备事故(或未遂事故)发生的原因,处理意见和处理方法的记录。④设计单位在现场解决问题的记录,若设计变更应由设计单位出具变更设计联系单。⑤改变施工方法,或在紧急情况下采取的特殊措施和施工方法的记录。⑥进行技术交底、技术复核和隐蔽工程验收等的摘要记载。⑦有关领导或部门对该项工程所作的指示、决定或建议。⑧其他活动,如混凝土、砂浆试块编号、日期等。

施工记录是按工程施工技术、规范及验收规范中规定填写的各种记录,是检验施工操作和工程质量是否符合设计要求的原始数据,其中有些记录(如隐蔽工程、地质钻孔资料等),须经有关各方签证后方可生效。作为技术资料,在工程完工时,应交建设单位列入工程技术档案保存。

3.技术交底制度

技术交底是为了使参与施工任务的全体职工明确所担负工程任务的特点、技术要求,施工工艺等,做到心中有数,以利于有计划、有组织、又快又好地完成任务。技术交底工作原则上应在正式施工前做好。

工程施工前必须进行技术交底,交底记录作为施工管理的原始技术资料。交底内容包括:合同有关条款、设计图、设计文件规定的技术标准、施工技术规范和质量要求、施工进度和总工期、使用的施工方法和材质要求等。技术交底的方式、要求与内容见表3-3。

表 3-3 施工阶段技术交底的方式、要求与内容

技术交底方式	技术交底应按不同层次、不同要求和不同方式进行，应使所有参与施工的人员掌握所从事工作的内容、操作规程方法和技术要求
	项目经理部的技术交底由项目经理组织，项目总工程师主持实施
	工长（技术负责人）负责组织向本责任区内的班组交底
	对于分包工程，项目经理部应向分包单位详细地就承包合同中有关技术管理、质量要求，工程监理和施工验收办法以及合同规定中双方应承担的经济合同法律责任等内容进行全面交底
技术交底内容	承包合同中有关施工技术管理和监理办法，合同条款规定的法律、经济责任和工期
	设计文件、施工图及说明要点等内容
	分部、分项工程的施工特点，质量要求
	施工技术方案
	工程合同技术规范、使用的工法或工艺操作规程
	材料的特性、技术要求和节约措施
	施工措施
	安全、环保方案
	各单位在施工过程中的协调配合、机械设备组合、交叉作业及注意事项
	试验工程项目的技术标准和采用的规程
	适应工程内容的科研项目、"四新"项目等先进技术推广应用的技术要求

4. 测量管理制度

施工阶段的测量管理内容见表 3-4。

表 3-4 施工阶段测量管理内容

测量复核签认制的规定	在测量工作的各个程序中实行双检制
	各工点、工序范围内的测量工作，测量组应自检复核签认，分工衔接上的测量工作，由测量队或测量组进行互检复核和签认
	项目测量队组织对控制网点和测量组设置的施工用桩及重大工程的放样进行复核测量，经项目技术部门主管现场进行检查签认，总工程师审核签认合格后，报驻地监理工程师审批认可
	项目经理部总工程师和技术部门负责人要对测量队、组执行测量复核签认情况进行检查，并做好检查记录
测量记录与资料管理的规定	测量记录与资料必须分类整理、妥善保管，作为竣工文件的组成部分归档
	控制测量、每项单位工程施工测量必须分别使用单项测量记录本
	一切原始观测值和记录项目在现场记录清楚，不得涂改，不得凭记忆补记、补绘
	记录中不准连环更改，不合格时应重测
	测量队、组应设专人管理原始记录和资料，建立台账，及时收集，按控制测量、单位工程分项整理立卷
	内业计算前应查外业资料，核对起算数据

5. "四新"试验制度

"四新"试验是指新材料、新结构、新工艺、新技术试验。正式施工前，在做好技术准备工作的基础上，要进行和通过有关试验。组织试验的程序如下：①拟定试验的技术规程，包括工艺规程和操作规程。②组织现场试验。③根据现场试验结果，修订原拟定的技术规程。④根据试验修订后的技术规程，对有关的技术工种、组织人员进行培训。③对操作人员进行考核，合格后，才能上岗。

6. 材料、构（配）件检验制度

材料、构配件质量的优劣，很大程度上决定了公路工程产品质量的好坏。正确合理地使用材料、构配件是确保工程质量、降低成本、减少原材料的关键，因此，应重视材料、构配件的试验检验工作。

凡用于施工的原料、材料、构配件等物资，必须由供应部门提供合格证明文件。对于那些没有合格证明文件或虽有证明文件，但技术领导或质量管理单位认为有必要时，在使用前应按规定程序进行抽查、复验、证明合格后，才能使用。

为了做好材料、构配件的检验工作，施工企业及各个项目经理部都应根据需要，建立和健全实验、试验机构，配备试验人员，充实仪器设备。严格按照国家有关的试验操作规定，对各种材料进行试验，为工程选定各种合格优质的原材料，提供各种施工配合比，作为施工的依据。

凡初次使用的材料，结构件或特殊材料、代用材料，必须经过试验的鉴定，并制定操作规程，经上级领导批准后，才能正式用于施工或推广应用。

7. 安全施工制度

公路项目施工的特点是点多面广且流动性大、工种多，常年露天作业，深水和高空作业、立体交叉作业多，因此不安全因素多。安全工作要以预防为主，消除事故隐患，一定要克服麻痹思想，重视劳动保护，提高企业施工队伍的安全意识，真正做到"安全生产，人人有责"。

8. 工程验收制度

工程验收是检查评定工程质量的重要一环。在施工过程中除按有关质量标准逐项检查操作质量以外，还必须根据公路工程的施工特点，对隐蔽工程、中间工程和竣工工程进行验收。

（1）隐蔽工程验收

所谓隐蔽工程是指那些在施工过程中上一工序的工作结果，被下一工序掩盖，今后无法进行复查的工程部位。例如，湿软地基的换填层、挡土墙及涵洞的基坑和基础、钢筋混凝土工程中的钢筋等。因此，这些工程在下一工序施工前，应由作业层技术员通知工程监理人员对隐蔽工程进行检查、验收并认真办好隐蔽工程验收签证手续。做好隐蔽工程验收是保证工程质量，防止留下质量隐患的重要措施。对于公路工程，隐蔽工程项目的主要内容如下。

①基处理素砼施工隐蔽检查，主要内容包括：原地面清表及碾压情况；按照设计图纸要求画出布桩平面图，检查布桩根数和间距是否满足图纸要求；桩长及桩径尺寸检查；碎石垫层的厚度及钢塑土工格栅搭接长度；留存现场检查的照片及音像资料，按照分部分项工程划分编号和存档。

②涵通基础及地基承载力、碎石垫层、八字墙基础，主要内容包括：检查基底平面位置、尺寸大小、基底标高；检查基底地质情况和地基承载力是否与设计资料相符；检查基底处理和排水情况是否符合公路桥涵施工技术规范要求；检查施工记录及有关试验资料等；检查碎石垫层厚度；基槽（坑）的几何尺寸和槽底标高或挖土深度应符合设计要求。如有局部加深、加宽者，应附图说明其原因及部位；基槽施工中遇有坟穴、地窖、废井、旧基础、管道、泉眼、橡皮土等局部异常现象时，应将其所处部位、深度、特征及处理方法进行描述并附图说明；对地质复杂的或重要的工程，对地基变形有特殊要求以及地基开挖后对地基土有疑义的工程，应根据设计要求或验槽磋商的意见进行有关试验。经过技术处理的地基基础及验槽中存在的问题，处理后须进行复验，复验意见和结论要明确，签证应齐全。必要时应有勘察部门参加并签字。

③混凝土灌注桩钢筋笼，主要内容包括：混凝土灌注桩钢筋笼，必须在钢筋检验批质量验收合格后，提请质监部门进行隐蔽工程验收并填写隐蔽工程验收记录；放置钢筋笼前，应对原材料、钢筋连接件、钢筋笼进行检查；主筋、箍筋直径、间距和长度应符合设计和规范要求；钢筋的材质检验应符合设计要求；钢筋笼埋置位置应符合设计要求。

④钢筋混凝土工程，主要内容包括：钢筋混凝土工程钢筋必须在钢筋检验批质量验收合格，在模板合模前或浇捣混凝土前，提请有关单位进行隐蔽工程验收并填写隐蔽工程验收记录。纵向受力钢筋的品种、规格、数量、位置等必须符合设计和规范要求。钢筋的连接方式、接头位置、接头数量、接头面积百分率等必须符合设计和规范要求。箍筋、横向钢筋品种、规格、数量、间距等必须符合设计和规范要求。预埋件的规格、数量、位置等必须符合设计要求。重要构件的钢筋结点隐蔽应附简图。

（2）中间验收

中间验收是在分部或单位工程施工过程中，经由监理工程师隧道工序检查认可的基础上，待该项目工程完工后，再由项目经理部总工程师及时通知监理工程师，对工程质量进行全面检查和评定。中间验收的内容包括：感官验收，即检查工程外观质量是否符合质量标准和设计要求；各项工程技术鉴定，包括原材料试验、试块强度、隐蔽工程验收、技术复核、质量评定，必要时需进行实测或复验。中间验收合格后，须由双方共同签字留证。

（3）竣工验收

工程竣工验收由建设业主、监理工程师和工程承包施工方共同组织，对所建项目进行全面的、综合的、最终的检查验收。验收的依据是承包合同和有关的通用工程质量验收管理办法及标准等，在交工过程中，若存在不合格的项目，应限期修复完工，到时再行验收，直至合格。竣工验收合格后，应评定质量等级，办理工程交接手续，存入技术档案，同时开放交通。这时，施工方应将工程使用管理权交还建设业主，但施工方仍负有一定期限的保修职责。

9. 变更设计制度

施工图修改权为设计单位及项目设计者所拥有，施工单位只应按施工图进行施工，未经设计单位及项目设计负责人允许，施工单位无权修改设计。

若施工方提出工程变更，施工方需向监理方提出工程变更要求，监理方确定合理性和可行性，提出对进度和费用相应变化的建议并向业主方提交，业主方依据审批权限批准并通知设计方出具设计变更文件，交总监签发《工程变更通知》后方可实施。

若设计方提出设计变更要求，应由监理方确定变更的可行性并对进度和费用向业主方提交审核意见，业主方依据审批权限批准，并通知设计方签发设计变更文件，交总监签发《工程变更通知》后方可实施。

若监理方提出应变，应由监理工程师提出变更并列明进度和费用意见，业主方依据审批权限批准，并通知设计方出具设计变更文件，交总监签发《工程变更通知》后方可实施。

10. 工程质量检验评定制度

①各工序施工完毕后应按《公路工程质量检验评定标准》进行质量评定，

及时填写工序质量评定表，检查项目、实测项目填写齐全，签字手续完备。②部位工程完成后及时汇总各工序质量评定表，填写部位质量评定表，计算部位合格率，签字手续完备。③单位工程完成后及时汇总各部位质量评定表，填写单位工程质量评定表，由施工主要技术负责人签字，加盖单位印章作为竣工验收和质量监督部门核定质量等级的依据之一。

11. 技术总结制度

①概述。工程完工后，项目经理部应及时组织有关人员编写工程技术总结，科研课题、"四新"项目的负责人，在课题或项目完成后应及时撰写专题报告和学术论文。②技术总结的主要内容。工程概况、技术难度、施工方案、主要技术措施、"四新"应用情况、QC成果、出现的技术问题及处理措施、安全技术措施实施、技术管理制度、技术档案管理、技术经济效益分析。③学术活动。鼓励专业技术人员撰写与本职工作或专业相关的学术论文，并以此来推动技术进步、人才的培养。

二、技术管理的负责人

（一）项目总工程师

项目总工程师是项目施工现场的技术总负责人，业务上受企业总工程师的直接领导，在项目经理的具体领导下，对该项目的技术工作全面负责，其主要职责如下。

①全面负责工程项目的技术工作和技术管理工作。②贯彻执行国家的技术政策和上级提出的技术标准规范、验收规范和技术管理制度。③领导编制工程项目的总体施工组织。设计、组织重大施工方案的制订和技术攻关项目的实施，审定重要的技术文件，处理重大质量事故的安全事故。④领导工程竣工验收和总结工作。

（二）主任工程师

施工队主任工程师是工程队长在技术管理、推行技术进步和现代化管理等方面的助手，是施工队技术管理的负责人，对工程队的技术工作负全面责任。其主要职责如下。

①全面负责单位工程的技术工作和技术管理工作。②主持编制和审定单位工程的施工组织设计，施工组织的方案制订工作。③参加单位工程的图纸会审和技术交底。④组织技术人员学习和贯彻各项技术政策、技术标准、

技术规范、规程和各项技术管理制度。⑤组织制定质量保证和安全技术措施，主持单位工程的质量检查，处理施工技术、施工质量和安全问题。⑥负责单位工程的技术总结，汇总竣工资料、原始技术凭证，做到工完资料清。⑦领导技术学习和技术练兵。

（三）单位工程技术负责人

单位工程技术负责人是施工队主任工程师在技术管理方面的助手，在施工队长的领导下，合理安排施工顺序，具体指导作业班组按施工图的设计要求组织施工，其主要责任如下。

①开工前参与施工预算编制、审定工作，工程竣工后参与工程结算工作。②参与编制施工组织设计并贯彻执行。③负责所管理工程的图纸审查，向工人进行必要的技术交底。④负责技术复核，如中线、高程、坐标的测量与复核。⑤贯彻执行各项专业技术标准，严格操作规程、施工规范及质量验收标准。⑥负责材料试验准备工作，如原材料试验及混凝土等混合料的试配。⑦向上级提供技术档案的全部资料并整理施工技术总结及绘制竣工图。⑧参加质量检查活动及竣工验收工作。

（四）共性的职责

各级技术管理机构的职责和业务范围有所不同，都存在以下几方面的共性职责。①各级技术管理机构都要深入实际，调查研究，总结和推广先进经验，为工程项目的顺利完工创造良好条件。②向各级领导提供必要的分析资料、技术情况、技术咨询、技术建议方案和措施，便于领导决策。③经常检查下属各职能部门和人员贯彻执行有关技术规范和规程的情况，发现问题，及时反映。④在各自的业务范围内，负责经常性的业务工作。

三、技术管理的标准化体系

技术标准和技术规程是技术标准化的主要内容，是组织现代化施工的重要技术保证，是组织施工和检验、评定各种筑路材料的技术性能或等级的技术依据，也是检查和评定工程质量的标准。

公路工程技术管理的主要技术标准有《公路工程质量检验评定标准》《公路工程竣工验收办法》等，还有筑路材料及半成品的技术标准和相应的检验标准，各种结构技术设计标准及技术规定等，这些技术标准大多是较高层次的行业规定，施工企业在组织施工和生产中必须认真贯彻遵守。

技术规程是技术标准的具体化、规程化。这些技术规程包括：工艺规程，规定产品生产的步骤和方法；操作规程，主要规定工人操作方法和使用工具设备的注意事项；设备维修的检修规程，规定设备维护检修的方法和要求；安全技术规程，规定施工生产过程中应遵守的安全要求，注意事项等。

技术标准和规程标准分国家标准、部级标准和企业标准3级。后者必须依据和遵循前者的标准要求，且是对前者的具体化和补充。

标准和规程是在一定历史条件与技术经济条件下工程实践的总结。它不是一成不变的，必然要随着生产力的发展、技术水平的提高，每隔一定时期进行必要的补充、修订和完善，以适应施工生产的技术管理需要。

贯彻执行技术标准与规程的基本要求包括：组织施工人员学习各种有关的标准与规程，要求他们熟悉和掌握这些标准与规程，加强技术监督和检查；将技术标准和规程做必要的分解和具体化。如对工程质量标准和操作规程，从原材料开始到每道工序、半成品和成品，在每一个具体工种的施工生产过程中进行分解，制定出具体的要求，以便执行者明白技术标准和规程所要达到的目标，更好地执行。

四、收集信息和开展科学技术研究

随着科学技术和社会生产力的发展，现代化大生产的生产力要素构成已经不仅仅是劳动力、简单工具和生产资料三要素，生产要素的内涵发生了重大变化。技术和管理作为智力型生产力要素，在生产形成过程中起着越来越重要的作用。因此，要高质量、高速度、高效益地完成工程项目的建设，必须依靠科学技术的进步。技术进步的内涵和内容，已由单纯对技术成果的开发与管理发展为"全面技术进步"的概念。在具体实施过程中，就是通过大量占用企业内外及国内外的信息资料，密切结合本企业的施工实际，以提高企业施工效益和社会信誉为总目标，针对工程项目实施过程中存在的各种问题，不断进行科学的分析、试验和研究，提出行之有效的技术方法、手段和措施，积极指导和运用于施工实际，使技术进步的巨大作用，在工程项目建设中得到更大的发挥，因此，这是一项全面的、长期的和准备性的技术管理工作，要促进这项工作积极地开展，有效的办法就是建立固定的组织和制定明确的制度，有计划地开展活动，定期检查总结，使这项技术管理工作真正贯穿于整个技术活动之中。

对于科技信息，必须重视信息资源，建立信息系统，组织交流，科技信息交流的内容主要包括有关资料的收集、整理和报道等。科技信息的获取方式，可采用人工和计算机检索、参观学习等，对于生产中的关键问题，可按专题系统收集资料，组织小型研讨会、专题讲座、现场交流等。

技术文件是根据施工的必要在施工过程中产生的，是技术管理的重要手段和对象，技术和保密等工作环节，都应该建立起一套严格的管理制度，以保证技术文件的完整性、正确性和及时性。文件的内容十分丰富，主要包括各种施工图纸和说明书、各种技术标准以及施工中的记录、签证材料等有关的技术档案。技术文件的管理，应根据实际需要建立和健全专职管理机构。总公司和公司一级应建立技术档案资料室，项目经理部等基层单位应做好装订、归档、保管、借用和保密等环节，都应建立起一套严格的管理制度，以保证技术文件完整性、正确性和及时性，以满足施工生产和科学研究的需要。

第三节 施工各阶段技术管理

一、施工准备阶段的技术管理

施工前的技术准备工作是为了创造有利的施工条件，保证施工任务顺利完成。其主要工作内容及基本任务是了解和分析建设工程特点、进度要求，摸清施工的客观条件，编制施工组织设计，合理部署和全面规划施工力量，制订合理的施工方案，充分、及时地从技术、物资、人力和组织等方面为工程施工创造一切必要的条件，使施工过程连续地、均衡地、有节奏地进行，保证工程在规定期限内交付使用，同时使工程施工在保证质量的前提下，提高劳动生产率和降低工程成本，在施工准备的诸项工作之中，以网络计划技术为手段的施工组织设计的编制应列为中心内容。

施工组织设计既是指导一个工程项目进行施工准备和施工的基本技术经济文件，又是企业做好项目之间动态平衡的依据。根据各工程项目的施工组织设计，企业可在人力和物力、时间和空间、技术和施工组织上做出一个全面合理的安排，最大限度地满足人力、财力、物资、机械等在项目之间的合理流动，达到在动态中实现平衡的目的。项目动态管理加快了各项工作的节奏，施工组织设计的编制也适应动态管理的需要。为此，应采取以下两项措施。

①加强施工组织设计编制的组织工作。在工程承包合同签订以后，及时组织编制，大型工程项目由企业总工程师领导，企业技术管理部门具体组织，项目经理部及参加施工作业层有关人员具体编写。中小型项目由项目总工程师组织项目经理部技术管理机构和参加施工的作业层有关人员一起编写。为了加快编制进度，由组织编制者将编写内容列出提纲，对参加编写的人员明确分工，落实责任到人，限定时间完成，再由主编汇总整理，组织讨论，修改定稿。编制过程中尽可能将文稿录入计算机，采用专用软件处理，最后将成果送技术管理部门审核。大型工程项目的施工组织设计报企业总工程师审定，企业经理批准中小型项目由项目总工程师审定，项目经理批准。

②管理标准化。施工组织设计的编制依据、编写格式、基本内容和编写审批程序应有统一规定，实行标准化管理，编制时尽可能采用图表形式，为组织集体编写创造条件。施工组织设计的编写内容包括：工程概况、工程施工任务量、施工综合进度控制计划、施工资源安排、重点工程的施工方案和技术组织措施、工程质量管理和安全施工措施、施工总平面图布置、物资供应管理、预计存在的问题等。

二、施工过程中的技术管理

施工过程的技术管理也即施工现场技术管理，是施工技术管理的主要内容。项目经理部为了实现质量、工期、成本、安全的预定目标，搞好现场文明施工，必须加强施工过程的技术管理，其主要内容如下。

①搞好图纸会审，坚持按图施工。②编制并优化施工方案或施工措施，包括施工技术组织、降低成本措施、合理化建议等。严格按照施工组织设计和施工方案的各项要求组织施工，做好技术交流，认真执行规范和规程，保证施工质量和施工安全。③及时检查施工进度和计划执行情况并根据实际变化有效地调整资源使用计划，确保工程按期完成。④认真做好施工记录和隐蔽工程检查记录。⑤做好施工技术资料的积累和整理，确保与施工进度保持同步。

在项目动态管理过程中，施工节奏快，工序施工周期短，人员流动频繁。因此，各种施工记录和隐蔽工程检查记录以及一切施工技术资料的积累必须及时，与施工进度保持同步。在施工过程中，记好施工日志，按规定填写各种交工技术表格，由各有关人员签证认可，并办理质量评定验收手续。对于每个分部工程，一旦施工完毕，必须及时将施工结果的真实情况记录在案，为此，项目经理部应结合网络计划节点考核，同时考核施工技术资料的积累是否与工程进度保持同步。企业管理部门也应定期组织到各项目施工现场巡回跟踪服务，检查和督促这项工作的开展情况。

在施工过程中推行技术系统目标控制管理，对于顺利完成各项技术管理工作是非常有效的。技术系统目标管理是方针目标管理在技术系统管理中的具体应用。其要求从技术管理、质量管理、安全技术、试验检测、计量管理、技术进步等方面，将方针目标层层展开，抓住主要控制环节，制定出实施对策并明确责任单位和完成日期，其核心是用现代化的管理技术与方法实行目标预控，体现管理的先导性和规范性。其措施和方法是从基础工作入手，进行全过程与全员的控制并通过层层相关的计划—执行—检查—总结循环运作，在动态中逐个实现分解的具体目标，从而在项目实施过程中保证总目标的最终实现。

三、竣工验收阶段的技术管理

竣工验收是工程施工的最后一个环节，是全面考核施工成果、检验施工质量的重要技术管理阶段。它开展的主要工作如下：①组织试验人员进行以试通车为主的全面实验检查。②按单位工程组织预验收，填报竣工报告。③整理交工报告，编写技术总结。④向业主及监理工程师办理竣工验收和交工技术文件归档。

竣工验收阶段时间短，工作量大，因此，在该阶段应特别重视做好交工资料的收集和整理，并与工程完工尽可能同步，保证迅速交工。

交工技术资料的整理有两项内容。一是指将平时积累的资料审查整理，检查有无错项和遗漏，使之成为一套完整齐全、先后有序、真实可靠、质量达标的竣工资料；二是指竣工图的绘制。由施工企业负责绘制的竣工图有两种情况，一种是按原图施工没有变动的，只要在原施工图上加盖"竣工图"章后，即作为竣工图归档。这种情况比较简单，工作量不大。另一种情况是在施工中仅作一般性设计变更，则要求在施工图上说明修改的部位，并附上设计变更文件，或直接在施工图上修改，再加盖"竣工图"章，作为竣工图，这种情况的工作量较大。为了减少工作量，提高功效，缩短绘制时间，可采用刻有"此处有修改，见××号设计变更联络笺"和"此处有修改，见×月×日技术签证"的印章，并印在施工图的修改部位附近，再填上联络笺字号或技术签证日期，最后再加盖"竣工图"章。

为了抓紧抓好交工验收及竣工验收工作，作业层和项目经理部必须在工程竣工后一定时间（一般是1个月）内，将交工技术资料和竣工图整理装订成册，送交项目监理工程师审核，在1个月内与业主办理手续并返回技术资料一份，送交企业综合档案室存档。这一工作应视为施工进度控制网络计划延伸的最后一个节点，列入节点考核内容。

第四章 公路工程质量管理

第一节 公路工程质量管理的基础

一、工程质量的概念

（一）质量

质量是一组固有特性满足要求的程度。固有特性的内容包括产品和服务、质量管理体系、组织和个人及生产过程四方面。对质量的要求有明确要求（满足合同、设计文件、规范标准）、隐含要求（满足公众所期望的）和必须履行的要求（国家的法律、法规）。

（二）产品质量

产品质量是指产品满足人们在生产与生活中所需的使用价值及其属性。它们体现为产品的内在和外观的各种质量指标。根据质量的定义，可以从两个方面理解产品质量。第一，产品质量好坏和高低是根据产品所具备的质量特性能否满足人们需要及满足程度来衡量的。第二，产品质量具有相对性。即一方面，对有关产品所规定的要求及标准、规定等因时而异，会随着时间、条件而变化；另一方面，满足期望的程度由于用户需求程度不同，因人而异。

（三）工程项目质量

工程项目质量包括建筑工程产品实体和服务这两类特殊产品的质量。

工程实体作为一种综合加工的产品，它的质量是指建筑工程产品适合于某种规定的用途，满足人们要求其所具备的质量特性的程度。

"服务"是一种无形的产品。服务质量是指企业在推销前、销售时、售后服务过程中满足用户要求的程度。其质量特性因服务业内不同的行业而异，但一般包括：服务时间、服务能力、服务态度。

结合公路施工项目的特点，即招标投标、投资额较大、生产周期较长，因此服务质量同样是工程项目质量中的主要因素之一。公路建设行业的服务质量既可以是定量的，也可以是定性的。

（四）工作质量

工作质量是指参与工程的建设者，为了保证工程的质量所从事工作的水平和完善程度。

工作质量包括：社会工作质量、生产过程工作质量等。工程质量的好坏是公路工程的形成过程的各方面各环节工作质量的综合反映，而不是单纯靠质量检验检查出来的，要保证工程质量就要求有关部门和人员精心工作，对决定和影响工程质量的所有因素严加控制，即通过工作质量来保证和提高工程质量。多年的施工技术经验表明，要保证公路施工有较高的工作质量水平，必须从人（Man）、材料（Material）、设备（Machine）、方法（Method）、环境（Environment）这五大要素着手，简称"4M1E"。

二、质量管理的发展

所谓质量管理，广义地说，是为了最经济地生产出适合使用者要求的高质量产品所采用的各种方法的体系。随着科学技术的发展和市场竞争的需要，质量管理已越来越为人们所重视，并逐渐发展成为一门新兴的学科。质量管理作为企业管理的有机组成部分，它的发展也是随着企业管理的发展而发展的，其产生、形成、发展和日益完善的过程大体经历了以下几个阶段。

（一）质量检测阶段

20世纪前，主要是手工业和个体生产方式，依靠生产操作者自身的手艺和经验来保证质量。进入20世纪，由于生产力的发展，机器化大生产方式与手工作业的管理制度的矛盾，阻碍生产力的发展，于是出现了管理革命。

（二）统计质量管理阶段

此时的质量管理方法主要采用统计质量控制图，了解质量变动的先兆，进行预防，使不合格品率大为下降，对保证产品质量达到了较好的效果。这种用数理统计方法来控制生产过程影响质量的因素，把单纯的质量检验变成了过程管理，使质量管理从"事后"转到了"事中"，较单纯的质量检验进了一大步。

（三）全面质量管理阶段

20 世纪 60 年代以后，随着社会生产力的发展和科学技术的进步，经济上的竞争也日趋激烈。人们对质量控制的认识有了升华，意识到单纯靠检验手段已不能满足大规模工业化生产的要求了。质量保证除与设备、工艺、材料、环境等因素有关外，还与职工的思想意识、技术素质、企业的生产技术管理等相关。同时检验质量的标准与用户需要的质量标准之间也存在时差，必须及时地收集反馈信息，修改制定满足用户需要的质量操作，使产品具有竞争性。"全面质量管理"被提出，其中心意思是，数理统计方法是重要的，但不能单独依靠它，只有将它和企业管理结合起来，才能保证产品质量。这一概念通过不断完善，便形成了今天的"全面质量管理"。

全面质量管理阶段的特点是针对不同企业的生产条件、工作环境及工作板等多方面因素的变化，把组织管理、数理统计方法以及现代科学技术、社会心理学、行为科学等综合运用于质量管理，建立适用和完善的质量工作体系，对每一个生产环节加以管理，做到全面运行和控制，通过改善和提高工作质量来保证产品质量；通过对产品的形成和使用全过程管理，全面保证产品质量；通过形成生产（服务）企业全员、全企业、全过程的质量工作系统，建立质量体系以保证产品质量始终满足用户的需要，使企业用最少的投入获取最佳的效益。

全面质量管理建立了新的质量概念 —— 广义的质量概念，产品的质量就是其使用价值。产品的性能、寿命、可靠性、安全性、适用性、经济性等以及在建设、使用过程中及时的必要的服务都属于产品质量的范畴，工程质量的好坏是由人的工作质量决定的，要管好工程质量首先必须管好人的工作质量。

产品有产生和形成的过程，产品的质量也相应有产生和形成的过程，这个过程中的每个阶段，每个环节都会影响产品质量的好坏。即使是一条最简单的公路工程的施工也是由很多的施工工序组成的，因此应对施工全过程都要进行管理，围绕施工的全过程，建立一套质量保证管理体系。

工程质量是在施工全过程中形成的，它涉及施工企业各部门、各环节的工作质量，要求通过工作质量来保证工程质量。施工企业的工作质量牵扯到全企业的各级领导和所有人员，每个企业中的每一个人都和工程质量有着直接或间接的关系。企业中的每个人都应重视质量，都从自己的工作中去发现与工程质量有关的因素和特点，主动加强协作配合，互相服务，保证施工过程中的工作质量，工程质量必然会得到控制和提高。工程质量管理的重点应从施工后的检验转移到施工前和施工中的控制和指导，贯彻"预防为主"的原则。工程质量随着客观条件的变化，是一个动态的概念，必须加强动态控制，把握住出现质量问题的因素，将其消灭在形成的过程之中。

公路是为国民经济和社会发展服务的，公路开通之后将交给社会使用，施工企业也要经受市场的检验和取代。在施工过程中，上道工序要把下道工序作为自己的用户看待，要把自己工序的成果当作产品使之符合下道工序的需要。树立"下道工序是用户"的观点，是质量管理尤为需要宣传、教育和提倡的，这是审查保证质量的根本所在。

要严格按客观规律办事，要用数据说话。工程质量永远在波动，并且有随机分布的规律，质量的稳定只是相对的，起伏、波动、变化是绝对的。因此对质量的分析、控制和管理，要采用数理统计的方法，要用数据判断、鉴别和决定取舍。这样就能用数理统计的方法，判断工程质量的好坏程度，是否达到标准。把数据包含着带规律性的问题用图表形式表示出来，从"定性"的管理上升到"定量"的管理。

（四）质量管理与质量保证体系的形成

质量管理和质量保证概念和理论是在质量管理发展的三个阶段的基础上逐步形成的，是市场经济和社会大生产发展的产物，是与生产规模、条件相适应的质量管理工作模式。因此 ISO9000 系列标准的诞生，顺应了消费者的要求，为生产方提供了当代企业寻求发展的途径，有利于一个国家对于企业的规范化管理，更有利于国际贸易和生产合作。

公路工程建设具有以下特点：①建设周期长，一般项目要 2 ~ 4 年，有的更长，建设过程中以及在使用过程中，要消耗大量的人力、物力和财力；②属于重要的生活资料和生产资料，建成后对人民生活和社会经济发展将长期发挥重要作用；③涉及面很广，协作配合、同步建设、综合平衡等问题很复杂。必须在建设过程中周密安排，环环相扣，协调好参与工程建设以及与工程建设有关方面的关系，取得各个方面的配合和协作，做到综合平衡；④建设地点是固定的，因此，必须把建设地点的地质、水文、气象、社会条件等调查清楚，并应通过慎重、周密的技术经济方案论证和比较，从中选择最优的方案精心设计和施工；⑤每项公路工程建设都有其特定的目的和用途，只能单独设计、单独施工。即使是规模相同的同类工程，由于地区条件和自然环境、建设时间等不同，也会有很大的区别。

公路工程对国民经济的发展和人民的生活具有极其重要的作用。因此，保证公路工程的质量、交付使用的时间以及费用的合理合法就是非常重要的工作。

为了适应我国逐渐深化改革开放的需要，交通部在总结过去历史经验的基础上，根据公路建设的特点，科学地制定了公路工程的"政府监督、社会监理、企业自检"的质量保证体系。

政府监督、社会监理、企业自检是构成严密、完整、有机的质量保证体系必不可少的三个环节。根据政府监督的职能、任务和性质，显然，在由上述三个环节组成的质量保证体系中，政府监督处于龙头主导地位，强化政策监督的作用，可以使质量保证体系有序而高效地运作。

社会监理处于工程管理新体制中的核心地位，将在政府监督的管理之下，依据合同、标准和规范，利用业主授予的权力，对工程实施不间断的、全过程的、全方位的监理，其工作的优劣无疑将对工程质量有重大影响。

施工企业作为公路工程产品的直接生产者，施工企业的人员素质、管理水平无疑将决定了该企业的工作质量，从而也就决定了工程质量，因此，在质量保证的体系中，施工企业占有特别重要的地位。如果施工企业的人员素质、管理水平低，不管政府监督多么有力，制定的有关法规多么健全，工程监理多么标准、规范，监理工程师的工作多么认真细致，都根本无法保证工程建设费用、进度和质量目标的实现。因此，实行施工企业自检是实现工程建设费用、进度、质量目标的必要条件，施工企业建立完善的自检系统是形成公路工程质量保证体系的前提条件。

随着人类社会生产力的发展，对工程结构使用要求的不断提高，新结构、新技术的不断涌现，公路工程尤其是高等级公路和大型桥梁的建设，已是涉及材料、机械、电子、冶金、计算机应用等学科以及决策、预测、管理等软科学的综合学科。仅靠施工企业自检已不可能实现工程建设的费用、进度、质量的目标，必须建立相应的外部控制系统，这就是政府监督和社会监理，它们和施工企业的内部控制系统即自检系统有机地配合、协调工作，构成一个行之有效的健全完善的工程质量保证体系。

事物变化的原因是内因，外因只是促使事物变化的条件，两者缺一不可，相辅相成，但矛盾的主要方面是事物的内因。作为外部控制的社会监理受建设单位委托，拥有按照实际验收工程质量和数量签署工程款支付凭证等权力，并通过测量、试验旁站、工序控制及一些指令性文件对工程费用、进度、质量实行全面监理，这种严格的外部控制促使施工企业自行约束施工操作的随意行为，提高施工管理水平，促使施工企业内部控制体系的健全和完善。

三、公路工程质量的特性

工程质量是工程符合于业主一定需要而规定的技术条件的性能综合，即其技术性能，也可理解为是随着现代化生产技术的发展以及市场经济的形成，人们对质量意识的逐步深化，从而产生除本体质量外，还包括工程对环境、社会、经济等方面的影响，也包括了建设全过程各个方面的工作质量和管理质量。

公路工程质量是指国家和交通行业现代法律、法规、技术标准、批准的可行性研究报告、设计文件及工程合同中，对工程的安全、适用、耐久、经济、美观等特性的综合要求。它贯穿于公路建设的全过程。由于公路基础设施的公益属性，决定了公路工程质量具有特殊性、公开性和效益性。首先是特殊性，公路工程质量不仅是产品质量问题，而且关系到国计民生和人民出行的财产和生命安全，与公众利益息息相关。二是公开性，因为路是开放的，对其质量问题，人人都可以监督和评说，因此，公路工程质量是涉及行业形象的大事。三是效益性，公路设施需要高投入，优质工程会延长使用周期，带来长远的经济效益和社会效益；劣质工程要付出高额代价；勉强过得去的工程，则会增大养护成本。

四、公路工程质量管理的重要性

工程质量的优劣，直接影响国家建设的速度，工程质量差本身就是最大的浪费，低劣的质量一方面需要大幅度增加返修、加固、补强等人工、器材、能源消耗，另一方面还将给用户增加使用过程中的维修、改造费用。同时，低劣的质量必然缩短工程的使用寿命，使用户遭受经济损失。此外，质量低劣还会带来其他间接损失,给国家和使用者造成的浪费、损失将会更大。因此质量问题直接影响着我国经济建设的速度。对公路工程施工项目经理来说,把质量管理放在头等重要的位置是刻不容缓的当务之急。

第二节 质量管理相关方及其活动

一、政府对公路建设工程质量的管理

（一）政府管理机构及其职责

1. 中央一级

即国家交通部是国家公路建设行政主管部门,负责对全国公路建设工程质量实施统一的管理。

交通部管理工程质量的主要职责是:颁布并贯彻国家有关公路建设工程质量的法律、法规、政策;制定工程质量管理的有关规定和实施细则;指导全国公路建设工程质量的管理工作;组织全国公路工程质量检查及各类执法检查。

2. 省、自治区和直辖市一级

即交通厅,主要职能贯彻国家有关公路建设的法律、法规和强制性规范、标准,结合本地区的实际情况,制定区域性的政策法规和地方标准。

3. 地方一级

即省、自治区和直辖市所属的地（市）一级的公路建设行政主管部门,交通局。主要职责是贯彻国家有关工程建设的法律、法规和强制性规范、标准,以及上一级规定的政策法规和地方标准,制定本地实施细则和具体实施对本地区公路建设工程质量的管理。

（二）政府对公路建设工程质量的管理内容

政府对工程质量的管理主要以保证工程使用安全和环境质量为主要目的,以法律、法规和强制性标准为依据,落实质量责任,规范建设活动,使工程建设在保证质量的前提下有序地进行。

1. 制定公路建设工程质量法规

市场经济是法治经济,确保工程质量,最根本的是依靠法治,通过建立健全法律法规,把工程建设纳入法制化轨道。公路建设质量法规可分为行政法规和工程技术规范两大类别。

（1）行政法规

是为公路工程质量活动提供管理基础，确保其沿着规范、高效的轨道健康发展而制定的法律、规定和规范性文件。根据我国行政法规的层次和立法机关原地位可以划分为法律、法规、行政规章、部门规章、地方法规及地方规章六个层次，分别由全国人民代表大会，国务院，交通部及国务院相关部门，省、自治区和直辖市人民代表大会及地方人民政府按规定的立法程序制定发布。

（2）工程技术规范

是指为了促进技术进步、保证工程质量、保障人身和财产安全及产品标准化的要求而制定的技术规范、操作工艺、验收标准等技术文件。例如，工程设计规范、工程施工及验收规范、工程质量检验评定标准等，这些技术性文件由交通部或有关专业部门组织制定和修订，由交通部统一发布实施，其中强制性标准具有法律效力。

2. 建立和落实工程质量责任制

工程质量管理贯穿于建设的全过程，参与建设的各方都直接或间接地从事与质量形成有关的相应活动。为了达到预期的质量目标，必须按要求履行各自的质量责任，建立健全的质量管理体系，这是工程质量的组织保证。工程质量责任制就是对参与建设的各单位、各部门和各岗位，在保证质量方面应承担的责任和义务做出规定，并进行监督的制度。质量管理的核心是质量责任，关键是建立和落实工程质量责任制。

（1）工程质量行政领导人的责任

对基础设施项目工程质量，实行行业主管部门、主管地区行政领导责任人制度。中央项目的工程质量，由国务院有关行业主管部门的行政领导人负责：地方项目的工程质量，按照项目所属质量事故，除追究当事单位和当事人的直接责任外，还要追究相应行政领导人在项目审批、执行建设程序、干部任用和工程建设监督管理等方面失职的领导责任。

（2）项目法定代表人的责任

针对一些工程质量出了问题，找不到直接责任人的状况，国家规定了除军事工程等特殊情况外，都要按政企分开的原则组成项目法人，实行建设项目法人责任制。项目法人代表投资者的利益，由项目法定代表人对工程质量负总责。对未经验收或验收不合格就交付使用的，要追究项目法定代表人的责任，造成重大损失的，要追究其法律责任。

（3）工程建设的各方主体及其法人代表的责任

《建设工程质量管理条例》规定，建设单位、勘察单位、设计单位、施工单位、工程监理单位和监督单位依法对建设工程质量负责：各单位的法定代表人，要按各自职责对所承建项目的工程质量负领导责任。因参建单位工作失误导致重大工程质量事故的，除追究直接责任人的责任外，还要追究参建单位法定代表人的领导责任。

（4）工程质量终身负责制

项目工程质量的行政领导责任人，项目法定代表人，勘察、设计、施工、监理和监督等单位的法定代表人，要按各自的职责对其经手的工程质量负终身责任。如发生重大工程质量事故，不管其已调到哪里工作、担任什么职务，都要追究相应的行政和法律责任。

3.公路建设活动主体资格的管理

公路建设活动不同于一般经济活动，具有较强的专业性和技术性，从业单位的条件和从业人员的水平，直接影响工程质量和安全生产。因此，国家对从事建设活动的单位实行严格的从业许可证制度，对从事建设活动的专业技术人员实行严格的执业资格制度，从市场准入着手，阻止不符合要求单位和个人进入公路建设市场，参与工程建设活动，促进从业单位和人员努力提高工程技术和管理水平，从根本上保证工程勘察、设计、施工和监理质量。

公路建设行政主管部门及有关专业部门按各自的分工，负责各类资质标准的审定、从业单位资质等级的最后认定、专业技术人员资格等级的核定注册。

（1）从业单位的资质条件和等级

资质是企业法人单位规模及生产能力的表现，由政府建设行政主管部门负责管理。

（2）从业人员的执业资格条件的等级

执业资格是从业人员个人资历、水平等从业条件的表现，由政府主管部门以执业注册的形式加以确认。从事建设活动的结构工程师、造价工程师、监理工程师等应具备一定的专业学历和资历条件。根据条件的不同，按其程度划分为若干个资格等级，经交通行政主管部门或有关专业部门考试和审核合格，依法取得相应的执业资格证书和注册证书许可的范围内从事公路建设活动。

（3）公路建设活动主体资格的动态管理

公路建设行政主管部门或有关专业部门通常对取得从事资格的单位和人员，按照公平竞争、优胜劣汰的原则，对资质等级和从业范围等实施动态管理。

对从业单位突出内在素质、用户评价的跟踪，强化对质量、安全和经营行为的考核，采取有针对性的不定期指定检查或随机抽查、建立信息反馈渠道等手段，结合资质等级年度检查或定期检查、复审，及时收集和掌握情况，对表现出色的单位，依法升级，对用欺骗手段领取资质证书、资质条件下降、越级造成重大质量或安全事故的单位，依法降低资质或吊销资质等级证书。对用欺骗手段领取执业资格证书、无证执业、出错或转让执业资格证书、以个人名义承接业务、因过错造成质量或安全事故的个人，依法取消资格或吊销执业资格证书，造成经济损失的，追究其所在单位的责任，单位可向个人追偿。

4. 工程承包管理

（1）工程承发包和招标的概念

承发包是指建设单位委托（发包）从事勘察、设计或施工单位负责完成（承包）工程建设任务量形成的相互关系。确定上述承发包关系的相关制度，通称承发包制。

（2）招标发包的监督

各级公路建设行政主管部门和专业部门应对建设单位的发包活动进行监督。招标发包单位必须事先向招标投标管理机构提出招标申请书，经批准后，方可依法定程序和方式，按公开、公平、公正和择优、诚信的原则有序进行。对应实行招标的工程不招标，利用发包权索贿受贿、收回扣，将工程发包给资质等级不合条件的单位承担，将单项工程设计或单位工程施工等业务肢解发包等违反规定的建设单位，政府主管部门要依法进行查处。

要监督承包企业在资质许可的范围内承担任务，根据招标文件的要求申请投标，提交资格审查资料，严禁中标单位转包或非法分包。目前各地正在逐步建立的有形建设市场，是建立"公开、公正、公平"竞争机制的基础和需要，对整顿和规范公路建设市场，确保工程质量是一种重要的探索和有力的措施。

（3）建设工程合同管理

建设单位通过发包确定承包单位。对建设工程合同管理主要是对合同签订是否损害社会公众利益进行审查，监督检查合同履行，保证工程建设的质量、工期和效益。依法处理存在的问题，查处违法行为。

5.工程项目的管理

为规范管理建设工程项目，保证工程顺利进行和工程质量的稳定，政府主要抓工程报建、施工许可、工程质量监督、工程竣工验收等主要环节的管理。

（1）工程报建管理

工程报建制度是政府了解固定资产投资和工程项目建设情况，进行调控管理的重要手段。建设工程立项文件批准后，大中型建设项目的建设单位须持有关批准文件，向工程所在地的省、自治区、直辖市公路建设行政主管部门或授权的机构办理报建手续，然后进行勘察、设计、施工任务的发包活动。报建申请书应载明工程名称、建设地点、投资规模、当年投资额、资金来源、工程规模、开竣工日期、发包条件、工程筹建情况等。

（2）施工许可管理

建设工程施工许可，是指建设行政主管部门根据建设单位的申请，依法对建设工程是否具备施工条件进行审查，准许符合条件的工程开始施工并颁发施工许可证的一种制度。设立和实施施工许可的目的，是通过对建设工程施工所应具备的基本条件的审查，以避免不具备条件的工程盲目开工而造成损失，保证工程开工后的顺利建设。

施工许可目前有施工许可证和开工报告两种形式。

二、建设单位的质量管理

（一）建设单位项目管理的组织形式

1.项目法人的设立

在项目建议书被批准后，应及时组建项目法人筹备组，具体负责项目法人的筹建工作。项目法人筹备组主要由项目的投资方派代表组成。项目可行性研究报告批准后，正式成立项目法人，办理公司设立登记。国家重点项目的公司章程报国家计委备案，其他项目的公司章程按项目隶属关系分别报主管部门、地方计委备案。应实行而没有实行项目法人责任制的建设项目，投资计划主管部门不予批准开工，也不予安排年度投资计划。

2. 项目法人的组织形式

项目法人可按相关法律规定采用有限责任公司（包括国有独资公司）和股份有限公司形式。国有独资公司设立董事会，董事会由投资方负责组建。国有控股或参股的有限公司、股份有限公司设立股东会、董事会和监事会，董事会和监事会由各投资方按规定进行组建，并行使相应职权。董事会在项目建设期间应至少有一名董事常驻现场。

（二）建设单位的质量责任和义务

①建设单位应根据国家和交通主管部门有关规定设立，并应当按照国家规定建立健全质量保证体系，建立质量管理制度，落实质量岗位责任制。

②建设单位应严格履行基本建设程序，根据公路工程特点和技术要求，确定合理标段、合理工期、合理造价，并按国务院交通主管部门规定通过项目招标选择具有相应资格的勘测设计、施工和监理单位，并应分别签订合同，实行合同管理。

公路工程的合同文件，必须有工程质量条款，明确各项工程和材料的质量标准和合同双方的质量责任。

③承担工程项目同一合同段的施工和监理单位不得隶属于同一管理单位，招标代理机构不得参加工程投标。

④建设单位应主动接受质监机构对其质量保证体系的监督检查。工程开工前，应按规定向质监机构办理工程质量监督手续；工程施工过程中，应主动接受质监机构对工程质量的监督检查；工程完工后，应由质监机构对工程质量进行鉴定。

⑤建设单位应依照有关公路工程建设的法律、法规、规章、技术标准、规范和合同文件，组织进行设计、监理。开工前应组织施工图设计审查和设计交底；施工中应对工程质量进行检查；工程完工后应及时组织交工验收，并做好竣工验收的准备工作。

⑥建设单位应加强档案管理，所有建设项目都要按照《中华人民共和国档案法》的有关规定，建立健全项目档案。从项目筹划到工程竣工验收和环节的文件资料，都要严格按照规定收集、整理、归档。

⑦建设单位必须向有关的勘察、设计、施工、工程监理等单位提供与建设工程有关的原始资料。原始资料必须真实、准确、齐全。

⑧建设工程发包单位不得迫使承包方以低于成本的价格竞标，不得任意压缩合理工期。

建设单位不得明示或者暗示设计单位或者施工单位违反工程建设强制性标准，降低建设工程质量。

⑨实行监理的建设工程，建设单位应当委托具有相应资质等级的工程监理单位进行监理，也可以委托具有工程监理相应资质等级并与被监理的工程的施工承包单位没有隶属关系，或者其他利害关系的设计单位进行监理。

下列建设工程必须实行监理：国家重点建设工程；大中型公用事业工程；利用外国政府或者国际组织货款、援助资金的工程；国家规定必须实行监理的其他工程。

⑩按照合同约定，由建设单位采购建筑材料、建筑构配件和设备的，建设单位应当保证建筑材料、建筑构配件和设备符合设计文件和合同要求。

建设单位不得明示或者暗示施工单位使用不合格的建筑材料、建筑构配件和设备。

（三）建设单位对项目质量的管理和控制

建设单位要对建设项目全过程的质量负责，对工程质量进行检查和监督，或者委托监理单位对工程项目实行有效的管理，重点是勘察、设计和施工质量的管理和控制。

1.勘察设计阶段项目质量的管理和控制

（1）委托勘察设计任务

建设单位应根据主管部门审批的或在有关部门备案的投资项目可行性研究报告等文件，办理设计委托与确定的勘察设计单位签订合同，建设单位根据设计单位提出的勘察资料要求，即勘察任务书，委托勘察单位并签订合同，明确双方职责。勘察设计任务的委托，可以一次性办理，也可分阶段进行。建设监理单位协助选择勘察设计单位，商管勘察、设计合同并组织实施。

（2）搜集和提供设计基础资料

设计基础资料是设计的重要依据之一，它必须满足工程设计的要求，按合同规定时间及时、准确地向设计单位提供设计的要求和设计基础资料。

（3）建设过程中勘察设计工作的组织与控制

建设单位在建设过程中要同勘察设计单位保持经常的联系，做好工程勘察设计的管理与调控。一般包括：组织协调勘察与设计单位之间、勘察设计单位与科研机构之间，以及勘察设计单位与物资供应、施工、监理等单位之间的工作配合；主持研究、讨论、评选和确认重大设计方案；督促勘察单位按合同规定日期交付勘察资料，以满足设计需要；督促设计单位按合同规定的进度交付设计文件，满足建设准备和施工的需要，若发生问题和矛盾，应及时组织协商解决；组织、审查和上报设计文件（如初步设计等），按照规定程序报请有关部门审查批准；组织设计、施工单位进行设计交底，会审施工图纸，重点审查各专业设计之间是否衔接，图面是否统一，图纸是否齐全，审查中发现的问题，由原设计单位负责解释或按一定程序进行修改；配合和协助设计单位处理好施工中的设计问题，包括方案更改、施工图设计修改、合理化建议和材料代用等，并要保证建设进度和施工的不间断进行；认真做好工作勘察设施的维护管工作，对工程测量控制点，必须妥善维护和保管，未经批准，不得毁坏，对这些设施的移动或销毁，必须建立严格的管理制度。

2. 施工阶段项目质量的管理和控制

在整个施工阶段，建设单位应当自始至终处于组织领导地位，起到督导作用。监理单位协助选择施工承包单位，商管施工合同并组织实施。

（1）施工任务分包的控制

严禁施工单位将承接的公路工程建设项目转包，严格控制公路工程的分包。

工程分包单位必须具有相应的资质等级，且不得二次分包。施工合同分包必须经监理单位审查，建设单位批准。

分包单位必须按照分包合同的约定，对工程质量向总承包单位负责，接受总承包单位的质量管理；总承包单位按照总承包的约定，对全部工程质量向建设单位负责，对分包工程的质量与分包单位承担连带责任。

（2）施工过程的控制

严格执行建设程序和工程施工程序、组织设计、施工及监理单位进行施工图会审和技术交底；参与施工及监理单位进行施工方案的审定；组织和参与有关工程的工作会议，协调解决工程建设参与各方及有关方面的矛盾和问题；组织联系落实应由建设单位供应的材料、构配件和设备等建设物资供应；填写施工日记，收集整理文件资料，做好归档准备工作。

（3）竣工验收阶段项目质量的管理和控制

工程项目按设计文件和合同规定的内容和标准全部建成。对竣工工程应由各方按照设计与施工验收规范进行技术检验。建设单位应督促和协调各单位对所有技术文件资料进行系统整理，对不符合要求的，应限期修改、补齐直至重做。对原材料、构配件和设备的质量证明材料、试验检验资料、隐蔽工程验收记录及施工记录等各种技术资料和工程档案。进行审核并按规定分类立卷，准确、完整地绘制竣工图，并符合档案管理的有关规定。在规定时间内验收。重大工程，还要请上级单位或地方政府派员参加，列为国家重点工程的大型建设项目，往往由国家有关部委，邀请有关方面参加，组成工程验收委员会进行验收。验收完毕并确认符合竣工标准和合同条款规定要求以后，向承包单位签发竣工验收证明书，并办理竣工备案和工程移交手续。

三、勘察设计单位的质量管理

（一）勘察设计工作概述

1. 工程勘察设计在工程建设中的地位和作用

在工程建设过程中，勘察设计是质量控制的主要环节，而勘察设计又是关键环节，勘察设计质量不好，使工程质量先天不足，后天很难弥补，因此抓工程质量首先要抓勘察设计质量。

勘察设计工作，勘察是先行，是设计的依据，设计是整个工程建设的灵魂，是施工的设计依据。我国工程质量事故统计资料说明，由于设计不合理、违反科学引起路基沉陷、路面设计破坏、桥梁垮塌等质量事故要占总事故的相当比例，大凡设计造成的质量问题往往是恶性设计的。勘察设计的质量和水平对保证工程质量、保障国家财产和人身安全、促进技术进步、设计提高工作效益起决定性作用。

2. 工程勘察设计的阶段划分

勘察设计工作一般分阶段进行。

我国现行规定，一般建设项目按初步设计和施工图设计两个阶段进行。

3. 工程勘察设计的程序

任何项目的建设都必须坚持先勘察、后设计、再施工的程序，而勘察设计阶段又有自己特定的程序。

工程勘察一般步骤和程序大体是：搜集相关资料，现场踏勘，编制勘察纲要，出工前准备，野外调查，测绘、勘察、试验和分析资料，编制图件和报告等。设计工作是一个逐步深入和循序渐进的过程，其一般程序可分为四个步骤：根据主管部门或建设单位委托，进行建设项目可行性研究、编制可行性研究报告；参加建设规划和试验研究等前期工作，进行必要的资源普查、工程地质勘查、水文勘察等方面的准备工作、掌握情况，搜集有关的设计基础资料，为编制设计文件做必要的准备；由浅入深、循序渐进，编制初步设计和施工图设计，配合施工和参加竣工验收工作，监督工程建设，为施工服务，参加由建设单位组织的工程竣工验收；做好与设计有关的全部建设项目的工程设计文件、资料的清理和归档工作。

4. 工程设计周期

工程设计周期，是指完成投资项目工程设计所需的时间，即对某项工程编制初步设计和施工图设计等全部设计文件所需的时间。设计周期的长短，取决于建设项目的类型、性质、设计规模、难易程度、技术要求和工作量大小等因素。合理的设计周期是保证设计深度和质量的一个重要因素。

（二）勘察设计单位的质量责任和设计内容及深度要求

1. 勘察设计单位的质量责任

①从事建设工程勘察、设计的单位应当依法取得相应等级的资质证书，并在其资质等级许可的范围内承揽工程。并主动接受质监机构对其承担设计工作的资格和质量保证体系的监督检查。

禁止勘察设计单位超过其资质等级许可的范围或者以其他勘察设计单位的名义承揽工程。禁止勘察设计单位允许其他单位或者个人以本单位的名义承揽工程。

勘察设计单位不得转包或者违法分包承揽的工程。

②勘察、设计单位须按照工程建设强制性标准进行勘察设计，并对其勘察设计的质量负责。

设计单位应建立健全设计质量保证体系，加强设计过程的质量控制，建立完整的设计文件的编制，复核、审核、会鉴和批准制度，明确责任人。

③勘察单位提供的地质、测量、水文等勘察成果必须真实、准确。

设计依据的基本资料应完整、准确、可靠，设计方案论证充分，计算成果可靠，并符合结构安全要求。

④设计单位应当根据勘察成果文件进行建设工程设计。

设计文件应当符合深度要求，注明工程合理使用年限。

⑤设计单位在设计文件中选用的建筑材料、构配件和设备，应当注明规格、型号、性能等技术指标，其质量要求必须符合国家的标准。

⑥设计单位应当就审查合格的施工图设计文件向施工单位做详细说明。

⑦设计单位应当参与建设工程质量事故分析，并对因设计造成的质量事故，提出相应的技术处理方案。

⑧设计单位应在施工现场设立代表处或派驻设计代表，随时掌握施工现场情况，解决设计的有关问题，并及时反馈给设计院。

2. 设计内容和深度要求

建设项目各个设计阶段的内容和应达到的设计深度，国家和地方都有一定的规定和要求，它是勘察设计质量的重要方面。

（1）初步设计的内容和深度

初步设计的深度应能满足设计方案的比较和确定，项目投资的控制，施工图的编制，施工组织设计的编制，施工准备和生产准备等要求。

（2）技术设计的内容和深度

技术复杂而缺乏设计经验的投资建设项目，一般要进行技术设计。它是根据批准的初步设计和更详细的勘察、调查、研究资料和技术经济计算编制的。技术设计的内容应视建设项目具体情况、特点和需要而定，国家不做硬性的规定。技术设计的深度一般应能满足有关特殊工艺方面的试验、研究及确定，以及某些技术复杂问题的研究。

（3）施工图设计的内容和深度

施工图设计是初步设计的进一步具体化和形象化，是把前期设计中所有的设计内容和方案绘制成可用于施工的图纸。

施工图设计根据批准的初步设计文件编制,其内容主要包括:总说明、总平面图、纵断面图、横断面图、路基设计表、征地拆迁表、防护工程图、桥梁工程图、通道、涵洞图、立体交叉和平面交叉图、纵向排水设施图、路面结构图、交通工程图等。施工图的设计深度应能满足现代化技术水平的需要,满足新工艺、新材料、新技术的推广应用,满足业主和广大人民群众的需要,满足施工和监理的需要,满足行车稳定、安全、舒适的需要,满足经济美观的要求,满足规范标准的要求。

(三)勘察设计单位的工作质量管理

勘察设计成果的质量特殊复杂,影响因素众多,概括起来,它是一个多层次的概念。勘察设计单位只有通过建立健全质量保证体系,健全勘察设计技术责任制,加强勘察设计全过程各阶段的工作质量控制,切实抓好事前布置,中间检查、成果审核、质量评定等关键环节,才能确保向建设单位提供优秀勘察设计成果,做好建设过程中的优质服务。

为了发挥工程勘察设计应有的作用,总结国内外实践经验,并结合我国实际情况,勘察设计应当遵守以下主要原则:贯彻经济、社会发展规,城乡规划和产业政策环保要求;实行资源综合利用、节约资源、环境保护;遵守强制性工程建设技术标准;采用新技术、新工艺、新材料、新设备;重视技术和经济结合;注意与环境协调和美观。保证和提高勘察设计质量的基本措施:

①编制好勘察纲要等指导性文件,对大型或地质条件复杂的工程勘察纲要应组织会审。文件应体现规划、设计意图,符合规范、规程的规定,满足可行性报告和勘察设计任务书的要求,依据齐全可靠,方案合理可行,以统一技术条件与工作安排,同时积极改革传统的勘察设计方法和手段,提高勘察设计质量和效率。

②建立健全原始资料,落实自检、互检和专检职责等相关制度。勘察原始资料必须符合规范、规程的规定,及时编录、核对、整理,不得遗失或任意涂改。设计单位也要及时收集施工和竣工后对设计质量的意见,建立工程设计质量档案,进行分析研究,不断改进工作,提高设计质量。

③建立健全成品校审制度。对阶段性成果和最终成果的质量,按规定

程序进行严格校审并签字，具体包括对计算机依据的可靠性，成果资料、数据和计算结果的准确性，论证证据和结论的合理性，现行标准规范的执行，各阶段勘察设计文件的内容和深度，文字说明的准确性，图纸的清晰与准确，成果资料的规范化和标准化等内容。大型或地质条件复杂的工程，应组织会审。对检查、验收或审核不符合质量要求的勘察设计成果都要推倒重来，不得盖章出图。

④加强设计标准化工作。重视企业标准的编制，推广标准设计的应用和国际专业标准的附和，跟踪先进设计技术和设计方法，以保持设计质量和水平的稳步提高。

⑤鼓励设计创新。通过开展优秀勘察设计竞赛评比等活动，激励勘察设计人员加强基本训练，不断提高技术业务水平，鼓励勘察设计人员增强创新意识，积极吸收应用新技术、新工艺，提出合理化建议，促进勘察设计质量的提高。

（四）设计文件的审批

设计文件审批也是分阶段的，大中型项目的初步设计，按隶属关系由国务院主管部门或省、自治区、直辖市审查；小型项目的初步设计审批权限，由各部门和各省、自治区、直辖市自行规定；国务院部门在地方安排的项目，以部为主，各省、自治区、直辖市审批。施工图设计除按规定由当地建设行政主管部门审查外，一般不再审批。设计文件经批准后，不得任意修改，如需修改应经原审批机关批准。

四、监理单位的质量管理

（一）工程实施阶段工程质量监理的组织及其职责

1.监理任务的委托

监理任务通常有招标委托和直接委托两种方式，一般应通过招标竞争择优选定监理单位。一个建设项目可委托一个，也可委托几个监理单位实施监理。外国或我国港澳台地区等法人和其他组织在内地从事工程监理活动，应依法办理登记、审批手续，并聘请当地符合条件的监理单位合作监理。监理业务不得越级委托、不得转让，对于特殊复杂的单项工程或专业工程，可以将该部分质量监理业务委托给其他专业监理单位进行监理。对于需要试验检查的工程，因试验技术特别复杂。或试验工作量较大，也可将该试验工作再委托给专门的机构来完成。

根据委托，监理单位的主要职责有以下几项或其中的一部分：协助建设单位组织工程建设招标、评标活动；协助建设单位与中标单位签订工程建设合同；根据建设单位的授权，监督管理工程建设合同的履行；根据监理合同的要求，为建设单位提供技术服务；监理合同终止后，向建设单位提交监理工作报告。具体的职责应由监理单位与建设单位依法订立书面监理合同予以明确，推荐采用交通部颁发的合同范本。监理单位越级监理、违规转让监理业务、出借资质证书，不履行监理职责、与建设单位和施工单位串通弄虚作假等行为，故意损害项目法人、承包商利益，因工作失误造成重大事故的，将受到罚款、降低资质、吊销资质证书、赔偿损失等处分，直至追究其法律责任。

2. 施工阶段工程质量监理的组织

（1）项目监理机构的组建

项目监理机构实质上是一个健全的现场监理工作班子，必须配备足够的、合格的监理人员。一般由总监理工程师、高级驻地监理工程师、专业监理工程师和其他监理人员组成。项目监理机构实行总监理工程师负责制，总监理工程师是监理单位派往项目监理机构的全权负责人，对监理单位主管领导负责；专业监理工程师是总监理工程师或高级驻地工作的具体执行者，对总监理工程师或高级驻地负责；其他监理人员是指总监或高级驻地手下的一般监理人员，对总监或高级驻地负责。

监理单位承担监理任务应根据工程规模、难易程度、合同工期、现场条件等因素，建立现场监理机构。现场监理机构一般按工程招标合同段设置基层监理单位。可视工程情况分别设置一级、二级或三级监理机构。一级监理机构设置总监理工程师办公室；二级监理机构设置总监理工程师办公室和高级驻地监理工程师办公室；三级监理机构是当工程项目为两个以上独立工程项目或跨省、区时，在二级监理机构中间设置项目监理部。

（2）监理人员的资质和素质要求

公路工程建设监理是知识密集型的社会化服务行业，因此对各类监理人员都有一定的资质和素质要求，这些要求应在监理招标文件和合同书中明确规定。

监理人员的构成，应根据被监理工程的类别、规模、技术复杂程度和能够对工程实施监理有效控制的原则进行配备。

监理人员包括：总监理工程师（以下简称总监）、总监代表、高级驻地监理工程师、专业监理工程师（以上统称为监理工程师）；测量、试验人员和现场旁站人员（以上统称监理员）；以及必要的文秘（包括翻译）、行政事务人员等。

总监、总监代表、高级驻地监理工程师，一般应具有高级工程师等相应的高级技术职称并必须取得交通部颁发的监理工程师证。

专业监理工程师应具有工程师等中级技术职称并应取得交通厅（局）颁发的专业监理工程师证；专业监理工程师分别有路基、路面、桥梁、隧道、交通工程、筑机、材料、试验、测量、计划、财务及合同管理等方面的专业。

测量、试验及现场旁站等监理员应具有初级技术职称或经过专业技术培训，考试合格。

3. 监理人员在质量控制中的职责、权利和工作纪律

（1）监理人员的质量控制职责

监理工程师的职责权限应严格按业主和监理单位签订的监理服务合同所授予的职权范围，以及按业主和承包人签订的合同文件明确规定的各项内容执行。

监理工程师在工程质量监理方面的主要职责是：①向承包人书面提供图纸中的原始基准点、基准线和基准高程等资料，进行现场交验并验收承包人施工放样。②在开工前和施工过程中，检查用于工程的材料、设备，对于不符合合同要求的，有权拒绝使用。③签发各项工程的开工通知单，必要时通知施工单位暂时停止整个工程或任何部分工程的施工。④对承包人的检验、测试工作进行全面监理；有权利用施工单位或自备的测试仪器设备，对工程质量进行检验，凭数据对工程质量进行监理。⑤按施工程序旁站，对每道工序、每个部位进行质量检查和现场监督，对重要工程跟班检查，对质量符合施工合同规定的部分和全部工程予以签认；对不符合质量要求的工程，有权要求承包人返工或采取其他补救措施，以达到合同规定的技术要求。

（2）监理人员的权利

为保证工程监理人员能正确行使权利、履行其义务，建设单位应在委

托的工程范围内，授予监理单位以下具体实施权：①向建设单位提出组织设计和技术方案建议权；②工程建设有关协作单位的组织协调权；③行使开工令、停工令、复工令的发布权；④工程上使用的材料和施工质量检验权；⑤工程施工进度的检查、监督权；⑥工程计量支付的审核和签认权等。未经监理人员签字认可，工程材料、构配件、设备不得在工程上使用或安装，不得进入下一道工序施工，不得拨付工程进度款，不得进行竣工验收。

（3）监理人员的工作纪律

因为监理人员具有事前介入权、事中检查权、事后验收权、质量认证和否决权、计量支付权等，为确保建设监理事业的健康发展，按照"严格监理、热情服务、秉公办事、一丝不苟"的准则，有关法规对监理人员的职业道德和工作纪律做出了具体规定。其中包括不在两个以上监理单位注册和从事监理活动；不在政府部门、施工企业或材料设备生产供应单位兼职；不为所监理项目指定承包单位、材料设备及生产供应单位；不擅自接受被监理单位的任何津贴、礼金和可能导致判断不公的报酬等。凡假借监理工程师的名义从事监理工作，出卖、出借、涂改《监理工程师证书》，在影响公正执行监理业务的单位兼职的，建设行政主管部门对监理人员可予以罚款、没收非法所得，收缴《监理工程师证书》等处分。

（二）工程项目施工阶段工程质量监理的程序和方法

1. 编制工程建设项目监理规划和监理细则

工程建设监理单位接受业主委托后，应编制项目监理规划，作为指导项目监理机构开展监理工作的纲领性技术组织文件，它也是政府主管机构、建设单位对监理单位实施监督管理，确认监理合同履行的重要内容和主要依据。监理规划由项目总监理工程师主持编写，监理单位的技术主管部门审核签认，经建设单位确认后实施。监理规划根据监理合同和建设单位要求，在充分收集和详细分析监理项目有关资料的基础上，结合监理单位的具体条件编写，通常包括工程项目概况、监理阶段、范围和目标、监理工作内容、主要控制目标和措施、监理组织、监理工作制度等内容。其中质量控制目标和措施部分，应分别明确设计、材料、施工等质量控制目标，确定控制工作流程，制定组织、技术、经济、合同等具体控制措施。

项目监理细则又称项目监理工作实施细则，是监理单位指导各部门实施具体监理业务的文件。监理细则由部门负责人针对分担的具体监理任务和工作，结合项目具体情况和工程信息，依据监理规划组织编写。它与监理规划的关系可以比作施工图与初步设计的关系，就像工程设计一样。对于简单的监理活动，可以只编写监理细则，而不再编写监理规划。

2. 施工监理的质量控制程序和内容

在开工以前，监理工程师应向承包人提出适用于所有工程项目进行质量控制的程序及说明，以供所有监理人员、承包人的自检人员和施工人员共同遵循，使质量控制工作程序化。

（1）开工报告

在各单位工程、分部工程或分项工程开工之前，高级驻地监理工程师应要求承包人提交工程开工报告并进行审批。工程开工报告应提出工程实施计划和施工方案；依据技术规范列明本项工程的质量控制指标及检验频率和方法；说明材料、设备、劳力及现场管理人员等的准备情况，提供放样测量、标准试验、施工图等必要的基础资料。

（2）工序自检报告

监理工程师应要求承包人的自检人员按照专业监理工程师批准的工艺流程和提出的工序检查程序，在每道工序完工后首先进行自检，自检合格后，申报专业监理工程师进行检查认可。

（3）工序检查认可

专业监理工程师应紧接承包人的自检或与承包人的自检同时对每道工序完工后进行检查验收并签字，对不合格的工序应指示承包人进行缺陷修复或返工。前道工序未经检查认可，后道工序不得进行。

（4）中间交工报告

当工程的单位、分部或分项工程完工后，承包人的自检人员应再进行一次系统的自检，汇总各道工序的检查记录及测量和抽样试验的结果提出交工报告。自检资料不全的交工报告，专业监理工程师应拒绝验收。

（5）中间交工证书

专业监理工程师应对按工程量清单的分项完工的单项工程进行一次系统的检查验收，必要时应做测量或抽样试验。检查合格后，提请高级驻地监理工程师签发《中间交工证书》，未经中间交工检验或检验不合格的工程，不得进行下项工程项目的施工。

（6）中间计量

对填发了《中间交工证书》的工程，方可进行计量并由高级驻地监理工程师签发《中间计量表》。完工项目的竣工资料不全可暂不计量支付。

3. 工序检查程序

各专业（结构、路基、路面、隧道等项目）监理工程师应在组成工程的各个单位、分部或分项工程开工之前，提出工序检查程序说明，以供现场旁站监理人员、承包人的自检人员及施工人员共同遵循。工序检查程序应按以下原则进行：①应与合同图纸和工程量清单的分项所含内容相一致；②应与技术规范及监理工程师批准采用的施工方法和工艺流程相协调；③应与国家或合同规定的验收标准、检验频率和检验方法相配合；④工序检查程序宜采用框图的形式表示，以便直观，并应与相应的检查记录、报表、证书等相配套。

4. 公路工程施工质量监理的阶段划分与内容

工程质量监理是一个施工全过程的监理，它贯穿于整个合同执行过程的始终。根据施工过程，我们可将质量监理划分为三个阶段。由于每个阶段有不同的特点，所以监理的内容和重点也不尽相同。

（1）施工准备阶段

监理合同签订后，即进入施工准备阶段监理。

监理工程师应熟悉合同文件，参加施工招标；复核图纸和放样定线数据；督促承包人提交施工组织设计；准备第一次工地会议；准备发布开工通知等。

①发布开工令。监理工程师应依据施工合同具体规定的日期，按时向承包人发出开工令并报业主备案。如无特殊原因，开工令发出的日期不应提前或推后。

②召开第一次工地会议。第一次工地会议应由监理工程师主持，业主、承包人的授权代表必须出席会议，各方将要在工程项目中担任主要职务的部门（项目）负责人及指定分包人也应参加会议。会议的内容：介绍人员及组织机构、介绍施工进度计划、承包人陈述施工准备、业主说明开工条件、明确施工监理例行程序。

③审批承包人的工程进度计划（含施工组织设计）。监理工程师应组

织有关人员对承包人提交的各项进度计划进行审查，并在合同规定或满足施工需要的合理时间内审查完毕。在执行过程中应经常检查计划的执行情况。

④审批承包人质量保证体系。监理工程师应按合同要求承包人建立一个完整的以自检为主的质量保证组织体系。各级自检人员应由有施工经验、具有专业技术职称、熟悉规范和图纸，并且工作作风优良的技术人员担任。

⑤检验承包人的进场材料。在材料或商品构件订货之前，应要求承包人提供生产厂家的产品合格证书及试验报告。必要时，监理人员还应对生产厂家生产设备、工艺及产品的合格率进行现场调查了解，或由承包人提供样品进行试验，以决定同意采购与否。材料或商品构件运入现场后，应按规定的批量和频率进行抽样试验，不合格的材料或商品构件不准用于工程，并应由承包人运出场外。

⑥审批承包人的标准试验。标准试验是对各项工程的内在品质进行施工前的数据采集，它是控制和指导施工的科学依据，包括各种标准击实试验、集料的级配试验、混合料的配合比试验、结构的强度试验等。

⑦检查承包人的保险及担保，支付动员预付款。

⑧审查承包人的施工机械设备。监理工程师应按其批准的承包人工程进度计划分期审查承包人在实施过程中所使用的施工机械设备。

⑨验收承包人的施工定线。监理工程师应在合同规定的时间内或在承包人的施工定线进行之前的合理时间内，向承包人书面提供原始基准点、基准线、基准高程的方位和数据，并对承包人的施工定线进行检查验收。

⑩验收承包人测定的地面线。监理工程师应要求承包人对全部工程或开工段落的原始地面线进行实际测定，并对测定工作进行检查验收以作为路基横断面施工图和土石方工程计量的依据。

⑪审批承包人提交的施工图。在施工工程开工前合同规定或合理的时间内，监理工程师应对承包人依据合同规定完成并提交的各种施工图进行审核批准。

⑫检查承包人占用工程场地。在合同规定的开工令发出之前及各项工程开工前合理的时间内，监理工程师应督促业主将全部工程或施工路段工程场地移交给承包人使用。

⑬监理其他与保证按期开工有关的施工准备工作。对上述各项内容，

如果没有达到有关规定的要求，则通知承包人进行补充和修正，直到符合合同要求或使监理工程师满意为止，否则不允许进入正式施工阶段。

（2）施工阶段

这个阶段是工程的主体开始实施的阶段。承包人按规范规定的施工方法和监理工程师批准的施工方案及进度计划实施工程，以达到设计文件的要求。这个阶段的质量监理工作主要有：①检查承包人的施工工艺是否符合技术规范的规定，是否按开工前监理工程师批准的施工方案进行施工；②检查施工中所使用的材料、混合料是否符合经批准的原材料的质量标准和混合料配比要求；③对每道工序完工后进行严格的质量验收，合格后才能允许承包人进行下一道施工工序；④对施工中产生的工程缺陷或质量事故进行调查、处理。达到设计要求后才准许承包人继续施工。

在施工阶段，监理人员主要应抓住"检查"这个环节，尽可能增加检查时间，加密检查点，使检查工作达到足够的广度和深度。这样做的目的就是要通过检查发现问题，做到"防患于未然"，对已出现的质量问题，要及时责令承包人处理改正。

（3）交工及缺陷责任期阶段

监理工程师收到承包人递交的交工申请，确认工程满足：①承包人书面申请；②工程确定完成；③工程检验合格；④现场清理完毕；⑤交工资料齐备。

确认工程满足上述五个条件后应指派专人全面负责交工检查工作，并成立有监理工程师、业主参加的交工检查小组。需要时，建议业主邀请设计部门和质量监督部门参加。

监理工程师还应提示承包人列席参加并负责提供分组检查工作时所需要的情况、资料、人力和设备，为交工检查活动提供服务。

交工检查小组的任务是：①进一步审查交工申请报告；②现场检查申请交工的工程；③审查承包人的缺陷责任期的剩余工程计划；④根据以上情况写出交工检查报告；⑤决定是否签发交工证书。

工程交工的日期以检查小组决定的签交工证书的日期为准。工程交工证书必须包括如下内容：①获得交工证书的工程范围；②工程获得交工证书的日期；③审查交工工程的单位；④交工证书的签字人（业主、监理工程师、承包人各方代表）。监理工程师应根据合同，规定交工工程的缺陷责任期（一般为1年），起算日期必须以签发的工程交接证书日期为准。

缺陷责任期监理工作内容：①检查承包人剩余工程计划；②检查已完工程；③确定缺陷责任及修复费用；④督促承包人按合同规定完成交工资料。

监理工程师收到缺陷责任期工作检查小组的报告，并确认缺陷责任期工作已达到规定标准，应向承包人签发缺陷责任终止证书。签发日期就以工程通过最终检验的日期为准。

《工程缺陷责任终止证书》签发的必要条件：①监理工程师确认承包人已按合同规定及监理工程师指示完成全部剩余工程。并对全部剩余工程的质量检查认可；②监理工程师收到承包人含有如下内容的终止缺陷责任申请：剩余工作计划执行情况；缺陷责任期内监理工程师发现并指示承包人进行修复的工程完成情况；交工资料的完成情况。

《工程缺陷责任终止证书》应包括以下主要内容：①获得证书的工程范围；②审查缺陷责任期工作的单位；③工程交工日期及合同缺陷责任期终止日期；④《工程缺陷责任终止证书》的签字人（业主、监理工程师、承包人各方的代表）。

5.质量监理的基本方法

公路工程质量监理是对公路工程施工的各个阶段及施工中各个环节、各道工序进行严格的、系统的、全面的质量监督和管理，为了保证达到质量监理的目标，一般可以采用以下各种监理手段来开展质量监理工作：检查核实、签认、审批、测量与检测、旁站、工地巡视，签发指令文件。

（1）检查核实、签认与审批

监理工程师在施工的全过程中，需要经常对承包人所报送的各类报表和质量数据进行检查核算（内业）或进行现场核实（外业）。如监理工程师在审批承包人提交的开工报告时，对承包人提供的开工条件，如施工人员组织、施工的机械配备、材料质量和配合比试验结果及施工放样等应逐一进行检查、核实、签认与审批。

（2）抽检试验

抽检试验包括室内试验和现场检测两类，它是监理工程师确认各种材料及施工部位质量的主要依据，是监理工程师坚持一切用数据说话的基础。

公路工程施工质量判断，有许多必须经过取样试验才能得出结论，因此试验是监理工程师控制工程质量的一个重要手段。

抽检试验的内容主要以能控制各施工项目施工质量的关键工序的质量指标为依据。

（3）检测与测量

在施工全过程中，无论是承包人还是监理工程师都离不开测量与检测。测量是监理工程师在质量监理过程中，对施工各部位的平面位置、高程、几何尺寸进行检查和控制的重要手段，主要包括施工放样现场复核、施工过程中的跟踪测量，以及工程验收包括分项工程完工验收、交工验收及竣工验收中的各项检测工作。

（4）旁站

旁站即"盯现场"，就是监理工程师在承包人施工期间，用全部或部分时间盯在施工现场，对承包人的各项施工活动进行跟踪监理，这种方法在公路工程质量监理工作中十分重要。实际工作中，监理工程师对施工条件比较复杂、工程质量难以保证的关键工序及工程的关键部位，一般应进行全过程的旁站监督，如水泥混凝土路面，沥青混凝土面层施工的全过程、钻孔灌注桩施工中的混凝土工序等。而对施工质量相对稳定由多道施工工序所组成的分项工程中的次要工序，可进行部分时间的旁站监督。但对影响施工质量的关键工序不仅应进行旁站，而且还应进行抽检，如路基工程施工时，路基分层填筑和分层压实等必须进行压实度抽检。

（5）工地巡视

工地巡视是监理工程师在公路工程的施工过程中，为了解工程施工质量的全貌，利用相对较短的时间，对工程的整体（包括工程的较次要部位、较次要工序等）进行巡查、检视。这也是监理工程师进行质量监理的基本方法之一。

（6）签发指令文件

指令文件，一方面包括施工监理过程中，监理工程师以书面文件的形式签发给承包人提醒注意施工中存在的质量隐患或质量问题书面文件；另一方面还包括监理工程师为保证工程质量，向承包人发布的工程变更、补充技术标准、施工技术要求、工地会议纪要等。这些文件都直接关系到工程的质量，是进行工程质量监理必不可少的手段。

五、施工单位的质量管理

（一）施工单位在工程质量管理中的作用和责任

1. 施工单位在工程建设中的地位和作用

施工单位是工程项目任务的最终完成者，施工单位通过生产活动，把各种工程材料和构件建成不同等级的公路和构筑物，为国民经济的发展提供物质技术基础，为发展生产和改善人民生活服务。

工程施工是使建设工程设计意图最终实现并形成工程载体的阶段，也是最终形成工程质量和工程产品功能和使用价值的关键阶段。因此，施工单位质量的管理和控制是工程项目质量管理和控制的重点。

2. 施工单位的质量责任

根据《公路法》和《建设工程质量管理条例》和《公路工程质量管理办法》的规定，施工单位主要有以下几方面的质量责任：

①施工单位必须按资质、资信等级确定的业务范围参加投标，承揽工程施工任务，并接受质监机构对其资质和质量体系的监督检查。

②施工单位必须依据有关公路工程建设的法律、法规、规章、技术标准和规范的规定，按照设计文件、施工合同和施工工艺要求组织施工，并对其施工的工程质量负责。

施工单位应当建立质量责任制，确定工程项目的项目经理、技术负责人和施工管理负责人。

建设工程实行总承包的，总承包单位应当对全部建设工程质量负责；建设工程勘察、设计、施工、设备采购的一项或者多项实行总承包的，总承包单位应当对其承包的建设工程或者采购的设备的质量负责。

③施工单位必须建立施工质量保证体系，推行全面质量管理，制定和完善岗位质量责任、质量规范及考核办法，建立工地试验室，加强施工过程中的自检、互检和交接检工作。对交付监理签认的工程，要落实质量责任制。

④总承包单位依法将建设工程分包给其他单位的，分包单位应当按照分包合同的约定对其分包工程的质量向总承包单位负责，总承包单位对分包工程的质量承担全部责任。

⑤施工单位必须按照工程设计图纸和施工技术标准施工，不得擅自修

改工程设计，不得偷工减料。施工单位在施工过程中发现设计文件和图纸有差错的，应当及时提出意见和建议。

⑥施工单位必须按照工程设计要求、施工技术标准和合同约定，对建筑材料、建筑构配件、设备和商品混凝土进行检验，检验应当有书面记录和专人签字；未经检验或者检验不合格的，不得使用。

⑦施工单位必须建立健全施工质量的检验制度，严格工序管理，做好隐蔽工程的质量检查和记录。隐蔽工程在隐蔽前，施工单位应当通知建设单位和监理单位检查认可。

⑧施工人员对涉及结构安全的试块、试件以及有关材料，应当在建设单位或者工程监理单位监督下现场取样，并送具有相应资质等级的质量检测单位进行检测。

⑨施工单位对施工中出现质量问题的建设工程或者工程验收不合格的建设工程，应当负责返修。

⑩施工单位应当建立健全教育培训制度，加强对职工的教育培训；未经教育培训或者考核不合格的人员，不得上岗作业。

⑪工程发生质量事故，施工单位必须按规定向监理单位、建设单位及有关部门报告，并保护施工现场接受调查，认真进行事故处理。

⑫竣工的公路工程项目必须符合有关公路工程标准及设计文件要求，并按规定向建设单位提交完整的技术档案，试验成果及有关资料。

3. 施工项目经理的质量责任

施工项目经理是企业法人在建设工程项目上的代表人，应经建设行政主管部门或专业部门考试合格并取得相应的资格等级证书。其责任包括负责对参加本项目施工的人员进行质量管理教育；贯彻执行国家和企业颁发的保证工程质量的规定、规程、制度和措施；认真选择合适的材料供应厂商和工程分包队伍，不采用不正当的手段采购物资、分包工程；组织质量自检、互检和专检，及时处理协调有关质量的矛盾和问题，确保项目质量目标的实现。

（二）工程项目施工质量控制的内容和措施

工程项目施工是一个从投入原材料开始，直到完成工程质量验收和交工的系统过程，应建立健全工程施工项目质量管理工作体系。

1. 施工准备阶段工作质量控制

从技术质量的角度来讲，施工准备工作主要是做好图纸学习与会审、编制施工组织设计和进行技术交底，为确保施工生产和工程质量创造必要的条件。

（1）图纸学习与会审

设计文件的学习和图纸会审是进行质量控制和规划的一项重要而有效的方法。一方面使施工人员熟悉和了解工程特点、设计意图和掌握关键部位工程质量技术要求，更好地做到按图施工。另一方面通过图纸审查，及时发现存在的问题和矛盾，提出修改意见，帮助设计单位减少差错，提高设计质量，避免产生技术事故或工程质量问题。

图纸会审由建设单位或监理单位主持，设计单位、施工单位参加。设计单位介绍设计意图、图纸、设计特点和对施工的要求，施工单位提出图纸中存在的问题和对设计单位的要求，通过三方讨论和协商，解决存在问题，写出会审纪要，设计人员在会后通过书面形式进行解释，或提出设计变更文件及图纸。图纸审查必须抓住关键，特别注意对构造和结构的审查，必须形成文件，并作为档案保存。

（2）编制施工组织设计

高质量的工程和有效的质量体系不是偶然能达到的，往往需经过精心策划和周密计划。施工组织设计就是对施工的各项活动做出全面的构思和安排，指导施工准备和施工全过程的技术经济文件，它的基本任务是使工程施工建立在科学合理的基础上，保证项目取得良好的经济效益和社会效益。公路建设工程项目的单体性决定了对每个项目都必须根据其设计特点和施工特点进行施工组织，并编制满足需要的施工组织设计。

根据设计阶段和编制对象的不同，施工组织设计大致可分为施工组织总设计、单位工程施工组织设计和难度较大、技术复杂或新技术项目的分部分项工程施工组织设计三大类。施工组织设计的内容因工程的性质、规模、复杂程度等情况的不同而异，通常应包括质量措施、安全文明施工措施、各项资源需要量计划及施工平面图、技术经济指标等基本内容。施工组织设计编制和修改要按照施工单位隶属关系及工程性质实行分级审批；实施监理的工程，要经监理单位审批。

施工组织设计中，对质量控制起主要作用的是施工方案，主要包括施工程序的安排、主要项目的施工方法、施工工艺、施工机械的选择，以及保证质量、安全施工、冬季和雨季施工等方面的预控方法和针对性的技术组织措施。选择施工方案时，应以国家和地方规程、标准、技术政策为基础，以质量第一、确保安全为前提、按技术上先进、经济上合理的原则，对主要项目可拟订几个可行的方案，突出主要矛盾，摆出主要优缺点，采用建设、监理、设计和施工单位相结合等形式讨论和比较，不断优化，选出最佳方案。对主要项目关键部位和难度较大的项目，如新结构、新材料、新工艺、大跨度、高填方、深基础和高度大的工程部位。制订方案时要反复讨论，并制定确保质量、安全的技术措施。

（3）组织技术交底

技术交底是指单位工程、分部工程、分项工程正式施工前，对参与施工的有关管理人员、技术人员和工人进行不同重点和技术深度的技术性交代和说明。其目的是使参与项目施工的人员对施工对象的设计情况、结构特点、技术要求、施工工艺、质量标准和技术安全措施等方面有一个较详细的了解。做到心中有数，以便科学地组织施工和合理地安排工序，避免产生技术错误或操作错误。

技术交底是一项经常性技术工作，可分阶段进行。项目经理根据施工进度，分阶段向工长及职能人员交底；工长在每项任务施工前，向操作班组交底。技术交底应以设计图纸、施工组织设计、质量检验评定标准、施工验收规范、操作规程和工艺卡为依据，编制交底文件，必要时可用图表、实样、现场示范操作等形式进行，并做书面交底记录。特别对重点、特殊工程和特殊部位，以及"四新"技术的交底，内容要全面，重点要明确，要求具体而详细，注重可操作性。

（4）控制物资采购

施工所需的物资，包括原材料、构配件和设备等，除由建设单位提供外，其余均需施工单位自行采购、订货。如果生产、供应单位提供的物资不符合质量要求，施工企业在采购前和施工中又没有有效的质量控制手段，往往会埋下工程隐患，甚至酿成质量事故。因此，采购前应着重掌握生产、供应单位的质量保证能力，选择合适的供应厂商和外加工单位。按先评价、后选择的原则，由熟悉物资技术标准和管理要求的人员对拟选择的分供方，通过对其技术、管理、质量检测、工序质量控制售后服务等质量保证能力信誉的调查，以及产品质量的实际检验评价，各分供方之间的比较，最后做出综合评价，再选择合格的分供方建立供求关系。对已建立供求关系的分供方还要根据情况的变化和需要，定期地进行连续评价和更新，以使采购的物资持续保持符合质量要求的水平。

2. 施工阶段施工质量控制

施工阶段是形成工程项目实体的过程，也是形成最终产品质量的重要阶段。

在施工过程中解决质量问题是最经济的，强调过程中解决质量问题是非常重要的。因此，应按照施工组织设计的规定，通过把好材料、质量验收关，做好施工中的巡回检查，对主要分部分项工程和关键部位进行质量监控，严格工序检查验收和隐蔽验收及工程预检，加强设计变更管理，及时记录、收集和整理施工技术资料等工作措施，以保持施工过程的工程总体质量处于稳定受控状态。

（1）严格进行材料、构配件、试验与施工试验

为避免不合格的原材料、构配件、设备、半成品，如钢材、水泥、钢筋连接接头、混凝土、砂浆、预制混凝土构件等进入施工现场，必须按规范、标准和设计的要求，根据对质量的影响程度和使用部位的重要程度，在使用前采用抽样检查或全数检查等形式，通过检验和试验手段，判断其质量的可靠性。

检验和试验的方法有书面检查、外观检验、理化试验和无损检验四种。书面检验，是对提供的质量保证资料、试验报告等进行审核，予以认可。外观检验，是对品种、规格、标志、外形尺寸等直观检查。理化试验，是借助试验设备和仪器对样品的化学成分、机械性能等进行性能测试和鉴定，如钢材的抗拉强度、混凝土的抗压强度、水泥的安定性等，委托具备法定资格的检测机构进行。无损检验，是在不破坏样品的前提下，利用超声波、X射线、探伤仪等进行检测，如钢结构焊缝缺陷的检验。

严禁将未经检验和试验或检验不合格的材料、构配件、设备、半成品等投入使用。

（2）实施工序质量监控

工程项目的施工过程，是由一系列相互关联、相互制约的工序所构成的，如混凝土工程由搅拌、运输、浇灌、振捣、养护等工序组成。工序质量直接影响项目整体质量，工序质量包含两个相互关联的内容，一是工序施工完成的工程产品是否达到有关质量标准。为了指导工程质量从事后检查把关，转向事前和事中控制，达到预防为主的目的，必须加强施工工序的质量监控。

工序质量监控的对象是对影响工序质量的因素，特别是对主导因素的监控，其核心是管因素、管过程，而不是单纯的管结果。工序质量监控的重点内容包括以下四个方面：

①设置工序质量控制点。即对影响工序质量的重点或关键部位、薄弱环节，在一定时期内和一定条件下进行强化管理，使之处于良好的控制状态。可作为质量控制点的对象涉及面较广，它可能是技术要求高、施工难度大的结构部位，如桩基工程等，也可能是对质量影响大的关键工序、操作或某一个环节。如预应力结构的张拉工序、模板的支撑与固定、大体积混凝土的浇捣、水泥混凝土和沥青混凝土的拌和与摊铺。

②严格遵守工艺规程。施工工艺和操作规程是施工操作的依据和法规，是确保工序质量的前提，任何人都必须严格执行，不得违反。

③控制工艺活动条件的质量。主要将影响质量的五大因素，即施工操作者、材料、施工机械设备、施工方法和施工环境等，切实有效地控制，以保证每道工序的正常、稳定。

④及时检查工序活动效果的质量。通过质量检查，及时掌握质量动态，一旦发现质量问题，及时处理。

（3）组织质量检验

具体形式有质量自检、互检和专业质量检查，工序交接检查，工程隐蔽验收检查、工程预检、基础和主体工程检查验收等。

①质量自检和互检

自检是指由工作的完成者依据规定的要求对该工作进行的检查。互检是指工作的完成者之间对相应的施工工程或完成的工作任务的质量所进行的一种制约性检查。互检的形式比较多，如同一班组内操作者间的互相检查，班组质量员对班组内的某几个成员或全体的操作效果的复查，下道工序对上道工序的检查。互检往往是对自检的一种复核和确认。操作者应依据质量检验计划，按时、按确定项目和内容进行检查，并认真填写相应的记录。

②专业质量监督

施工企业必须建立专业齐全、具有一定技术水平和能力的专职质量监督检查队伍和机构，以弥补自检、互检的不足。企业质量监督检查人员应按规定的检验程序，对工序施工质量及施工班组自检记录进行核查、验证，并对符合要求的予以确认；当工序质量出现异常时，除做出暂停施工的决定外，还应向主管上级报告。专业质量检查人员应做好专业检查记录，清晰表明工序是否正常及其处理情况。

③工序交接检查

工序交接检查是上道工序施工完毕即将转入下道工序施工之前，以承接方为主，对交出方完成的施工内容的质量所进行的一种全面检查，是由专门人员组织，有关技术人员及质量检查人员参加一种不同于互检和专检的特殊检查形式。按承交双方的性质不同，可分为施工班组之间、专业工程处（分公司）之间和承包工程的企业之间交接检查类型。交出方和承接方通过资料审查及实体检查，对发现的问题进行整改，达到设计标准要求后，办理工序交接手续，填写工序交接记录，并由参与各方签字确认。

④隐蔽工程验收

隐蔽工程验收，是指将被其他工序隐蔽的工程，在隐蔽前进行的检查和验收，是一项防止质量隐患，保证工程项目质量的重要措施。重要的隐蔽工程项目，如基础工程等，一般应由工程项目的技术负责人主持，请建设单位或监理单位和政府质量监督机构进行验收，并签署意见。隐蔽工程验收后，办理验收手续，列入工程档案。对于验收中提出的不符合质量标准的问题，要认真处理，经复核合格并写明处理情况。隐蔽工程验收不合格的，不得进入下道工序施工。

（4）设计变更管理

施工过程中往往会发生没有预料到的新情况，如设计与施工的可行性发生矛盾；建设单位因工程使用目的、功能或质量要求发生变化，而导致设计变更，或其他原因引起设计变更。设计变更须建设单位、监理单位、设计单位同意，共同签署设计变更记录，由设计单位负责修改，并向施工单位签发设计变更通知书。对建设规模、投资方案有较大影响的变更，须经原批准设计单位同意，方可进行修改。设计变更必须真实地反映工程的实际变更情况，变更内容要条理清楚、明确具体，除文字说明外，还应附施工图纸，以利施工。设计变更要注明日期，及时送交施工各方有关部门的人员。接到设计变更通知书，应立即按要求改动，避免施工管理漏项。对重要的或影响全局的，必须加强复核，避免发生重大差错，影响工程质量和使用。所有设计变更资料，均需有文字记录，并按要求归档。

（5）积累工程施工技术资料

工程施工技术资料是施工中的技术、质量和管理活动的记录，是对质量追溯的主要依据，也是工程档案的主要组成部分。施工技术资料管理是确保工程质量和完善施工管理的一项重要工作，它反映了施工活动的科学性和严肃性，是工程施工质量水平和管理水平的实际体现。施工企业必须按各专业质量检验评定标准的规定和各地的实施细则，全面、科学、准确、及时地记录施工及试验资料，按规定积累、计算、整理、归档，手续必须完备，并不得有伪造、涂改、后补等现象。

3.竣工验收交付阶段的工程质量控制

工程竣工后，经工程监理单位核定，达到质量标准，由建设单位组织对竣工工程的质量进行验收，在办理竣工手续后可交付使用。

（1）坚持竣工标准

达不到竣工标准的工程，不能算是竣工，也不能报请竣工质量核定和竣工验收。按照设计图纸、技术说明书、验收规范进行验收，工程质量符合各项要求，在工程内容上按规定全部施工完毕，不留尾巴。

（2）做好竣工预检

竣工预检是承包单位内部的自我检验，目的是为正式验收做好准备。竣工预检可根据工程重要程度和性质，按竣工验收标准，分层次进行。通常先由项目部组织自查，对缺漏或不符合要求的部位和项目，确定整改措施，指定专人负责整改。在项目部整改复查完毕后，报请承包企业或上级单位进行复验，通过复验，解决全部遗留问题，经确认全部符合竣工验收标准，具备交付使用条件。

（3）整理工程竣工验收资料

工程竣工验收资料是使用、维修、扩建和改建的指导文件和重要依据，工程项目交接时，承包单位应将成套的工程技术资料进行分类整理、编目建档后移交给建设单位。工程项目竣工验收的资料主要有：①工程项目开工报告和竣工报告；②图纸会审和设计交底记录；③设计变更通知书和技术变更核定单；④工程质量事故调查和处理资料；⑤水准点位置、导线测量记录；⑥材料、构配件、设备的质量合格证等资料；⑦试验、检验报告；⑧隐蔽验收记录及施工日记；⑨竣工图；⑩质量检验评定资料；⑪工程竣工验收资料；⑫其他需移交的文件、实物照片等。

（4）缺陷责任期的工程质量控制

工程项目在竣工验收交付使用后，按照合同和有关规定，在一定期限内，施工单位应主动对工程进行保修，并征求建设单位对工程质量的意见，对属于施工单位施工质量问题，负责维修，不留隐患，如属设计原因造成的质量问题，在征得建设单位和设计单位认可后，协助修补。

第三节 公路设计项目质量管理措施

一、公路设计项目的质量管理计划

（一）公路设计策划与设计计划

公路设计策划是针对某个公路设计项目先建立质量目标，制定质量要求并相应开展各种设计活动。

公路设计计划是以设计计划的形式编制的，由项目的设计策划形成的文件，它是项目设计质量管理及控制的依据性文件。

（二）公路设计项目质量管理计划内容

公路设计质量管理计划的内容包括：项目的质量目标以及对设计质量控制的要求；项目概况；项目的设计范围及设计分工；设计的指导思想及设计原则；业主对设计的特殊要求；设计者工期计划及设计组织；设计的工作程序、设计的进度计划及设计的里程碑的进度计划；设计各阶段的设计评审及验证的安排；设计采用的技术标准、规范；必要的附件，设计合同、可研究报告以及设计技术指标表等。只有合理地制订公路设计项目质量管理计划，才能为项目的顺利开展奠定基础。

二、公路设计项目质量管理体系研究

（一）公路设计项目质量管理的要求

1. 设计质量管理的总要求

在满足业主对公路工程项目的功能及使用价值需求的情况下，正确处理业主需要与资源、投资、技术、标准、环境及法规之间的关系，尽力做到经济、可靠、安全、节能、减少资源的消耗、节约占地、生态环保及可持续发展等的综合协调的工作。

2. 设计质量管理的具体要求

①符合已批复的项目建议书、项目占地等的内容要求。②符合相关的公路规范标准及技术要求。③符合有关的质量管理体系及工程建设的法律、法规。④满足业主的建设意图及设计合同要求，满足施工的要求，不影响工程的进度和质量。⑤设计图纸齐全，技术要求明确，计算准确。设计单位有义务协助施工单位了解和掌握设计图纸的要求及设计意图。⑥反映建设过程中及建成后所需要的有关要求、数据和资料。

3. 公路设计阶段投资、进度、质量三者之间的关系

公路设计阶段要处理好投资、进度、质量三者之间的关系，在既定投资限额的约束下，努力达到业主所需的较高的质量水平及最佳使用功能。

（二）公路设计过程的质量管理职责

1. 项目负责人的质量职责

项目负责人在办公室主任的领导下，按质量管理体系的要求对全项目组的测量、设计工作负责。

①根据办公室里的测量、设计生产任务以及本组人员的具体情况，尽快熟悉理解并对本组人员传达《测量指导》《设计指导书》。合理分配组员应承担的任务，编制本组的生产和创优计划，组织全组人员按照相关程序完成各项测设任务。对项目全面负责（包括进度、重大方案等），对设计内容的完整性、全面性负责。

②组织测设人员做好基础资料及相关信息的收集，并对设计输入的资料进行深入细致的分析研究，做好设计方案的比选，树立创新意识，积极采用新技术，以提高设计质量。对原始资料(数据)应用的充分性和适宜性负责。

③协调本组人员做好自校、互校和组审工作，做好设计文件的编制工作，注重工作效率，复核互提资料，保证其充分、准确。对本组的设计质量负责。对项目的组织实施和全过程控制，编制《设计计划书》。

④组织测设人员做好中间检查和事后总结，及时处理不合格品，贯彻实施纠正和预防措施，做到不合格产品不出组，并及时在组内开展质量教育和质量剖析活动，保证质量管理体系在项目中正常运行。

⑤复核图纸（报告）及计算书，对具体设计方案合理性，设计内容的完整性、全面性负责。

⑥对常规计算方法的正确性，关键数据的正确性，计算结果的可信性、合理性负责。

⑦对设计、复核人员进行技术指导，并进行质量教育，确保管辖范围质量管理体系正常运行。

⑧根据室主任的安排，熟悉顾客要求并与顾客沟通，组织本组的设计变更和后期服务，重视施工现场的信息反馈，广泛收集与本组产品有关的内容，适时进行归纳和整理。对无合理理由未落实复核意见的产品，有权拒绝签署。

⑨参加设计评审、设计确认会议，汇报项目设计情况，并落实会议精神。

2. 设计各专业室的质量职责

设计单位一般实行专业部室及项目组相结合的矩阵式管理方式。设计的各专业室、项目组分别对设计质量负有相应职责；设计人员在质量管理上受设计各室及项目组的双重领导，各室人员都应理解质量方针和质量目标，贯彻执行相关的质量管理体系文件，并在执行中不断考核其有效性。

设计各专业室的质量职责主要有：①派出符合资格要求的相应的专业负责人及各级专业设计人员加入项目组，以保证项目组有富余的质量、数量的人力资源，以保证项目的设计质量和水平。②项目负责人指导、监督参加该项目组的所有人员，并在生产活动中严格遵守执行本公司的质量管理体系标准，并采取质量保证及控制措施对项目各专业的设计过程进行有效的控制。③制定工程项目中各专业采用的标准、规范，并确保使用现行的有效版本。④确定设计中拟采用的专业技术方案，并对设计的专业技术方案的合理性、先进性、可靠性论证比选，确保专业技术方案的合理、可靠。⑤在实施项目或用户的变更中，严格按照设计更改程序。⑥负责对设备及材料供货厂商报价相关的技术评审。⑦设计过程中若出现设计的不合格时，严格地执行相应的控制程序。⑧必要时，可参加项目的合同评审及承包方的资格审查。⑨负责收集、编制及管理设计过程中相应产生的各种质量管理记录。

（3）复核人员的职责

复核人员必须是具有大学本科以上学历的专业技术人员，由正/副室主任或具备中级职称的技术人员担任，敬业、爱岗具有良好的道德品质和行业素质，熟悉业务技术和常用设计规范、标准及其他质量技术要求。主要职责有：①复核图纸（报告）及计算书，并用红色明确、清晰标识，对图纸（报告）、原始资料（数据）、计算公式和计算结果的正确性负责。②向审核、审定人员介绍复核情况。③对无合理理由未落实复核意见的产品，有权拒绝签署。

三、公路设计项目质量管理的改进措施

（一）增强设计人员的质量意识，提高设计人员的业务技能

公路工程的设计成果是将无形抽象的人类思维活动，转化为可视的文字、图形及数据等。公路工程的设计工作是一种创造性的劳动，设计质量是在严格遵守规范、技术标准及法规的基础上，对公路工程所处的地质条件做出准确、及时的评价，正确协调经济、技术及环境等条件的相互约束，使公路工程设计项目更好地满足业主要求的使用功能及价值，保障发挥项目投产后的经济效益。

人是设计生产、经营过程的主体，公路工程项目设计工作的管理协调、组织策划及过程控制，都是通过设计者来完成的。设计者的文化程度及技术水平、职业道德等，都对工程的设计质量产生一定的影响，因此，设计者的水平是影响公路设计质量的一个重要因素。从本质上讲，作为公路设计单位的员工，必须将质量责任意识作为一种责无旁贷的使命，无论在什么岗位，都肩负着公路建设的责任和使命，增强公路设计人员的业务技术培训，不断提高他们的专业技能。公路设计项目质量的高低与设计者的专业技术水平及综合素质是密不可分的。因此，设计单位要制订专门的员工培训计划，运用激励措施及考核奖励办法，促使员工自觉学习新的规范、技术标准及设计专业的各项技术规定、作业程序，不断提高设计者的业务水平。采用"传帮带"

模式，开展岗位技能的培训，让专业技术水平高、设计经验丰富的人员当老师，带着新人干，从简单图纸开始，整个项目流程做下来，给新人分配一些力所能及的工作，逐步掌握一定的设计技能，不断积累，让新人能够将理论知识、规程及规范逐步应用到实际的工程设计中去，不断地熟悉公路设计的流程与要求，不断提升业务水平。

培养公路专业设计人员细致的工作作风及爱岗敬业精神，并要求设计人员做到"四勤"：脑勤，要熟悉相应基础数据，抓住关键，勤动脑筋，想方设法来保证公路工程的设计质量；手勤，对发现及处理的问题要有记录；腿勤，为了获取准确的一手设计资料要勤跑，并将不正确的信息消除在萌芽状态；口勤，在设计的过程中遇到问题要及时汇报，设计完成后，给下一道工序提供图纸要进行技术交底工作，介绍整个工程项目的设计意图、建设条件及需注意的事项，遇到协助配合的情形要及时沟通并协商解决。在工作中创造一种乐于学习的氛围，通过学习来不断提升设计者的设计咨询水平。

（二）优化组织结构，合理配置资源

设计单位目前主要是职能式组织结构，其好处是能发挥职能部门的专业作用，减轻单位领导者的负担；其不足是阻碍了所需的集中决策及指挥。同时，因为专业职能部门的质量管理能力不强，特别对客户在设计质量改进方面的需求反应较迟，对设计过程的管理控制不够及时，这也降低了质量系统的运行效率。从设计单位的工作内容及特点来看，更适合建立按各个项目划分的矩阵式结构。项目负责人是以提高项目设计质量为目的的，赋予项目负责人特定的责任与权利，充分发挥项目负责人的指挥、协调作用，可以使不同设计者之间的配合与信息交流更加顺畅，组织机构运转灵活，项目成员协调能力增强，能够较好地处置设计中的各种变化情况，并迅速做出应对的措施。

设计单位是面对多个项目同时开展设计工作的，为了保证工程设计质量，单位领导和项目负责人要根据项目的轻重缓急和难易程度，给项目投入相应的资源，分配好设计、校核、审核不同层次的资源，通过多层次的综合调配，使有限的资源发挥最大的作用，以保证工程设计质量。

（三）严格地执行设计质量管理体系，持续改进设计质量

质量管理体系的建立不仅仅是质量贯标认证的要求，其根本目的在于

通过实施质量管理体系，规范作业流程以及设计人员的行为，明确各专业的设计要求、工序，通过质量管理制度来减少公路设计中各专业间的配合协作，建立相应质量跟踪检查及质量记录制度，确保设计工作的每个环节都合理有序到位，使公路设计质量可控、能控及在控。所以，我们确保严格地执行各项设计管理制度，以保证设计质量，并不断持续地改进设计质量。

总之，因为专业设计人员的技术能力培养需要一个较长的过程，就目前来说，能够较快提升公路设计质量的办法是严格执行质量管理制度、程序，优化组织结构及资源配置，加强质量监督检查，通过对质量管理工作的循环管理控制，以达到持续改进提高设计质量的目的。

第四节 高速公路建设项目质量管理

一、高速公路项目量控制目标

高速公路项目施工质量控制的总目标，是实现由高速公路项目决策、设计文件和施工合同所决定的预期使用功能和质量标准。尽管建设单位、设计单位、施工单位、供货单位和监理机构等在施工阶段质量控制的地位和任务目标不同，但从高速公路项目管理的角度看，都是致力于实现高速公路项目的质量总目标。因此，施工质量控制目标，可具体表述如下：

（一）建设单位的控制目标

高速公路建设单位在施工阶段，通过对施工全过程、全面的质量监督管理、协调和决策，保证竣工项目达到投资决策所确定的质量标准。

（二）设计单位的控制目标

高速公路设计单位在施工阶段，通过对关键部位和重要施工项目施工质量验收签证、设计变更控制及纠正施工中所发现的设计问题，采纳变更设计的合理化建议等，保证竣工项目的各项施工结果与设计文件（包括变更文件）所规定的质量标准相一致。

（三）施工单位的控制目标

高速公路施工单位包括施工总包和分包单位，作为高速公路产品的生产者和经营者，应根据施工合同的任务范围和质量要求，通过全过程、全面的施工质量自控，保证最终交付满足施工合同与设计文件所规定质量标准（含高速公路质量创优要求）的高速公路产品。一般规定，施工单位对高速公路的施工质量负责；分包单位应当按照分包合同的约定对其分包工程的质量对总承包单位负责，总承包单位与分包单位对分包工程质量承担连带责任。

（四）供货单位的控制目标

高速公路建筑材料、设备、构配件等供应厂商，应按照采购供货合同约定的质量标准提供货物及其质量保证、检验试验单据、产品规格和使用说明书，以及其他必要的数据和资料，并对其产品质量负责。

（五）监理单位的控制目标

高速公路监理单位在施工阶段，通过审核施工质量文件、报告报表及采取现场旁站、巡视、平行检测等形式进行施工过程质量监理；并应用施工指令和结算支付控制等手段，监控施工承包单位的质量活动行为、协调施工关系，正确履行对工程施工质量的监督责任，以保证工程质量达到施工合同和设计文件所规定的质量标准。高速公路监理工程师认为工程施工不符合工程设计要求、施工技术标准和合同约定的，有权要求高速公路施工企业改正。

高速公路施工质量的自控和监控是相辅相成的系统过程。自控主体的质量意识和能力是关键，是施工质量的决定因素；各监控主体所进行的施工质量监控是对自控行为的推动和约束。因此，自控主体必须正确处理自控和监控的关系，在致力于施工质量自控的同时，还必须接受来自业主、监理等方面对其质量行为和结果所进行的监督管理，包括质量检查、评价和验收。但作为自控主体不能因为监控主体的存在和监控职能的实施而减轻或免除其质量责任。

二、高速公路项目质量计划的编制方法

高速公路质量计划是高速公路项目质量管理体系文件的组成内容。在合同环境下高速公路质量计划是高速公路施工企业向顾客表明质量管理方针、目标及其具体实现的方法、手段和措施，体现企业对质量责任的承诺和实施的具体步骤。详细论述如下：

（一）施工质量计划的编制主体和范围

高速公路项目施工任务的组织，无论业主方采用平行承发包还是总分包方式，都将涉及多方参与主体的质量责任。也就是说，高速公路的直接生产过程是在协同方式下进行的，因此，在工程项目质量控制系统中，按照谁实施、谁负责的原则，明确施工质量控制的主体构成及其各自控制范围。

高速公路施工质量计划的编制主体，由自控主体即高速公路施工承包企业进行编制。在平行承发包方式下，各承包单位应分别编制施工质量计划；在总分包模式下，施工总承包单位应编制总承包工程范围的施工质量计划，各分包单位编制相应分包范围的施工质量计划，作为施工总承包方质量计划的深化和组成。施工总承包方有责任对各分包施工质量计划的编制进行指导和审核，并承担相应施工质量的连带责任。高速公路施工质量计划的编制范围，从工程项目质量控制的要求，应与高速公路工程施工任务的实施范围相一致，以此保证整个高速公路项目的施工质量总体受控；对具体施工任务承包单位而言，施工质量计划的编制范围，应能满足其履行工程承包合同质量责任的要求。高速公路项目的施工质量计划，应在施工程序、控制组织、控制措施、控制方式等方面，形成一个有机的质量计划系统，确保项目质量总目标和各分解目标的控制能力。

（二）现行施工质量计划的方式和内容

高速公路质量计划是质量管理体系标准的一个质量术语和职能，在高速公路施工企业的质量管理体系中，以施工项目为对象的质量计划称为施工质量计划。

高速公路现行施工质量计划的方式，在我国除了已经建立质量管理体系的部分施工企业直接采用施工质量计划的方式外，通常还普遍使用工程项目施工组织设计或在施工项目管理实施规划中包含质量计划的内容。因此，现行的施工质量计划有三种方式：工程项目施工质量计划；工程项目施工组织设计（含施工质量计划）；施工项目管理实施规划（含施工质量计划）；高速公路施工组织设计或施工项目管理实施规划之所以能发挥施工质量计划的作用，是因为根据高速公路生产的技术经济特点，每个工程项目都需要进行施工生产过程的组织与计划，包括施工质量、进度、成本、安全等目标的设定，控制计划和控制措施的安排等。因此，施工质量计划所要求的内容，理所当然地被包含于施工组织设计或项目管理实施规划中，而且能够充分体现施工项目管理目标（质量、工期、成本、安全）的关联性、制约性和整体性，这也和全面质量管理的思想方法相一致。

在已经建立质量管理体系的情况下，高速公路施工质量计划的基本内容必须全面体现和落实高速公路施工企业质量管理体系文件的要求（也可引用质量体系文件中的相关条文），编制程序、内容和编制依据要符合有关规定，同时结合工程项目的特点，在质量计划中编写专项管理要求。高速公路施工质量计划的基本内容一般应包括：①工程特点及施工条件分析（合同条件、法规条件和现场条件）；②质量总目标及其分解目标；③质量管理组织机构和职责、人员及资源配置计划；④确定施工工艺与操作方法的技术方案和施工任务的流程组织方案；⑤施工材料、设备物资等的质量管理及控制措施；⑥施工质量检验、检测、试验工作的计划安排及其实施方法与接收准则；⑦施工质量控制点及其跟踪控制的方式与要求；⑧记录的要求等。

（三）施工质量计划的审批程序与执行

高速公路施工单位的项目施工质量计划或施工组织设计文件编成后，应按照工程施工管理程序进行审批，包括施工企业内部的审批和项目监理机构的审查。

高速公路企业内部的审批，是指高速公路施工单位的项目施工质量计划或施工组织设计的编制与审批，应根据企业质量管理程序性文件规定的权限和流程进行。通常是由项目经理部主持编制，报企业组织管理层批准，并报送项目监理机构核准确认。

高速公路施工质量计划或施工组织设计文件的审批过程，是高速公路施工企业自主技术决策和管理决策的过程，也是发挥企业职能部门与施工项目管理团队的智慧和经验的过程。

高速公路监理工程师的审查，是指实施工程监理的高速公路施工项目，按照我国高速公路监理规范的规定，施工承包单位必须填写《施工组织设计（方案）报审表》并附施工组织设计（方案），报送项目监理机构审查。规范规定项目监理机构在工程开工前，总监理工程师应组织专业监理工程师审查承包单位报送的施工组织设计（方案）报审表，提出意见，并经总监理工程师审核，签认后报建设单位。

正确执行施工质量计划的审批程序，是正确理解工程质量目标和要求，保证施工部署、技术工艺方案和组织管理措施合理性、先进性和经济性的重要环节，也是进行施工质量事前预控的重要方法。因此，在执行审批程序时，必须正确处理施工企业内部审批和监理工程师审批的关系，其基本原则如下：①充分发挥质量自控主体和监控主体的共同作用，在坚持项目质量标准和质量控制能力的前提下，正确处理承包人利益和项目利益的关系；施工企业内部的审批首先应从履行工程承包合同的角度，审查实现合同质量目标的合理性和可行性，以项目质量计划向发包方提供信任。②施工质量计划在审批过程中，对监理工程师审查所提出的建议、希望、要求等意见是否采纳以及采纳的程度，应由负责质量计划编制的施工单位自主决策。在满足合同和相关法规要求的情况下，确定质量计划的调整、修改和优化，并承担相应执行结果的责任。③经过按规定程序审查批准的施工质量计划，在实施过程如因条件变化需要对某些重要决定进行修改时，其修改内容仍应按照相应程序经过审批后执行。

（四）施工质量控制点的设置与管理

高速公路施工质量控制点的设置是施工质量计划的重要组成内容。高速公路施工质量控制点是施工质量控制的重点，凡属高速公路关键技术、重要部位、控制难度大、影响大、经验欠缺的施工内容以及新材料、新技术、新工艺、新设备等，均可列为高速公路质量控制点，实施重点控制。针对质量控制点，需要关注以下几点：

1.质量控制点的设置

高速公路施工质量控制点的设置，是根据高速公路工程项目施工管理的基本程序，结合项目特点，在制订项目总体质量计划后，列出各基本施工过程对局部和总体质量水平有影响的项目，作为具体实施的质量控制点。如高速公路施工质量管理中，基坑支护与地基处理、工程测量与沉降观测、大体积钢筋混凝土施工、工程的防排水、钢结构的制作、焊接及检测、大型设备吊装及有关分部分项工程中必须进行重点控制的内容或部位，可列为质量控制点。高速公路工程采用的新材料、新技术、新工艺、新设备要有具体的施工方案、技术标准、材料要求、质量检验措施等，也必须列入专项质量控制点。

通过质量控制点的设定，高速公路质量控制的目标及工作重点就能更加明晰。事前质量预控的措施也就更加明确。施工质量控制点的事前质量预控工作包括：明确质量控制的目标与控制参数；制定技术规程和控制措施，如施工操作规程及质量检测评定标准；确定质量检查检验方式及抽样的数量与方法；明确检查结果的判断标准和质量记录与信息反馈要求等。

2. 质量控制点的实施

高速公路施工质量控制点的实施主要是通过控制点的动态设置和动态跟踪管理来实现。所谓动态设置，是指一般情况下在高速公路工程开工前、设计交底和图纸会审时，可确定一批整个项目的质量控制点，随着工程的展开、施工条件的变化，随时或定期进行控制点范围的调整和更新。动态跟踪是应用动态控制原理，落实专人负责跟踪和记录控制点质量控制的状态和效果，并及时向项目管理组织的高层管理者反馈质量控制信息，保持施工质量控制点的受控状态。

实施高速公路监理的施工项目，应根据现场工程监理机构的要求，对施工作业质量控制点，按照不同的性质和管理要求，细分为"见证点"和"待检点"进行施工质量的监督和检查。凡属"见证点"的施工作业，如重要部位、特种作业、专门工艺等，施工方必须在该项作业开始前24小时，书面通知现场监理机构到位旁站，见证施工作业过程；凡属"待检点"的施工作业，如隐蔽工程等，施工方必须在完成施工质量自检的基础上，提前24小时通知项目监理机构进行检查验收之后，才能进行工程隐蔽或下道工序的施工。未经过项目监理机构检查验收合格，不得进行工程隐蔽或下道工序的施工。

三、高速公路项目质量控制的主要途径

高速公路项目施工质量的控制途径，分别通过事前预控、过程控制和事后控制的相关途径进行质量控制。因此，高速公路施工质量控制的途径包括：预控途径、事中控制途径和事后控制途径。具体反映在：

（一）施工质量的事前预控途径

高速公路事前预控途径是以施工准备工作为核心，包括开工前的施工准备、作业活动前的施工准备和特殊施工准备等工作质量的控制。就整个高速公路项目而言，施工质量的事前预控途径如下：

1. 施工条件的调查和分析

包括合同条件、法规条件和现场条件；做好施工条件的调查和分析，发挥其重要的质量预控作用。

2. 施工图纸会审和设计交底

理解设计意图和对施工的要求，明确质量控制的重点、要点和难点，

以及消除施工图纸的差错等。因此，严格进行设计交底和图纸会审，具有重要的事前预控作用。

3. 施工组织设计文件的编制与审查

高速公路施工组织设计文件是直接指导高速公路现场施工作业技术活动和管理工作的纲领性文件。高速公路工程项目施工组织设计是以施工技术方案为核心，通盘考虑施工程序，施工质量、进度、成本和安全目标的要求。科学合理的施工组织设计对于有效地配置合格的施工生产要素，规范施工作业技术活动行为和管理行为，将起到重要的导向作用。

4. 工程测量定位和标高基准点的控制

高速公路施工单位必须按照设计文件所确定的工程测量定位与标高的引测依据，建立工程测量基准点，自行做好技术复核，并报告项目监理机构进行监督检查。

5. 施工分包单位的选择和资质的审查

对分包商资格与能力的控制是保证高速公路工程施工质量的重要方面。确定分包内容、选择分包单位及分包方式既直接关系到施工总承包方的利益和风险，更关系到高速公路质量的保证问题。因此，施工总承包企业必须有健全有效的分包选择程序，同时，按照我国现行法规的规定，在订立分包合同前，施工单位必须将所联络分包商情况，报送项目监理机构进行资格审查。

6. 材料设备和部品采购质量控制

建筑材料、构配件、部品和设备是直接构成高速公路工程实体的物质，应从施工备料开始进行控制，包括对供货厂商的评审、询价、采购计划与方式的控制等。因此，施工承包单位必须有健全有效的采购控制程序，同时，按我国现行法规规定，主要材料设备采购前必须将采购计划报送工程监理机构审查，实施采购质量预控。

7. 施工机械设备及工器具的配置与性能控制

高速公路施工机械设备、设施、工器具等施工生产手段的配置及其性能，对高速公路施工质量、安全、进度和施工成本有重要的影响，应在施工组织设计过程中根据施工方案的要求来确定，施工组织设计批准之后应对其落实的状态进行检查控制，以保证技术预案的质量能力。

（二）施工质量的事中控制途径

在高速公路项目施工中展开过程质量控制，是最基本的控制途径。此外，还必须抓好与作业工序质量形成相关的配套技术与管理工作，相应的主要途径有：

1. 施工技术复核

高速公路施工技术复核是施工过程中保证各项技术基准正确性的重要措施，凡属轴线、标高、配方、样板、加工图等用作施工依据的技术工作，都要进行严格复核。

2. 施工计量管理

高速公路施工过程计量工作包括投料计量、检测计量等，其正确性与可靠性直接关系到工程质量的形成和客观的效果评价。因此，高速公路施工全过程必须坚持对计量人员资格、计量程序和计量器具准确性等进行控制。

3. 见证取样送检

为了保证高速公路质量，我国规定对工程所使用的主要材料、半成品、构配件以及施工过程留置的试块、试件等应实行现场见证取样送检。见证人员由建设单位及工程监理机构中有相关专业知识的人员担任；送检的试验室应具备经国家或地方工程检验检测主管部门批准的相关资质；见证取样送检必须严格执行规定的程序进行，包括取样见证并记录，样本编号、填单、封箱，送试验室，核对、交接、试验检测、报告。

4. 技术核定和设计变更

在高速公路项目施工过程中，因施工方对施工图纸的某些要求不甚明白，或施工配料调整与代用、改变桥梁位置或路线走向等，需要通过设计单位明确或确认的，施工方必须以技术核定单的方式向监理工程师提出，报送设计单位核准确认。在施工期间无论是建设单位、设计单位还是施工单位提出，需要进行局部设计变更的内容，都必须按照规定的程序，先将变更意图或请求报送监理工程师，经设计单位审核认可并签发《设计变更通知书》后，由监理工程师下达《变更指令》。

（三）施工质量的事后控制途径

施工质量的事后控制，主要是进行已完施工的成品保护、质量验收和不合格的处理，以保证最终验收的高速公路工程质量。

四、高速公路项目质量验收

高速公路工程项目质量验收是对已完工程实体的内在及外观施工质量，按规定程序检查后，确认其是否符合设计及各项验收标准的要求，是否可交付使用的一个重要环节。正确地进行高速公路工程项目质量的检查评定和验收，是保证工程质量的重要手段。高速公路施工质量验收包括施工过程的质量验收及工程竣工时的质量验收。

高速公路施工质量验收分为检验批、分项工程、分部（子分部）工程、单位（子单位）工程的质量验收。在每一个专业工程施工质量验收规范中，又明确规定了各分项工程的施工质量的基本要求，规定了分项工程检验批量的抽查办法和抽查数量，规定了检验批主控项目、一般项目的检查内容和允许偏差，规定了对主控项目、一般项目的检验方法，规定了各分部工程验收的方法和需要的技术资料等，同时对涉及人民生命财产安全、人身健康、环境保护和公共利益的内容以强制性条文做出规定，要求必须坚决、严格遵照执行。

高速公路检验批和分项工程是质量验收的基本单元，分部工程是在所含全部分项工程验收的基础上进行验收的，它们是在施工过程中随完工随验收，并留下完整的质量验收记录和资料。单位工程作为具有独立使用功能的完整的高速公路，进行竣工质量验收。

（一）施工过程质量验收的内容

通过验收后留下完整的高速公路质量验收记录和资料，为工程项目竣工质量验收提供依据。高速公路施工过程质量验收主要包括以下验收环节：

1. 检验批质量验收

所谓高速公路检验批是指按同一的生产条件或按规定的方式汇总起来供检验用的，由一定数量样本组成的检验体。国家相关验收标准规定，包括：①检验批应由监理工程师（建设单位项目技术负责人）组织施工单位项目专业质量（技术）负责人等进行验收；②检验批合格质量应符合下列规定：主控项目和一般项目的质量经抽样检验合格；具有完整的施工操作依据、质量检查记录。主控项目是指高速公路工程中对安全、卫生、环境保护和公众利益起决定性作用的检验项目。因此，高速公路主控项目的验收必须从严要求，不允许有不符合要求的检验结果，主控项目的检查具有否决权。除主控项目以外的检验项目称为一般项目。

2. 分项工程质量验收

高速公路分项工程应按主要工种、材料、施工工艺、设备类别等进行划分。分项工程可由一个或若干检验批组成。国家相关验收标准规定，包括：①分项工程应由监理工程师（建设单位项目技术负责人）组织施工单位项目专业质量（技术）负责人进行验收。②分项工程质量验收合格应符合下列规定：分项工程所含的检验批均应符合合格质量的规定；分项工程所含的检验批的质量验收记录应完整。

3. 分部工程质量验收

高速公路分部工程的划分应按专业性质、工程部位确定；当分部工程较大或较复杂时，可按材料种类、施工特点、施工程序、专业系统及类别等分为若干子分部工程。国家相关验收标准规定，包括：①分部工程应由总监理工程师（建设单位项目负责人）组织施工单位项目负责人和技术、质量负责人等进行验收；②分部（子分部）工程质量验收合格应符合下列规定：所含分项工程的质量均应验收合格；质量控制资料应完整；分部工程有关安全及功能的检验和抽样检测结果应符合有关规定。

4. 观感质量验收应符合要求

必须注意的是，由于高速公路分部工程所含的各分项工程性质不同，因此它并不是在所含分项验收基础上的简单相加，即所含分项验收合格且质量控制资料完整，只是分部工程质量验收的基本条件，还必须在此基础上对涉及安全和使用功能的分部工程进行见证取样试验或抽样检测。而且需要对其观感质量进行验收，并综合给出质量评价，观感差的检查点应通过返修处理等补救。

（二）施工过程质量验收不合格的处理

高速公路施工过程的质量验收是以检验批的施工质量为基本验收单元。检验批质量不合格可能是由于使用的材料不合格，或施工作业质量不合格，或质量控制资料不完整等原因所致，针对不合格处理方法有：①在检验批验收时，对严重的缺陷应推倒重来，一般的缺陷通过翻修或更换器具、设备予以解决后重新进行验收；②个别检验批发现试块强度等不满足要求，难以确定是否验收时，应请有资质的法定检测单位检测鉴定，当鉴定结果能够达到设计要求时，应通过验收；③当检测鉴定达不到设计要求、但经原设计单位核算仍能满足结构安全和使用功能的检验批，可予以验收；④严重质量缺陷或超过检验批范围内的缺陷，经法定检测单位检测鉴定以后，认为不能满足最低限度的安全储备和使用功能，则必须进行加固处理，虽然改变外形尺寸，但能满足安全使用要求，可按技术处理方案和协商文件进行验收，责任方应承担经济责任；⑤通过返修或加固后处理仍不能满足安全使用要求的分部工程、单位（子单位）工程，严禁验收。

第五章 公路工程施工成本管理

第一节 公路工程施工成本的基础

一、施工项目成本及成本管理的概念

公路施工企业的基本活动是建造公路建筑产品，如公路、桥梁以及其他交通工程设施等。在建造公路建筑产品过程中会产生各种耗费，包括劳动对象的耗费、劳动手段的耗费以及劳动力的耗费等，这些耗费的货币表现成为生产费用。

施工成本是指在建设工程项目的施工过程中所发生全部生产费用总和。

施工项目成本是施工企业的主要产品成本，亦称工程成本，一般以项目的单位工程作为成本核算对象，通过对各单位工程成本核算的综合来反映施工项目成本。

施工项目成本管理就是要在保证工期和质量满足要求的情况下，采取相应的管理措施，包括组织措施、经济措施、技术措施、合同措施，把成本控制在计划范围内，并进一步寻求最大程度的成本节约。

公路项目施工成本，是指在施工现场发生的全部生产费用的总和（制造成本），包括：所消耗的原材料、辅材、构配件等的费用；周转材料的摊销费或租赁费；施工机械的使用费或租赁费；支付给生产工人的工资、奖金、津贴；施工组织与管理过程中的全部费用支出等。

其研究对象是财务成本（现金成本），是以货币或资金的形式来表现的。非财务成本则是一种不能通过资金形式直接表示的成本。非财务成本虽然耗费了资金，却不能马上表现出资金支出，但是日后也会通过其他途径最终表现在资金形态上，如精神成本、企业形象和企业信誉等，因此，施工成本管

理既是对资金要素的管理，又是对各项施工要素管理的综合效果，与其他生产要素管理密不可分。

二、施工项目成本的分类

（一）按成本管理的要求分类

1. 预算成本

公路工程项目的产品具有多样性、固定性和生产周期长的特点，对工程项目的建设需要通过编制预算来确定产品价格。预算成本是根据施工图，按分部、分项工程的预算单价和取费标准计算的工程预算费用。工程预算成本加间接费、利润和税金，即为工程项目的预算造价。在招标投标时，预算造价是施工企业与发包单位签订承包合同和进行工程价款结算的主要指标。

预算成本是确定工程造价的基础，也是编制计划成本的依据和评价实际成本的依据。

2. 施工项目计划成本

施工项目计划成本，是指施工项目经理部根据计划期有关资料（如工程的具体条件和施工企业为实施该项目的各项技术组织措施），在实际成本发生前预先计算的成本，也就是施工企业考虑降低成本措施后成本计划数。

计划成本反映了企业在计划期内应达到的成本水平，对于加强施工企业和项目经理部的经济核算，建立和健全施工项目成本管理责任制，控制施工过程中生产费用，降低施工项目成本具有十分重要的作用，是施工项目成本分析和考核的重要依据之一。

3. 实际成本

实际成本与计划成本比较，可揭示成本的节约和超支情况，考核企业施工技术水平及技术组织措施的贯彻执行情况与经营效果。实际成本与预算成本比较，可以反映工程盈亏情况，计划成本和实际成本都是反映施工企业成本水平的，它受企业本身的生产技术、施工条件及生产经济经营管理水平的制约。

（二）按计入成本的方法分类

1. 直接费

直接费是指施工过程中直接耗费的构成工程实体和有助于工程形成的各项费用，包括人工费、材料费、施工机械使用费和其他工程费，是构成施工项目成本的主要部分，是成本管理的重点。

①人工费。人工费是指列入概、预算定额的直接从事建筑安装工程施工的生产工人开支的各项费用。

②材料费。材料费是指施工过程中耗费的构成工程实体的原材料、辅助材料、构（配）件、零件、半成品、成品的用量和周转材料的推销量，按工程所在地的材料预算价格计算的费用。材料费在直接费中占有较大比重。

③施工机械使用费。施工机械使用费是指列入概、预算定额的施工机械台班数量按相应台班费用定额计算的施工机械使用费和小型机具使用费。随着施工机械化程度的提高，该项费用占直接费的比重在逐步增大。

④其他工程费。其他工程费指直接工程费以外施工过程中发生的直接用于工程的费用。包括冬季施工增加费、雨季施工增加费、夜间施工增加费、特殊地区施工增加费、高原地区施工增加费、风沙地区施工增加费、沿海地区工程施工增加费、行车干扰工程施工增加费、安全及文明施工措施费、临时设施费、施工辅助费、工地转移费共九项。通过合理的施工组织，尽量避开冬雨季施工，减少对施工的干扰因素，可以减少其他工程费的开支，降低工程成本。

2. 间接费

间接费由规费和企业管理费组成。

①规费。规费是指法律、法规、规章、规程规定施工企业必须缴纳的费用（简称规费），包括养老保险费、失业保险费、医疗保险费、住房公积金、工伤保险费。各项规费以各类工程的人工费之和为基数，按国家或工程所在地法律、法规、规章、规程规定的标准计算。

②企业管理费由基本费用、主副食运费补贴、职工探亲路费、职工取暖补贴和财务费用五项组成。一是基本费用。基本费用是指施工企业为组织施工生产和经营管理所需的费用，内容包括管理人员工资、办公费、差旅交通费、固定资产使用费、工具用具使用费、劳动保障费、工会经费、职工教育经费、保险费、工程保修费、工程排污费、税金、其他费用。二是主副食运费补贴。主副食运费补贴是指施工企业在远离城镇及乡村的野外施工买生活必需品所需增加的费用。三是职工探亲路费。职工探亲路费是指按照有关规定，施工企业职工在探亲期间的往返车船费、市内交通费和途中住宿费等

费用。四是职工取暖补贴。职工取暖补贴是指按规定发放给职工的冬季取暖费或在施工设置的临时取暖设施的费用。五是财务费用。财务费用是指施工企业为筹集资金而发生的各项费用，包括企业经营期间发生的短期贷款利息净支出、汇兑净损失、调剂外汇手续费、金融机构手续费以及企业筹集资金发生的其他财务费用。

3.税金

税金是指按国家规定应计入工程造价内的营业税、城市建设维护税及教育费附加。它有一个固定的数额标准。

按上述分类方法，能正确反映施工项目成本的构成，考核各项生产费用的使用是否合理，便于找出降低成本的途径。

三、施工项目成本管理的环节

项目施工成本是一项综合指标，其管理贯穿于施工生产经营活动的全过程，涉及物资消耗、劳动效率、技术水平、施工管理等方面，内容十分广泛。施工项目经理部在项目施工过程中，对所发生的各种成本信息，通过有组织、有系统地进行预测、计划、控制、核算和分析等一系列工作，促使施工项目正常运行，使施工项目的实际成本能控制在预定的计划成本范围内。成本管理的好坏直接影响企业所创造利润的多少，影响企业的经济效益。从成本管理的角度来看，施工项目成本管理的主要环节包括：施工项目成本预测、施工项目成本计划、施工项目成本控制、施工项目成本核算、施工项目成本分析、施工项目成本考核。

（一）施工项目成本预测

施工项目成本预测是采用科学的预测方法，根据掌握的各类信息资料，对未来生产经营活动进行定性研究和定量分析，从而预测未来的成本水平及其变动趋势。通过成本预测，可以使项目经理部在满足业主和企业要求的前提下，选择成本低、效益好的最佳成本方案并能够在施工项目成本形成过程中，针对薄弱环节，加强成本控制，克服盲目性，提高预见性，因此，施工项目成本预测是施工项目成本决策与计划的依据。

（二）施工项目成本计划

施工项目成本计划是项目经理部对项目施工成本进行计划管理的工具。它是以货币形式编制施工项目在计划期内的生产费用、成本水平、成本降低率以及为降低成本所采取的主要措施和规划的书面方案。它是该施工项目降低成本的指导性文件，是建立施工项目成本管理责任制、开展成本控制和核算的基础，也是设立目标成本的依据。施工企业应当在认真总结上期成本计划完成情况的基础上，根据企业计划期内计划完成的施工生产任务和相应的技术组织措施、施工组织设计以及成本预测等资料，制订既切实可行又具有先进性的成本计划。

编制成本计划，既要以有关的计划为依据，又要与有关计划特别是与利润计划相衔接。成本计划的实现，对于实现企业提高经济效益的要求具有重要意义。因此，成本计划提出的降低成本的目标，对于动员企业广大职工挖掘潜力、控制消耗、降低成本具有指导作用。

（三）施工项目成本控制

施工项目成本控制是按照成本计划制订的成本水平和降低成本目标、对成本形成过程的生产耗费进行严格的计算、调节和监督，及时发现与预定的成本目标之间的差异并采取措施解决存在的问题，使工程的实际成本控制在预定的目标范围内，促使成本降低的管理活动。通过成本控制，最终达到实现甚至超过预期的成本目标的目的。

施工项目成本控制应贯穿于施工项目从招投标阶段开始直到项目竣工验收的全过程，是企业全面成本管理的重要环节。由于成本费用涉及企业生产经营活动的各个方面和各个环节，因此，必须实施全面的成本控制。所谓全面的成本控制，是指在生产经营全过程实施成本控制，对全部生产耗费实施成本控制和全体职工都参与成本控制。实施成本控制，还必须采取一定的组织形式，建立有效的成本责任制，即将构成成本的生产耗费，按生产耗费发生的范围进行分解，具体落实到有关职责部门或个人。实行责任成本，采取责权利相结合，成本控制与业绩考核相结合的办法，促进成本得到控制，实现降低成本、提高经济效益的目标。

（四）施工项目成本核算

成本核算是对企业工程施工所发生的生产费用进行事后核算，以便确定产品实际制造成本和归集期间费用，及时反映成本目标和成本计划的完成情况。在进行工程成本核算时，首先，应对发生的费用进行审核，确认其是否属于生产耗费，能否计入工程成本，应计入哪类产品的成本等。其次，还要将确认的生产费用按用途进行归集、分配，按既定的成本核算对象分别计算其制造成本，确定最终产品的成本。

施工项目成本核算所提供的各种成本信息，是成本预测、成本计划、成本控制、成本分析和成本考核等环节的依据。因此，加强施工项目成本核算工作，对降低施工项目成本、提高企业的经济效益有积极的作用。

（五）施工项目成本分析

施工项目成本分析是指在成本形成过程中，对施工项目成本进行的对比评价和剖析总结工作。也就是说，施工项目成本分析主要利用施工项目的成本核算资料（成本信息），与目标成本（计划成本）、预算成本以及类似的施工项目的实际成本等进行比较，了解成本的变动情况，同时要分析主要技术经济指标对成本的影响，系统地研究成本变动的因素，检查成本计划的合理性；通过成本分析，揭示成本变动规律，寻找降低施工项目成本的途径，它贯穿于施工项目成本管理的全过程。

（六）施工项目成本考核

所谓成本考核，就是施工项目完成后，对施工项目成本形成中的各责任者，按施工项目目标责任制的有关规定，将成本的实际指标与计划、定额、预算进行对比和考核，评定施工项目成本计划的完成情况和各责任者的业绩并以此给予相应的奖励和处罚。通过成本考核，做到有奖有惩，赏罚分明，才能有效地调动企业的每一个职工在各自的施工岗位上努力完成目标成本的积极性，为降低施工项目成本和增加企业的积累做出自己的贡献。

综上所述，施工项目成本管理系统中每一个环节都是相互联系和相互作用的。成本预测是成本计划的前提，成本计划是成本目标的具体化。成本控制则是对成本计划的实施进行监督的手段，保证成本目标实现，而成本核算又是对成本计划是否实现的最后检验，它所提供的成本信息又对下一个施工项目成本预测和决策提供基础资料。成本考核是实现成本目标责任制的保证和实现决策目标的重要手段。

四、施工项目成本管理的基本原则

施工项目成本管理是企业成本管理的基础和核心，在对项目施工过程进行成本管理时，必须遵循以下基本原则。

（一）成本管理科学化原则

成本管理是企业管理学中的一个重要内容，企业管理要实行科学化，必须把有关自然科学和社会科学中的理论、技术和方法运用于成本管理。例如，在施工项目成本管理中，可以运用预测与决策方法、目标管理方法、量本利分析方法和价值工程方法等。

（二）成本管理最低化原则

施工项目成本管理的根本目的，是通过运用成本管理的各种手段，不断降低施工项目的成本，达到可能实现最低的目标成本的要求。但是，在实行成本最低化原则时应注意研究降低成本的可能性和成本最低的合理性，一方面挖掘各种降低成本的潜力，使可能性变为现实；另一方面要从实际出发，制定通过主观努力可能达到合理最低成本水平并据此进行分析、考核和评比。

（三）成本管理责任制原则

为了实行全面成本管理，施工管理人员应对企业下达的指标负责，班组和个人对施工管理人员的成本目标负责，以做到层层分解，以分级、分工、分人的成本责任制作为保证，定期考核评定。成本责任制的关键是划清责任，并与奖惩制度挂钩，使各部门、各班组和个人都关心施工项目成本。

（四）成本管理有效化原则

所谓成本管理有效化，主要有两层含义。一是以最少的人力和财力，完成较多的管理工作，提高工作效率；二是促使施工管理人员以最少的投入，获得最大的产出。

提高成本管理有效性，一是采用行政方法，通过行政隶属关系，下达指标，制定实施措施，定期检查监督；二是采用经济方法，利用经济杠杆、经济手段实行管理；三是采用法制方法，根据国家的政策方针和规定，制定具体的规章制度，使人照章办事，用法律手段进行成本管理。

（五）成本管理全面性原则

全面成本管理是全企业、全员和全过程的管理，亦称"三全"管理。长期以来，在施工项目成本管理中，存在"三重三轻"问题，即重实际成本的核算和分析，轻全过程的成本管理和对其影响因素的控制；重施工成本的计算分析，轻采购成本、工艺成本和质量成本；重财会人员的管理，轻群众性的日常管理。为了确保不断降低施工项目成本，达到成本最低化目的，必须实行全面成本管理。

五、施工项目成本管理的措施

为取得施工成本管理的理想成效，应当从多方面采取措施实施管理，通常可以将这些措施归纳为组织措施、技术措施、经济措施和合同措施。

（一）组织措施

组织措施是从施工成本管理的组织方面采取的措施。施工成本控制是全员的活动，如实行项目经理责任制，落实施工成本管理的组织机构和人员，明确各级施工成本管理人员的任务和职能分工、权力和责任。施工成本管理不仅是专业成本管理人员的工作，各级项目管理人员都负有成本控制责任。

组织措施的另一方面是编制施工成本控制工作计划、确定合理详细的工作流程。要做好施工采购计划，通过生产要素的优化配置、合理使用、动态管理，有效控制实际成本；加强施工定额管理和施工任务单管理，控制活劳动和物化劳动的消耗；加强施工调度，避免因施工计划不周和盲目调度造成窝工损失、机械利用率降低、物料积压等。成本控制工作只有建立在科学管理的基础之上，具备合理的管理体制、完善的规章制度、稳定的作业秩序、实现完整准确的信息传递，才能取得成效，组织措施是其他各类措施的前提和保障，而且一般不需要增加额外的费用，运用得当即可取得良好的效果。

（二）技术措施

施工过程中降低成本的技术措施包括：进行技术经济分析，确定最佳的施工方案；结合施工方法，进行材料使用的比选；在满足功能要求的前提下，通过代用、改变配合比、使用外加剂等方法降低材料消耗的费用；确定最合适的施工机械、设备使用方案；结合项目的施工组织设计及自然地理条件，降低材料的库存成本和运输成本；应用先进的施工、技术，运用新材料，使用先进的机械设备等。在实践中，也要避免仅从技术角度选定方案而忽视对其经济效果的分析论证。

（三）经济措施

经济措施是最易为人们所接受和采用的措施。管理人员应编制资金使用计划，确定、分解施工成本管理目标，对施工成本管理目标进行风险分析并制定防范性对策。对各种支出，应认真做好资金的使用计划并在施工中严格控制各项开支。及时准确地记录、收集、整理、核算降低支出的费用。对各种变更，应及时做好增减账、落实业主签证并结算工程款，通过偏差分析和未完工程预测，可发现一些潜在的可能引起未完工程施工成本增加的问题，对这些问题应以主动控制为出发点，及时采取预防措施。因此，经济措施的运用不仅仅是财务人员的事情。

（四）合同措施

采用合同措施控制施工成本，应贯穿整个合同周期，包括从合同谈判开始到合同终结的全过程。对于分包项目，首先是选用合适的合同结构，对各种合同结构模式进行分析、比较，在合同谈判时，要争取选用适合于工程规模、性质和特点的合同结构模式。其次，在合同的条款中应仔细考虑一切影响成本和效益的因素，特别是潜在的风险因素。通过对引起成本变动的风险因素的识别和分析，采取必要的风险对策，如通过合理的方式增加承担风险的个体数量以降低损失比例并最终将这些策略体现在合同的具体条款中。

第二节 公路工程施工成本计划与控制

一、施工项目成本计划

（一）概述

在施工企业的综合经营计划中，不仅要有工作量完成计划、机械使用计划和劳动力调配计划等，而且还要有成本计划、利润计划。施工企业的施工项目成本计划是在成本预测的基础上进行的，是施工企业为确定计划年度降低成本水平和成本目标而变质的指导性计划，是计划年度施工企业各项降低成本措施及其经济效益的综合反映。

编制施工成本计划，需要广泛收集相关资料并进行整理，以这些资料作为施工成本计划编制的依据。在此基础上，根据有关技术文件、工程承包合同、施工组织设计、施工成本预测资料等，按照施工项目应投入的生产要素，结合各种因素变化的预测和拟采取的各种措施，估算施工项目生产费用支出的总水平，进而提出施工项目成本计划控制指标，确定目标总成本。目标总成本确定后，应将总目标分解落实到各级部门，以便有效地进行控制，最后，通过综合平衡，编制完成施工成本计划、编制施工项目成本计划，必须指标先进、切实可行、有科学论证、能具体落实。

施工成本计划的编制依据包括以下几个方面：①投标报价文件。②企业定额、施工预算。③施工组织设计或施工方案。④人工、材料、机械台班的市场价格。⑤企业颁布的材料指导价、企业内部机械台班价格、劳动力内部挂牌价格。⑥周转设备内部租赁价格、摊销损耗标准。⑦已签订的工程合同、分包合同（或估价书）。⑧结构件外加工计划和合同。⑨有关财务成本核算制度和财务历史资料。⑩施工成本预测资料。⑪拟采取的降低施工成本的措施。⑫其他相关资料。

（二）施工项目成本计划的编制程序

第一，成本计划的编制过程是充分利用资料、研究分析资料和利用各种资料对规划计划年度降低成本水平和成本目标进行决策分析的过程。资料是编制成本计划的基础和主要信息来源，编制成本计划所必需的基础资料有以下几方面：①国家和上级主管部门下达的降低成本计划指标及其相关指标。②施工单位年度与指定成本计划有关的各项经营管理计划，主要包括施工生产计划、劳动工资计划、物资供应计划、技术组织措施方案、年度报表和成本报表等以及施工图预算、施工预算和施工组织计划等资料。③材料、公式、施工机械台班消耗等市场信息的各项技术经济定额和费用开支标准。④施工单位之前年度有关施工项目的成本计划、实际资料和分析资料。⑤其他有关资料。

收集上述资料后，要进行初步整理与分析，检查资料的真实性、完整性、代表性，剔除虚假因素并排除偶发因素干扰，认真比对，分析历史成本资料之间的差异，从中找出成本变化的一般规律。

第二，确定计划成本指标，财务部门掌握了丰富的资料后，应对其加以整理分析，特别是在对计划期成本计划完成情况进行分析的基础上，根据有关的设计、施工等计划，按照工程项目应投入的物质、材料、劳动力、机械及各种设施等，结合计划期内各种因素的变化和准备采取的各种环节节约措施，进行反复测算、修订、平衡，估算生产费用支出的总水平，进而提出全项目的成本计划控制指标，以确定目标成本，然后，把目标成本以及总的目标分解落实到各个部门、班组。

第三，编制成本计划草案。对于中大型项目，项目管理人员批准下达成本计划指标后，各职能部门应充分发动群众进行认真的讨论，在总结上期成本计划完成情况的基础上，结合本期计划指标，找出完成本期计划的有利因素和不利因素，提出挖掘潜力、克服不利因素的具体措施，以保证计划任务的完成。为了使指标真正落实，各部门应尽可能将指标分解落实下达到各班组及个人，使目标成本的降低额和降低率得到充分讨论、反馈、修订，使成本计划既能够切合实际，又成为群众共同奋斗的目标。各职能部门亦应认真讨论项目管理人员下达的费用控制指标，拟订具体实施的技术经济措施方案，编制各部门的费用预算。

第四，综合平衡，编制正式的成本计划，在各职能部门上报部门成本计划和费用预算后，项目管理人员首先应结合技术经济措施，检查各计划和费用预算是否合理可行并进行综合平衡，使各部门计划和费用预算之间互相协调、衔接；其次，要从全局出发，在保证企业下达的成本降低任务或本项目目标成本实现的情况下，以生产计划为中心，分析研究成本计划与生产计划、劳动工时计划、材料成本与物资供应计划、工资成本与工资基金计划、资金计划等互相的协调平衡，经反复讨论多次综合平衡，最后确定的成本计划指标，即可作为编制正式成本计划的依据，正式编制的成本计划，上报企业有关部门后即可正式下达至各职能部门执行。

（三）施工项目成本计划的编制方法

在项目经理的主要负责下编制工程项目成本计划，编制工程项目成本计划的核心是确定目标成本，这也是成本管理所要达到的目的，施工项目成本计划的编制方法主要有以下几种。

1. 按施工成本构成编制施工成本计划

按照成本构成要素进行划分，施工成本可以分解为人工费、材料费、施工机具使用费、措施项目费和企业管理费等，编制按施工成本组成分解的施工成本计划。

2. 按施工项目组成编制施工成本计划

大中型工程项目通常是由若干个单项工程构成的，而每个单项工程包括了多个单位工程，每个单位工程又由若干个分部分项工程所构成。因此，首先要把项目总施工成本分解到单项工程和单位工程中，再进一步分解到分部工程和分项工程中。

在完成施工项目成本目标分解后，接下来就要具体地分配成本，编制分项工程的成本支出计划，从而形成详细的成本计划表。

在编制成本支出计划时，要在项目总的方面考虑总的预备费，也要在主要的分项工程中安排适当的不可预见费，避免在具体编制成本计划时，可能发现个别单位工程或工程量表中某项内容的工程量计算有较大出入，让原来的成本预算失实。因而，应在项目实施过程中要尽可能地采取一些措施。

3. 按施工进度编制施工成本计划

按照施工进度编制施工成本计划，通常可利用网络图进一步扩充得到。即在建立网络图时，一方面确定完成各项工作所需花费的时间，另一方面同时确定完成这一工作合适的施工成本支出计划。

通过对施工成本按时间进行分解，在网络计划的基础上，可获得项目进度计划的横道图，并在此基础上编制成本计划。

二、施工项目成本控制

所谓成本控制，是指在施工过程中，对生产经营所消耗的人力资源、物质资源和费用开支进行指导、监督、检查和调整，及时纠正将要发生和已经发生的偏差，把各项生产费用控制在计划成本的范围内，以实现降低成本的目标。施工项目成本控制具有三方面含义：一是对目标成本本身的控制；二是对目标成本形成过程的控制和监督；三是在过程控制的基础上，着眼未来，为之后降低成本指明方向。

（一）施工项目成本控制的依据

1. 工程承包合同

施工项目成本控制要以工程承包合同为依据，以降低工程成本为目标，从预算收入和实际成本两方面，研究节约成本、增加效益的有效途径，以获得最大的经济效益。

2. 施工成本计划

施工成本计划是根据施工项目具体情况制订的成本控制方案，包括预定的具体成本控制目标与实现控制目标的措施和规划，是施工项目成本控制的指导性文件。

3. 进度报告

进度报告提供了对应时间节点的实际工程完成量，工程施工成本实际支付情况等重要信息。通过把实际情况与施工成本计划进行比较，找出二者之间的差别，分析产生偏差的原因，从而采取改进措施以进行施工项目成本的控制。

4. 工程变更

在项目实施的过程中，由于各种原因，施工变更很难避免，一旦变更出现，工程量、工期、成本都有可能变化。因此，需要对变更要求的各类数据进行计算、分析，及时掌握变更情况，判断变更与变更可能带来的索赔额度等。

除了上述几种施工成本控制工作的主要依据以外，施工组织设计、分包合同等有关文件资料也都是施工项目成本控制的依据。

（二）施工项目成本控制的对象与内容

1. 以施工项目成本形成的过程作为控制对象

①在工程投标阶段，应根据工程概况和招标文件，进行项目成本的预测，提出投标决策意见。②施工准备阶段，应结合设计图纸的相关资料，编制施工组织设计，通过多方案的技术经济比较，从中选择经济合理、先进可行的施工方案，编制具体的成本计划，对项目成本进行事前控制。③施工阶段，以施工图预算、施工预算、劳动定额、材料消耗定额和费用开支标准等，对实际发生的成本费用进行控制。④竣工交付使用及保修期阶段，应对竣工验收过程发生的费用和保修费用进行控制。

2. 以施工项目的职能部门、施工队和生产班组作为成本控制的对象

成本控制的具体内容是各个部门和生产班组日常发生的各种费用和损失。各职能部门、施工队和班组应对自己承担的责任成本进行自主控制；同时接受项目经理和企业有关部门的指导、监督、检查和考评。

3. 以分部、分项工程作为项目成本的控制对象

为把成本控制工作做得扎实、细致，落到实处，还应对分部、分项工程进行项目成本的控制，在正常情况下，应根据分部、分项工程的实物工程量，参照施工预算定额及相关成本计划，编制包括工、料、机消耗数量、单价、金额的施工预算，作为对分部、分项工程成本进行控制的依据。

4. 以对外经济合作作为成本控制目标

施工项目的对外经济业务，以经济合同为纽带建立关系，明确双方的

权利和义务。在签订经济合同时，除了要根据业务要求规定时间、质量、结算方式和履行（违）约奖罚等条款外，还必须强调将合同的数量、单价、金额控制在预算范围内。

（三）施工项目成本控制方法

施工阶段是控制工程项目成本发生的主要阶段，该阶段通过成本目标按计划成本进行施工，资源合理配置，对施工现场发生的各项成本费用进行有效控制，其具体的控制方法如下。

1. 人工费的控制

人工费的控制实行"量价分离"的方法，将作业用功及零星用工按定额工时的一定比例综合确定用工数量与单价，通过劳务合同进行控制。

（1）人工费的影响因素

人工费的影响因素有社会平均工资水平，生产消费指数，劳动力市场供需变化，政府推行的社会保障和福利政策，经会审的施工图、施工定额、施工组织设计等决定人工的消耗量，其中生产消费指数的提高会导致人工单价的提高，政府推行的社会保障和福利政策也会影响人工单价的变动。

（2）控制人工费的方法

加强劳动定额管理，提高劳动生产率，降低工程耗用人工工时，是控制人工费支出的主要方法。①制定先进合理的企业内部劳动定额，严格执行劳动定额，并将安全生产、文明施工及零星用工下达到作业队进行控制，全面推行全额计件的劳动管理办法和单项工程集体承包的经济管理办法，实行工资包干制度。②提高生产工人的技术水平和作业队的组织管理水平，根据施工进度、技术要求，合理搭配各工种工人的数量，减少和避免无效劳动，不断地改善劳动组织，创造良好的工作环境，改善工人的劳动条件，提高劳动效率。③加强职工的技术培训和多种施工作业技能的培训，不断提高职工的业务技术水平和熟练操作程度，培养一专多能的技术工人，提高作业工效。④实行弹性需求的劳务管理制度。对施工生产各环节上的业务骨干和基本的施工力量，要保持相对稳定。对短期需要的施工力量，要做好预测、计划管理、通过企业内部的劳务市场及外部协作队伍进行调剂。

2. 材料费的控制

材料费的控制同样按照"量价分离"的原则，在保证符合设计要求和质量标准的前提下，有效控制材料用量和材料价格，减少材料物资消耗。

（1）材料用量的控制

①定额控制。对于消耗定额的材料，以消耗定额为依据，实行限额料制度，在规定限额内，分期分批领用，超过限额需查明原因，经过审批后方可领料。②指标控制。对于没有消耗定额的材料，则实行计划管理和按指标控制的方法，根据以往经验，结合实际情况，制定领用材料指标，以控制发料。超过指标的材料需经过审批后方可领用。③计量控制。准确做好材料物资的收发计量检查和投料计量检查。④包干控制。在材料使用过程中，对部分小型及零星材料，根据工程量计算所需材料量，将其折算成费用，由作业者包干使用。

（2）材料价格的控制

材料价格主要由材料采购部门控制，材料价格由买价、运杂费、运输中的合理损耗等组成，控制材料价格，主要是通过掌控市场信息，应用招标和询价等方式控制材料、设备的采购价格。

3.施工机械使用费的控制

合理选择施工机械设备，合理使用施工机械设备对成本控制有着十分重要的意义。由于不同机械设备有着不同的特点，因此在选择机械设备时，首先应根据工程特点和施工条件确定采取的机械设备类型与组合方式。在确定采用何种组合方式时，首先应该满足施工需要，其次要考虑到费用的高低和综合经济效益。

施工机械使用费主要由台班数量和台班单价两方面决定，因此为有效控制施工机械使用费支出，应主要从这两方面进行控制。

（1）台班数量

①根据施工方案和现场实际情况，选择适合项目施工特点的施工机械，制订设备需求计划，合理安排施工生产，充分利用现有机械设备，加强内部调配，提高机械设备的利用率。②保证施工机械设备的作业时间，安排好生产工序的衔接，尽量避免停工、窝工，尽量减少施工中所消耗的机械台班数量。③核定设备台班定额产量，实行超产奖励办法，加快施工生产进度，提高机械设备的生产效率和利用率。④加强设备租赁计划管理，减少不必要的设备闲置和浪费，充分利用社会闲置机械资源。

（2）台班单价

①加强现场设备的维修、保养工作。降低大修、经常性修理等各项费用的开支、提高机械设备的完好率，最大限度地提高机械设备的利用率，避免因使用不当造成机械设备的停置。②加强机械操作人员的培训工作，不断提高操作技能，提高施工机械台班的生产效率。③加强配件的管理。建立健全配件领发料制度，严格按油料消耗定额控制油料消耗，做到修理有记录，消耗有定额，统计有报表，损耗有分析，通过经常分析总结、提高修理质量，降低配件消耗，减少修理费用的支出。④降低材料成本。做好施工机械配件和工程材料采购计划，降低材料成本。⑤成立设备管理领导小组。负责设备调度、检查、维修、评估等具体事宜，对主要部件及其保养情况建立档案，分清责任，便于尽早发现问题，找到解决问题的办法。

第三节 施工项目成本核算、分析与考核

一、施工项目成本核算

（一）概述

施工项目成本核算，是把一定时期内企业施工过程中所发生的费用，按照其性质分类归集、汇总、核算，计算出该时期生产经营费用发生总额并分别计算出各种产品的实际成本和单位成本的管理活动。施工项目成本核算所提供的各种成本信息，是成本预测、成本计划、成本控制、成本分析和成本考核等成本管理的各环节的依据。

施工项目成本核算是施工项目成本管理中最基本的职能，离开了成本核算，就谈不上成本管理，也就谈不上其他职能的发挥。施工项目成本核算在施工项目成本管理中的这种重要地位体现在以下两个方面：首先，它是施工项目进行成本预测、制订成本计划和实行成本控制所需信息的重要来源；其次，它是施工项目进行成本分析和成本考核的基本依据。工程项目成本核算包括两个环节，一是按照规定的成本开支范围对施工费用进行归集和分配，计算出施工费用的实际发生额；二是根据成本核算对象，采用适当的方法，计算出该施工项目的总成本和单位成本。

（二）施工项目成本核算对象

工程项目成本核算对象是指在计算工程成本时，确定、归集和分配生产费用的具体对象，即生产费用承担的客体，合理划分施工项目成本核算对象，是设立工程成本明细分类账户、归集和分配生产费用以及正确计算工程成本的前提条件。

确定施工项目成本核算对象的原则，应以每一独立施工图预算所列的单位工程为依据并结合施工现场条件和施工管理要求，因地制宜地确定成本核算对象。实际成本核算中，施工项目成本核算对象的确定，一般有以下几种方法：①一般应以每一独立编制施工图预算的单位工程为成本核算对象。②一个单位工程由几个施工单位分包施工时，各施工单位都应以同一单位工程为成本核算对象，各自核算其自行施工的部分。③对于规模较大、工期较长或者采用新技术、新工艺、新材料、新结构的单位工程，可将工程划分为若干部位，一分项工程作为成本核算对象。④同一施工项目，同一施工地点，同一结构类型，开、竣工时间接近的若干个单位工程，合并作为一个成本核算对象。⑤改建、扩建的零星工程，可以将开、竣工时间接近、属于同一施工项目的几个单位工程合并为一个成本核算对象。⑥土石方工程、打桩工程，可以根据实际情况和管理需要，以一个单位工程作为成本核算对象，或将同一施工地点的若干个工程量较小的单位工程合并作为一个成本核算对象。

公路工程的成本核算，原则上是按月进行，由于条件限制，也可按季度进行核算。工程竣工决算后，应结算全部工程成本。其实际成本的核算范围、项目设置和计算口径，应与国家有关财务制度、施工图预算、施工预算或成本计划取得一致，投标承包和投标包干的工程，应与中标价或合同价编制的施工预算取得一致。

成本核算对象确定以后，在成本核算过程中不能随意变更。所有原始记录都必须按照确定的成本核算对象填写清楚，以便于归集和分配施工生产费用。为了集中反映和计算各个成本核算对象本期应负担的施工费用，财会部门应为每一成本核算对象设置工程成本明细账目并按照成本项目分设专栏来组织成本核算。

（三）施工项目成本核算的内容及工作流程

项目经理部在承建工程项目并收到设计图纸以后，一方面要进行现场

"三通一平"等施工前期准备工作；另一方面，还要组织力量分头编制施工图预算、施工组织设计，降低成本计划和控制措施，工程施工过程中的各项施工费用，应按照确定的成本核算对象和成本项目进行归集，能直接计入有关核算对象的直接计入，不能直接计入的按照一定的分配方法分配计入各成本核算对象的成本，计算出各施工项目的实际成本，最后将实际成本与预算成本、计划成本进行对比考核。

对比核算的内容，包括项目总成本和各个成本项目的相互对比，用以观察分析成本升降情况，同时作为考核的依据。比较的方法有两种：①通过实际成本与预算成本的对比，考核工程项目成本的降低水平。②通过实际成本与计划成本的对比，考核工程项目成本的管理水平。

（四）施工项目成本核算方法

施工项目成本核算方法常用的有三种，见表 5-1。

表 5-1 施工项目成本核算的方法

项目	内容
会计核算	以会计方法为主要手段，通过设置账户、复式记账、填制和审核凭证、登记账簿、成本计算、财产清查和编制会计报表等一系列有组织有系统的方法，来记录企业的一切生产经营活动，然后据以提出用货币来反映的有关各种综合性经济指标的一些数据，资产、负债、所有者权益、营业收入、成本、利润等会计六要素指标，主要是通过会计来核算
业务核算	各业务部门根据业务工作的需要而建立的核算制度，它包括原始记录和计算登记表，如单位工程及分部分项工程进度登记、质量登记、功效及定额计算登记、物资消耗定额记录、测试记录等
统计核算	利用会计核算资料和业务核算资料，把企业生产经营活动客观现状的大量数据，按统计方法加以系统整理，表明其规律性

二、施工项目成本分析

施工项目成本分析，是在成本形成过程中，对施工项目成本进行的对比评价和总结工作。施工项目成本分析是施工项目成本管理的重要组成部分。通过施工项目的成本分析，一方面可以确定实际成本达到水平，查明影响成本升降的因素，解释节约浪费原因，寻找进一步降低成本的方法途径；另一方面，可从账簿、报表反映的成本现象看清成本的实质，从而增强项目成本的透明度和可控性，为加强成本控制、实现项目成本创造条件。

（一）施工项目成本分析的内容

从总体上讲，施工项目成本分析的内容可包括以下三方面，见表 5-2。

表 5-2 施工项目成本分析内容

分类	内容
按项目施工的进展进行的成本分析	分部分项工程成本分析 月（季）度成本分析 年度成本分析 竣工成本分析
按成本项目进行的成本分析	人工费分析 材料费分析 机械使用费分析 其他工程费分析 间接成本分析
针对特定问题和与成本有关事项的分析	施工索赔分析 成本盈亏异常分析 工期成本分析 资金成本分析 技术组织措施节约效果分析 其他有利因素和不利因素对成本影响的分析

（二）施工项目成本分析的方法

施工成本分析的基本方法包括比较法、因素分析法、差额计算法，比率法等。

1.比较法

比较法又称指标对比分析法。是指对比技术经济指标，检查目标的完成情况，分析产生差异的原因，进而挖掘降低成本的方法。这种方法，具有通俗易懂、简单易行、便于掌握的特点，因而得到了广泛的应用，但在应用时必须注意各技术经济指标的可比性。

比较法的应用主要有以下几种：①实际指标与目标指标对比，以此检查目标完成情况，分析影响目标完成的积极因素和消极因素，以便及时采取措施，保证成本目标的实现。在进行指标与目标指标对比时，还应注意目标本身有无问题，如果目标本身出现问题，则应调整目标，重新评价工作。②本期实际指标与上期实际指标对比，通过本期实际指标与上期实际指标对比，可以看出各项技术经济指标的变动情况，反映施工管理水平的提高程度。③与本行业平均水平、先进水平对比，通过这种对比，可以反映出本项目的技术和经济管理水平与行业的平均和先进水平的差距，进而采取措施提高项目管理水平。

2.因素分析法

因素分析法又称连环置换法，可用来分析各种因素对成本的影响程度。

在进行分析时，假定众多因素中的一个因素发生变化，而其他因素不变，然后逐个替换，分析比较器计算结果，确定各个因素变化对成本的影响。

因素分析法的计算顺序如下：①用实际指标与计划指标（或上期实际数）进行对比，确定差异总额。②科学地确定构成某经济指标的因素；同时确定各个因素与指标的关系（如加减关系、乘除关系等）。③根据分析的需要，再用适当的方法测定各组成因素的变动对该项经济指标变动的影响方向和程度。

3. 差额计算法

差额计算法是因素分析法的一种简化形式。它利用各个因素的目标值与实际值的差额来计算其对成本的影响程度。

4. 比率法

比率法是指用两个以上的指标的比例进行分析的方法，其基本特点是：先把对比分析的数值变成相对数，再观察其相互之间的关系。常用的比率法有以下几种。

（1）相关比率法

由于项目经济活动的各个方面是相互联系、相互依存、相互影响的，因而可以将两个性质不同且相关的指标加以对比，求出比率并以此来考察经营成果的好坏。例如，用工程实际成本与工程预算价值中的工程直接费收入两个相关指标计算工程直接费收入成本率，计算公式如下：

工程直接费收入成本率 = 工程实际成本 ÷ 工程直接费收入

上式表示的是工程直接费收入成本率越低，工程直接费的净收入就越多；反之，则少，甚至亏损。

（2）构成比率法

构成比率法又称比重分析法或结构对比分析法，通过构成比率，可以考察成本总量的构成情况及各成本项目占总成本的比重，同时可看出预算成本、实际成本和降低成本的比例关系，从而为降低成本寻求途径。

（3）动态比率法

动态比率法是将同类指标不同时期的数值进行对比，求出比率，以分析该项指标的发展方向和发展速度。动态比率的计算，通常采用技术指数和环比指数两种方法。

三、施工项目成本考核

施工项目成本考核，是贯彻项目成本责任制的重要手段，也是项目管理激励机制的体现。施工成本考核的目的是通过衡量项目成本降低的实际成果，对成本指标完成情况进行总结和评价。

项目成本考核的内容应包括责任成本完成情况考核和成本管理工作业绩考核。施工成本考核的做法是分层进行，企业对项目经理部进行成本管理考核，项目经理部对项目内部各岗位及各作业层进行成本管理考核。因此，企业和项目经理部都应健全项目成本考核的组织，公正、公平、真实、准确地评价项目经理部及管理人员的工作业绩和问题。

项目成本考核应按照下列要求进行：企业对施工项目经理部进行考核时，应以确定的责任目标成本为依据，项目经理部应以控制过程的考核为重点，控制过程的考核应与竣工考核相结合，各级成本考核应与进度、质量、成本等指标完成情况相联系。项目成本考核的结果应形成文件，为奖罚责任人提供依据。

第六章 公路工程安全管理

第一节 公路工程安全管理的范围

一、路基工程施工的安全管理

（一）路基工程施工安全管理范围

路基工程施工安全管理的范围包括：土方施工、石方施工、高边坡施工、爆破作业、机械作业、挡护工程等。其中各个管理方面都包含了对在过程中起到能动作用的人的管理和施工中的各种机械、工具等的管理，以及对施工环境的安全管理，即人们常说的"人、机、料、法、环"五个方面。

（二）路基工程施工安全管理的一般要求

①建立健全路基施工安全保障体系。项目经理部应建立健全路基施工安全保障体系，全面落实安全生产责任制，建立相应的安全生产预防、预警、预控、安全检查、隐患排查、事故报告与处理、应急处置等安全生产保障措施。

②施工现场布置应有利于生产，方便职工生活。施工现场的临时驻地与临时设施的设置，必须避开泥沼、悬崖、陡坡、泥石流、雪崩等危险区域，选在水文、地质良好的地段。施工现场内的各种运输道路生产生活房屋、易燃易爆仓库、材料堆放，以及动力通信线路和其他临时工程，应按照《公路工程施工安全技术规程》的有关规定绘出合理的平面布置图。

③施工现场内的坑、沟、水塘等边缘应设安全护栏，场地狭小，行人和运输繁忙的地段应设专人指挥交通。

④路基用地范围内若有通信、电力设施、上下水道（管）等，均应协助有关部门事先拆迁或改造，对文物古迹应妥善保护，下挖工程开挖前，应根据设计文件复查地下构造物（电缆、管道等）的埋置位置及走向，并采取

相应的安全防护措施。施工中如发现可疑物品时，应停止施工，报请有关部门处理。

⑤路基施工机械设备应有专人负责保养、维修和看管。各种机械操作手、电工必须持证上岗，同时加强对驾驶员、电工及路基作业人员的安全教育。

⑥路基施工现场必须做好交通安全管理工作。夜间施工，路口、边坡顶必须设置警示灯或反光标志，专人管理灯光照明。

⑦现场操作人员必须按规定佩戴个人安全防护用品。机械燃料库必须设消防防火设备。

⑧施工现场易燃品必须分开放置，保持一定的安全距离。

二、路面工程施工的安全管理

（一）路面工程施工的安全管理范围

路面工程施工的安全管理范围包括：沥青路面工程的安全管理；水泥混凝土路面工程的安全管理。其中包括对施工作业人员的安全管理、施工中机械的安全管理、施工环境的安全管理。

（二）路面工程施工安全管理的一般要求

①确定施工方案，及时准确发布路面施工信息。施工前，施工单位应确定施工区的范围以及安全管理的施工方案，对路面情况进行深入细致的分析，并在开工前及时发布施工信息，警告过往车辆要注意施工路段的交通情况，提醒车辆绕道而行，避免车辆拥堵。

②详细划分施工区域，设置好安全标志，严格按警告区、上游过渡区、缓冲区、作业区、下游过渡区、终止区来划分施工区域。

③施工现场所有施工人员应统一着橘黄色的反光安全服，施工时还应设专职的交通协管员和专职安全员，而且安全员分班实行 24 小时施工路段安全巡查。

④施工车辆必须配置黄色闪光标志灯，停放在施工区内规定的地点。不得乱停乱放，要摆放整齐，特别在进出施工场地时，要绝对服从专职交通协管员的指挥，不得擅自进出。

⑤在施工区域两端应设置彩旗、安全警示灯、闪光方向标，给施工车辆和社会车辆以提示。

三、桥涵工程施工的安全管理

（一）桥涵工程施工的安全管理范围

桥涵工程施工的安全管理范围包括：桩基工程的安全管理；墩台工程的安全管理；墩身、盖梁工程的安全管理；桥面工程的安全管理等。其中各个管理方面都包含了对施工中人的安全管理，机械、工具等的安全管理以及施工环境的安全管理。此外，桥涵工程施工安全还要注意高处作业安全、缆索吊装施工安全、门架超重运输安全、混凝土浇筑安全、泵送混凝土安全、模板安装及拆除安全、脚手架安全、支架施工安全、钢筋制作安全、焊接作业安全等。

（二）桥涵工程施工安全管理的一般要求

①高墩、大跨、深水、结构复杂的大型桥梁施工，应对施工现场进行重大安全风险辨识与评估，并制定相应的安全技术措施。工程开工之前，应根据《公路工程施工安全技术规程》的要求制定相应的安全技术操作规程，并及时向施工人员进行安全技术交底。

②施工人员进入施工现场必须正确佩戴个人安全防护用品、用具，严防高处坠落，物体打击，触电或其他各类机械的、人为的伤害事故发生。

③施工前应对施工现场安全防护设施、临时用电、临时机电机具、特种设备设施等进行全面的安全检查，确认符合安全要求后方可施工。

（三）桥涵工程施工安全控制要点

1. 明挖基础施工安全控制要点

①基坑开挖的方法、顺序以及支撑结构的安设，均应按照施工组织设计中的规定进行。开挖深度超过 5 米（含 5 米）的基坑（槽）的土方开挖、支护、降水工程或地质水文复杂的基坑开挖必须制订详细的施工方案和安全专项方案。

②基坑开挖时，要指派专人检查邻近建（构）筑物或临时设施的安全，并留有检查记录。

③开挖基坑深度超过 1.5 米时，为方便上下，必须挖设专用坡道或铺设跳板，其宽度应超过 60 厘米。

④基坑开挖时要根据土壤、水文等情况，按规定的边坡坡度分层下挖，严禁局部深挖、掏洞开挖。如施工地区狭小或受其他条件限制，不能按标准

放坡时，应采取固壁支撑措施。遇到有涌水、涌沙及基坑边坡不稳定现象发生时，应立即采取防护加固措施。

⑤基坑开挖过程中应随时检查坑壁边坡有无裂缝和坍塌现象，特别是雨后和解冻时期，必须视具体情况增加坡度或加固支撑。

⑥基坑边缘有表面水时，应采取截流措施。在有大量地下水流的情况下进行挖基时，应配足抽水机具。

⑦采取挖土机械开挖基坑，坑内不得有人作业。

⑧基坑开挖需要爆破时，应按国家现行的爆破安全规程办理。

⑨寒冷地区采用冻结法开挖基坑时，应根据地质、水文、气温等情况，分层冻结，逐层开挖。

2. 筑岛、围堰施工安全控制要点

①人工筑岛，应搭设双向运输便道或便桥。

②采用挡土板或板桩围堰，应视土质、涌水、挖深情况，逐段支撑。施工中，遇有流沙、涌沙或支撑变形等异常情况，应立即停止挖掘，并立即撤出作业人员。

③采用吸泥船吹沙筑岛，要对船体吃水深度、停泊位置、管路射程及连接方法等进行严格检查和试验。

④挖基工程所设置的各种围堰和基坑支撑，其结构必须坚固牢靠。

⑤基坑抽水过程中，要指派专人经常检查土层变化、支撑结构受力等情况；基坑支撑拆除时，应在现场技术负责人的指导下进行。

3. 钢板桩及钢筋混凝土板桩围堰施工安全控制要点

①钢板桩围堰是一种比较传统的深水基础施工方法，使用钢板桩围堰时，要根据施工条件和安全要求及水深、地质等情况适当选择桩长，准确确定围堰尺寸、钢板桩数量、打入位置、入土深度和桩顶标高，使之既不影响水上施工，又不会伤及水下桩基等构造物。

②插打钢板桩（包括钢筋混凝土板桩）围堰前应对打桩机、卷扬机及其配套机具设备、绳索等，进行全面检查，经试验、鉴定合格后方可施工。

③钢板桩起吊应听从信号指挥，吊起的钢板桩未就位前，插桩桩位处不得站人。

④插打钢板桩宜插桩到全部合拢，然后再分段、分次打到标高。插桩

顺序：在无潮沙河流一般是从上游中间开始分两侧对称插打至下游合拢，在潮沙河流，有两个流向的关系，为减少水流阻力，可采取从侧面开始，向上、下游插打，在另一侧合拢。插打钢板桩时，如因吊机高度不足，可改变吊点位置，在转换吊点时，必须先挂后换，使新吊点吃力后，并确定牢固，才能拆除原吊点。

⑤桩锤一般采用振动桩锤。钢板桩在锤击下沉时，初始阶段应轻打。

⑥使用沉拔桩锤沉拔板桩时，桩锤各部机件、连接件要确保完好，电气线路、绝缘部分要良好绝缘。

⑦拔桩时，应从下游向上游依次进行。遇有拔不动的钢板桩时，应立即停拔检查，可采取射水、振动等松动措施，严禁硬拔。

⑧采用吊机船拔除钢板桩，应指派专人经常检查吊机船的吃水深度、拔桩机或吊机受力情况，拔桩机和吊机应安装"限负荷"装置，以防超负荷作业。

⑨钢筋混凝土板桩采用锤击下沉时，桩头和桩尖部位，应采取加固措施。

4. 钻孔灌柱桩基础施工安全控制要点

①钻机就位后，对钻机及其配套设备，应进行全面检查。

②各类钻机在作业中，应由本机或机管负责人指定的操作人员操作，其他人员不得登机。

③每次拆换钻杆或钻头时，要迅速快捷，保证连接牢靠。

④采用冲击钻孔时，应随时检查选用的钻锥、卷扬机和钢丝绳的损伤情况，当断丝已超过5%时，必须立即更换；卷扬机套筒上的钢丝绳应排列整齐。

⑤使用正、反循环及潜水钻机钻孔时，对电缆线要严格检查；钻孔过程中，必须设有专人，按规定指标，保持孔内水位的高度及泥浆的稠度，以防塌孔。

⑥钻机停钻，必须将钻头提出孔外，置于钻架上，严禁将钻头停留孔内过久。

⑦采用冲抓或冲击钻孔，应防止碰撞护筒、孔壁和钩挂护筒底缘。提升时，应缓慢平稳。钻头提升高度应分阶段（按进尺深度）严格控制。

5. 人工挖孔桩安全控制要点

①严格施工队伍管理，施工人员必须经过安全培训，严格按施工方案进行。

②施工现场必须备有氧气瓶、气体检测仪器。

③施工人员下孔前，先向孔内送风，并检测确认无误，才允许下孔作业。

④施工所用的电气设备必须加装漏电保护器，孔下施工照明必须使用24V以下安全电压。

⑤采用混凝土护壁时，必须挖一截、打一截，不准漏打。

⑥孔下人员作业时，孔上必须设专人监护，监护人员不准擅离职守，保持上下通话联系。

⑦发现情况异常，如地下水、黑土层和有害气体等，必须立即停止作业，撤离危险区，不准冒险作业。

⑧每个桩孔口必须备有孔口盖，完工或下班时必须将孔盖盖好。

⑨作业人员不得乘吊桶上下，必须另配钢丝绳及滑轮，并设有断绳保护装置。

⑩挖孔作业人员，在施工前必须穿长筒绝缘鞋，头戴安全帽，腰系安全带，井下设置安全绳。

⑪井口周边必须设置不少于周边3/4范围的围栏，护栏外挂密目网。

⑫作业人员严禁酒后作业，不准在孔内吸烟，不准带火源下井。

⑬井孔挖出的土方必须及时运走，孔口周围1米内禁止堆放泥土、杂物，堆土应在孔井边1.5米以外。

⑭井下人员应轮换工作，连续工作不宜超过4小时。

⑮井孔挖至5米以下时，必须设置半圆防护板，遇到起吊大块石时，孔内人员应先撤至地面。

6. 墩台施工安全控制要点

①就地浇筑墩台混凝土，施工前必须搭设好脚手架和作业平台，模板就位后，应立即用撑木等固定其位置，以防倾倒砸人。

②用吊斗浇筑混凝土，吊斗提降，应设专人指挥。

③在围堰内浇筑墩台混凝土，应安设梯子或设置跳板，供作业人员上下。

④凿除混凝土浮浆及桩头，作业人员必须按规定佩戴防护用品。严禁

风枪对准人。

⑤拆除模板，应划定禁行区，严禁行人通过。

7.滑模施工安全控制要点

①高桥墩（台）、塔墩、索塔等高层结构，采用滑模施工时，应按照高处作业的安全规定，加设安全防护设施，穿戴好个人防护用品，并根据工程特点，编制单项施工方案及其安全技术措施，并向参加滑模施工人员进行安全技术交底。

②采用滑模施工，滑模及提升结构应按设计制作和施工，并严格按照施工设计安装。作业前要对滑升模板进行验算和试验，并应有足够的安全系数，顶杆和提升设备，应符合墩身的形状和要求。

③当塔墩等高层建筑采用滑模施工方法时，应进行特殊设计，在工厂制作。爬升架体系、操作平台、脚手架等，要保证具有足够的刚度和安全度。

④操作平台上的施工荷载，应均匀对称，不得超负荷。

⑤浇筑混凝土，不得用大罐漏斗直接灌入，防止冲击模板。

⑥模板每次提升前应进行检查，排除故障，观察偏斜数值。提升时，千斤顶应同步作业。

⑦操作平台的水平度、倾斜度应经常检查，发现问题应及时采取措施。

⑧主要机具、电器、运输设备等，应定机定人，严格执行交接班制度。

⑨为防止模板发生倾斜、扭转。滑模施工宜采用油压千斤顶，并保持同步提升。

⑩支座安装，应按设计施工。采用盆式橡胶支座，可在场地装配后，整体或部分吊装就位。

⑪拆除滑模设备时，应做好安全防护措施。拆除时可视吊装设备能力，分组拆除或吊至地面上解体，以减少高处作业量和杆件变形。

8.预制构件安装作业安全控制要点

①装配式构件（梁、板）的安装，应制订安装方案，并建立统一的指挥系统。施工难度、危险性较大的作业项目应组织施工技术、指挥、作业人员进行培训。吊装作业所使用的起重设备都应符合国家关于特种设备的安全规程，并进行严格管理。

②吊装作业应根据吊装构件的大小、重量，选择适宜的吊装方法和机具，

不准超负荷。

③吊钩的中心线，必须通过吊体的重心，严禁倾斜吊卸构件。

④起吊大型及有突出边棱的构件时，应在钢丝绳与构件接触的拐角处设垫衬。

⑤单导梁、墩顶龙门架安装构件时，各节点应连接牢固，在桥跨中推进时，悬臂部分不得超过已拼好导梁全长的1/3；墩顶或临时墩顶导梁通过的导轮支座必须牢固可靠。导梁上的轨道必须平行等距铺设，墩顶龙门架使用托架托运时，托架两端应保持平衡稳定，行进速度应缓慢。龙门架顶横移轨道的两端应设置制动枕木。

⑥预制场采用千斤顶顶升构件装车及双导梁、桁梁安装构件时，千斤顶使用前，要做承载试验。构件进入落梁或其他装载工具横移到位时，应保持构件在落梁时的平衡稳定；顶升T梁、箱梁等大吨位构件时，必须在梁两端加设支撑。预制场和墩顶装载构件的滑移设备要有足够的强度和稳定性，牵引（或顶推）构件滑移时，施力要均匀：双导梁向前推进中，应保持两导梁同速进行。

⑦架桥机安装构件时，架桥机组拼、悬臂牵引中的平衡稳定及机具配备等，均应按设计要求进行；架桥机就位后，为保持前、后支点的稳定，应用方木支垫。构件在架桥上纵、横向移动时，应平缓进行。

9. 上部混凝土结构施工安全控制要点

①作业前，对机具设备及其拼装状态、防护设施等进行检查，主要机具应经过试运转。

②施工中，应随时检查支架和模板，发现异常状况应及时采取措施。支架、模板拆除，应按设计和施工的有关规定的拆除程序进行。

③就地浇筑水上的各类上部结构，要按照水上作业安全规定进行施工、作业。

10. 悬臂浇筑法施工安全控制要点

①施工前，应组织有关人员进行安全技术交底，制定安全技术措施。挂篮组拼后，要进行全面检查，并做静载试验。

②施工操作人员进入现场时，必须戴安全帽。高空作业人员要体检，有不适病症的人员严禁上岗。托架、挂篮上施工遇6级以上大风应停止作业。

③施工托架、挂篮安装时必须先安装好走道、栏杆，所有的栏杆使用扣件或绑扎成围，并检查其安全可靠性，托架、挂篮作业平台边缘必须设场脚板，以防止台上杂物坠落伤人。

④预应力张拉现场内与该工作无关的人员严禁入内，张拉或退楔时，千斤顶后面不得站人，以防预应力筋拉断或锚具弹出。

⑤设立桥面临时护栏。为保证施工人员在高空处的作业安全，防止材料、机具等物体从已浇筑好的桥面上坠落伤人，在已浇筑过的梁段上焊制安装1.2米高度的桥面临时护栏，作业区范围内使用安全网封闭施工。

⑥夜间施工要有良好的照明设备，危险地段设危险标志和缓行标志，配备足够的交通值勤人员，组织好过往行人及车辆，确保人员车辆的安全。

⑦使用连接器的锚点和吊带，必须在精轧螺纹钢筋端头做好油漆记号，安装时要保证钢筋安装到位，一般伸入连接器内不少于8厘米。

⑧一个挂篮主桁的后锚共需4根精轧螺纹钢筋，一个挂篮后锚总共需要8根精轧螺纹钢筋锚周，挂篮行走到位后要及时锚固好。

⑨顶升挂篮的千斤顶、提升挂篮的葫芦要确保完好，严禁超负荷工作。

⑩4根前吊带受力要均匀，在调整标高时，4根吊带就要调好，不能先调好2根之后在没有仪器监控的情况下调另外2根。

11.顶推及滑移模架法施工安全控制要点

①采用顶推法施工，在墩台上也要有足够的工作面，以便更换滑道及留出安装支座的空间，并应验算在偏压情况下墩台结构的安全度。

②顶堆施工所用的机具设备、材料在使用前，应全面检查、验收和试验。

③设计应提供主梁最大悬臂状态下允许挠度值及预推各阶段的墩顶反力和顶推力，应换算为油压读数和允许的墩顶位移值，以便控制位移量。

④采用多点顶推或单点顶推，其动力均应有统一的控制手段，使其能达到同步、纠偏、灵活和安全可靠。

⑤上下桥墩和梁上作业时，应设置扶梯、围栏、悬挂安全网等安全防护设施。

⑥顶推施工中，应有统一的指挥信号。必要时，应备有便利的现场通信设备。

⑦用滑移模架法浇筑箱梁混凝土时模架支撑于钢箱梁上，其前后端桁

架梁必须用优质高强度螺栓连接好并拧紧。

⑧上岗作业必须穿防滑鞋、戴安全帽。拆卸底模人员，必须挂好安全带。

四、隧道工程施工的安全管理

（一）隧道工程施工的安全管理范围

隧道工程施工的安全管理范围包括：隧道施工爆破作业的安全管理；隧道内运输的安全管理；隧道施工支护的安全管理；隧道施工衬砌的安全管理；隧道施工中通风、防尘、照明、排水，以及防火、防瓦斯的安全管理等。

（二）隧道工程施工安全管理的一般要求

①隧道工程施工必须根据国家有关安全生产的法律法规、标准规范、施工组织设计等编制分部分项工程安全专项施工方案。

②隧道施工作业前，必须进行超前地质预报，全面了解地质状况，根据围岩等级进行钻爆设计，选择合适的施工方法和施工工艺，合理安排施工工序。

③洞外施工场地应平整不积水，应对车辆人员通道、出碴、进出材料、结构加工等进行合理布置，通畅有序。弃渣场地应设置在不堵塞河流、不污染环境、不毁坏农田的地段。

④隧道钻爆作业前，应对通风、排水、用电、通信进行专项设计，动力电线应与照明线路分开布设，照明器材及用电设备应根据隧道类型选用防爆型或非防爆型。

⑤分部分项工程作业前必须逐级向作业人员进行安全技术交底，交底人和被交底人应在交底书上签字。

⑥隧道施工所有进出的人员必须本人签字登记，并应建立完善的交接班制度和进出洞翻牌制度。

⑦隧道爆破工和炸药库保管员必须经过公安机关的专业培训并取得作业资格证方可上岗作业。

⑧进洞作业机动车辆应安装尾气净化装置或采取其他净化措施，防止有害气体洞内积聚对作业人员造成伤害。

⑨隧道软弱围岩施工应遵循"超前探、管超前、短进尺、弱（不）爆破、强支护、勤量测、紧衬砌"的原则，施工组织围绕这一原则开展施工。

⑩在2米以上洞口边坡和平台上作业时，应遵守高处作业安全操作规程。

⑪ 应制订详细的隧道施工安全生产事故应急救援预案，建立完善应急救援体系，配备应急救援人员和必要的应急救援物资，并定期进行救援演练。

五、水上工程施工的安全管理

（一）水上工程施工的安全管理范围

水上工程施工的安全管理范围包括：针对水上施工的安全培训和安全技术交底；针对水上施工气象、水文、海域、航道、海上紧急避险等外界施工环境的安全管理；针对水上交通、浮吊等施工机械的安全管理等。

（二）水上工程施工安全管理的一般要求

①水上工程施工应严格按照《海上交通安全法》《内河交通安全管理条例》《水上水下活动通航安全管理规定》及其他有关规定，制定相应的施工安全措施。

②在船舶通航的大江、大河、大海区域进行水上施工作业前，必须按《水上水下施工作业通航安全管理规定》的程序，在规定的期限内向施工所在地海事部门提出施工作业通航安全审核申请，批准并取得水上水下施工许可证后，方可施工。

③水上作业施工前，应了解江、河、海域铺设的各种电缆、光缆、管道的走向，按规定采取有效措施予以保护，防止电缆、光缆及水下管道遭到损坏。

④项目应制订水上作业各分项工程安全实施方案和水上作业安全技术措施，防止施工便桥、平台、护筒口、模板施工低于水位，影响施工和行洪；对参加水上施工作业人员必须进行水上作业的安全知识教育和专项技术培训，并做好安全交底工作。

⑤水上施工必须在作业人员必经的栈桥、浮箱、交通船、水上工作平台、临时码头上配备安全防护装置和救生设施。

⑥进行水上夜间施工时，要有充足的灯光照明，尽量避免单人操作，特别是电焊作业时，最少安排两人相互监护。

⑦施工项目要与地方气象部门、海事部门建立工作联系，及时了解和掌握施工水域的气候、涌潮、浪况、潮汐、台风等气象信息，正确指导安全施工。

⑧作业人员进入水上作业时，必须穿好救生衣，戴好安全帽。乘坐交

通船上下班时，必须等船停稳后，方可从指定的通道上下船。严禁从船上往下跳跃，防止拥挤、推拉、碰撞、摔伤或滑落水中。

⑨作业人员乘坐交通船必须有序上下，乘员必须穿救生衣入仓。航行途中乘船人员不得随意走动或倚靠船舷，严禁打闹、嬉戏及随意动用交通船上的救生用具和消防器材。交通船严禁超员超载。

⑩参加水上施工的船舶（打桩船、浮吊、驳船、拖轮、交通船）必须证照齐全，按规定配备足够的船员，船舶机械性能良好，能满足施工要求，并及时到海事监督部门签证。

六、陆地工程施工的安全管理

（一）陆地工程施工的安全管理范围

陆地工程施工的安全管理范围包括：各类人员的安全培训考核、特殊工种持证上岗以及各种安全技术交底等针对人的安全管理；针对运输车辆、吊车、装载机、拌和站、摊铺机、压路机等的机械、机具的安全管理；针对施工现场各种安全防护、标志标语等的环境的安全管理。

（二）陆地工程施工安全管理的一般要求

陆地工程安全管理是以保证公路工程项目在施工过程中以安全为目的的标准化、科学化的管理，其基本任务是发现、分析和控制工程施工过程中的危险、危害因素，建立安全管理体系，制定相应的安全管理措施，对各类从业人员进行安全知识的培训和教育，防止发生安全生产事故、职业病和财产损失。

其中包括：①路基土方工程施工的安全管理。②路基石方工程施工的安全管理。③沥青路面工程施工的安全管理。④水泥混凝土路面施工的安全管理。

七、高空工程施工的安全管理

（一）高空工程施工安全管理范围

高空工程的安全管理范围包括：高空作业人员管理；从业人员的安全培训、技术交底、现场安全监督检查等；高空作业临边防护及高空作业平台、高空防坠落等现场环境安全管理；高空作业机械、工具、各种用电等物的安全管理。

（二）高空工程施工安全管理的一般要求

①高空作业施工前，应逐级进行安全技术教育及交底，落实所有安全技术措施和个人防护用品，未经落实时不得进行施工。

②高处作业中的安全标志、工具、仪表、电气设施和各种设备，必须在施工前加以检查，确认其完好，方能投入使用。

③悬空、攀登高处作业以及搭设高处安全设施的人员必须按照国家有关规定经过专门的安全作业培训，并取得特种作业操作资格证书后，方可上岗作业。

④从事高空作业的人员必须定期进行身体检查，诊断患有心脏病、贫血、高血压、癫痫病、恐高症及其他不适宜高处作业疾病时，不得从事高处作业。

⑤高空作业人员应头戴安全帽，身穿紧口工作服，脚穿防滑鞋，腰系安全带。在有坠落可能的部位作业时，必须把安全带挂在牢固的结构上，安全带应高挂低用，不可随意缠在腰上，安全带长度不应超过3米。作业时要严格遵守各项劳动纪律和安全操作规程，严禁酒后和过度疲劳的人员进行登高作业。

⑥高空作业场所有坠落可能的物体，应一律先行撤除或予以固定。所用物件均应堆放平稳，不妨碍通行和装卸。工具应随手放入工具袋，拆卸下的物件及余料和废料均应及时清理运走，清理时应采用传递或系绳提溜方式，禁止抛掷。

⑦遇有6级以上强风、浓雾和大雨等恶劣天气时，不得进行露天悬空与攀登高处作业。台风暴雨后，应对高处作业安全设施逐一检查，发现有松动、变形、损坏或脱落、漏雨、漏电等现象，应立即修理完善或重新设置。

⑧所有安全防护设施和安全标志等，任何人都不得损坏或擅自移动和拆除。因作业必须临时拆除或变动安全防护设施、安全标志时，必须经有关施工负责人同意，并采取相应的可靠措施，作业完毕后立即恢复。

⑨施工中对高空作业的安全技术设施发现有缺陷和隐患时，必须立即报告，及时解决。危及人身安全时，必须立即停止作业。

⑩高处作业上下应设置联系信号或通信装置，并指定专人负责。

八、爆破工程施工的安全管理

（一）爆破工程施工安全管理范围

爆破工程的安全管理范围包括：对操作人员进行的培训考核、技术交底、考试取证、安全教育等安全管理；对炸药、雷管、导火索以及其他爆破器材等物的安全管理；对爆破现场的安全距离、安全防护、安全警示等的环境的安全管理。

（二）爆破工程施工安全管理的一般要求

在基础工程施工中，常会遇到顽石或岩石等需要爆破作业来解决。爆破施工危险大，施工中导致爆破工程事故的原因主要有两种：一是对爆破材料的品种和特性以及运输与储存情况不了解，导致装卸、搬运不当引起爆炸造成伤害；二是对引爆材料的选择及其引爆方法等不了解或使用不当造成爆炸。因此，爆破工程施工必须制定相应的安全控制措施。

①从事爆破工程的施工单位必须取得相应的爆破资质，方能从事爆破工程施工作业。

②爆破工程施工前，施工方案必须报有关部门审批后才能实施。

③按照《爆破安全规程》规定，爆破作业人员应参加培训经考核取得有关部门颁发的相应类别和作业范围、级别的安全作业证，持证上岗。因此，爆破工程施工的作业人员必须按照国家有关规定经过专门的安全作业培训，并取得特种作业操作资格证书后，方可上岗作业。

④爆破作业和爆破作业单位爆炸物品的购买、运输、储存、使用、加工、检验与销毁的安全技术要求及管理工作要求，应严格按照《爆破安全规程》的相关规定实施。

九、特种设备的安全管理

（一）特种设备安全管理的范围

特种设备的安全管理范围包括：特种设备的购买、租赁与安装；特种设备持证情况，包括设备的出厂合格证、检验合格证、使用地报检合格证、操作人员特殊工种证等；特种设备的保养、维修、使用、检验检查记录；操作人员安全教育、技术交底等。

（二）特种设备安全管理的一般要求

①特种设备安全管理必须按照《特种设备安全监察条例》的有关要求

制定相应的安全管理措施。②塔式（门式）起重机、施工电梯、物料提升机等施工起重机械的操作（也称司驾人员）、指挥、司索人员等作业人员属特种作业，必须按国家有关规定经专门安全作业培训，取得特种作业操作资格证书，方可上岗作业。③起重机械在安装、拆卸、加高作业前，应根据作业特点编制专项施工方案，并进行方案及安全技术交底。④起重吊装作业时周边应置警戒区域，设置醒目的警示标志，防止无关人员进入。⑤起重吊装作业过程必须遵守起重机"十不吊"原则。

十、电气作业的安全管理

（一）电气作业的安全管理范围

电气作业的安全管理范围包括：配电室的安全管理；配电线路的安全管理；施工现场配电箱与开关箱设置的安全管理；配电箱、开关箱内的电器装置的安全管理；发电机组的安全管理；电动机械设备的安全管理；施工现场照明电器的安全管理；安全电压的具体要求等。

（二）电气作业安全管理的一般要求

①施工现场临时用电应按照《施工现场临时用电安全技术规范》的要求。采用 TN–S 接零保护系统，即具有专用保护零线（PE 线）、电源中性点直接接地的 220/380V 三相五线制系统。②施工现场临时用电必须按"三级配电二级保护"设置。③施工现场的用电设备必须实行"一机、一闸、一漏、一箱"制，即每台用电设备必须有自己专用的开关箱，专用开关箱内必须设置独立的隔离开关和漏电保护器。④施工现场架空线采用绝缘铜线，架空线应设在专用电杆上，并与地面保持足够的安全距离。⑤在变压器、电闸箱等用电危险地方，应挂设安全警示牌。如"有电危险""禁止合闸，有人工作"等安全标志。⑥特殊场所必须采用安全电压照明供电。⑦施工现场的电工、电气焊工属于特种作业工种，必须按国家有关规定经专门安全作业培训，取得特种作业操作资格证书，方可上岗作业。

第二节 公路工程安全管理的原则

一、"管生产必须管安全"的原则

"管生产必须管安全"的原则是公路施工企业必须坚持的基本原则，

是指企业主管生产的各级管理人员在生产过程中必须坚持在抓生产的同时抓安全。"管生产必须管安全"的原则体现了"安全为了生产、生产必须安全";体现了在计划、布置、检查、总结、评比生产工作的同时,计划、布置、检查、总结、评比安全生产工作。即实现生产与安全的"五同时"。

二、"谁主管谁负责、一把手负总责"的原则

"谁主管谁负责、一把手负总责"作为企业安全生产的原则,首先明确了企业法定代表人是安全生产第一责任人,对本企业安全生产应负全面责任;分管安全生产工作的副职,在其分管工作中涉及安全生产内容的,也应承担相应的领导责任。企业在制定安全生产领导责任制的同时还应当制定全员安全生产责任制。这样才能保证企业的安全生产管理做到全面覆盖,使安全责任落实到位。真正形成主要领导负总责、分管领导具体抓、其他领导协助办、各部门各司其职、各尽其责、分工负责、齐抓共管的安全生产工作新局面。

三、"预防为主"的原则

"预防为主"的原则,就是把安全生产工作的关口前移,超前防范,建立预教、预测、预想、预报、预警、预防的递进式、立体化事故隐患预防体系,改善安全状况,预防安全事故。在新时期,"预防为主"就是通过建设安全文化、健全安全法制、提高安全科技水平、落实安全责任、加大安全投入、强化有效的安全管理和技术手段,构筑坚固的安全防线。安全生产管理工作应该做到预防为主,减少和防止人的不安全行为和物的不安全状态,这就是对预防为主的原则要求。

四、"动态管理"的原则

即安全管理过程是一个动态的管理过程。随着施工项目进展,安全管理的内容和重点也在发生着变化。因此,在公路工程施工安全管理方面要坚持"动态管理"的原则。

五、"计划性、系统性"原则

安全管理的两个显著特点即计划性和系统性,安全管理和其他管理大同小异,都要将其列入年度或月度计划中去。企业的安全管理要依据企业安全生产实际和上级主管部门的要求,合理确定企业某时期的安全生产方向、

目标值以及实现安全目标的主要措施,所以,安全管理要坚持计划性的原则。另外,安全管理作为一种企业管理模式也具有一定的系统性,它包括在企业管理的大系统当中,同时安全管理自身也是一个系统,本身具有一定的整体性、相关性、目的性等。

六、"奖优和罚劣相结合"的原则

在公路工程施工安全管理当中既要采用奖励的管理手段,也要采用惩罚的管理手段,奖优要本着"精神鼓励与物质鼓励相结合"的原则,充分体现奖优罚劣。表扬先进,促进后进,形成有效的激励机制,做到奖励和惩罚相结合。

七、"安全第一"的强制性原则

安全第一就是要求在进行生产和其他活动时把安全工作放在一切工作的首要位置。当生产和其他工作与安全发生矛盾时,要以安全为主,生产和其他工作要服从安全,这就是"安全第一"原则。

八、"以人为本、关爱生命、安全发展"的原则

即在公路工程施工安全管理中,要处处做到把人的安全放到首位,以人为本,必须以人的生命为本、关爱生命、关注安全,从而做到安全发展。

九、"四不放过"的原则

"四不放过"的原则是指在发生安全生产事故时必须坚持的处理原则,即事故原因不查清不放过,事故责任人没处理不放过,事故相关者没得到应有的教育不放过,事故的防范措施不落实不放过。

十、"一岗双责"制的原则

实现安全生产"一岗双责"制就是在落实安全生产责任制的基础上,强调每个具体岗位兼有双重责任,即该岗位的本职工作责任和相应的安全生产责任。具体来说,就是企业在安全生产工作中主要负责人负总责,其他副职既要履行分管业务工作职责,又要履行安全生产工作职责,在项目施工中要求各级管理人员在完成施工管理工作的基础上,同时承担着施工中的安全管理工作。

十一、"一票否决"的原则

即对发生重特大事故的项目、部门和单位,将实行安全生产"一票否决",

即取消其参与各类综合性先进单位或先进个人或者干部晋职晋级的资格。"一票否决"也进一步坚持了"实事求是、公平公正、全面考核、公开透明"的安全生产事故处理原则，有助于突出落实安全生产领导责任。

第三节 公路工程安全隐患排查与治理

一、安全生产事故隐患排查的基本概念

安全生产事故隐患（简称事故隐患），是指生产经营单位违反安全生产法律、法规、规章、标准、规程和有关安全生产管理制度的规定，或者因其他因素在生产经营活动中存在可能导致事故发生的物的危险状态、人的不安全行为和管理上的缺陷。排查的依据是国家和有关部门的法律法规等。

排查的事故隐患分为一般事故隐患和重大事故隐患。一般事故隐患是指危害和整改难度较小，发现后能够立即整改排除的隐患；重大事故隐患是指危害和整改难度较大，应当全部或者局部停产停业，并经过一定时间整改治理方能排除的隐患，或者因外部因素影响致使生产经营单位自身难以排除的隐患。

二、安全生产事故隐患排查的目标及内容

公路工程施工安全生产隐患排查的目标是：落实工程项目安全生产主体责任和相关单位的安全管理责任，深入排查治理交通基础设施建设过程中的安全隐患，从而实现"两项达标""四项严禁""五项制度"的总目标。

（一）两项达标

①施工人员管理达标：一线人员用工登记、施工安全培训记录、安全技术交底记录、施工意外伤害责任保险等都要符合有关规定。

②施工现场安全防护达标：施工现场安全防护设施和作业人员安全防护用品都要按照规定实行标准化管理。

（二）四项严禁

①严禁在泥石流区、滑坡体、洪水位下等危险区域设置施工驻地。

②严禁违规进行挖孔桩作业，钻孔确有困难的不良地质区，设计单位要进行专项安全设计并按设计变更规定，经批准后实施。

③严禁长大隧道无超前预报和监控量测措施施工。

④严禁违规立体交叉作业。

（三）五项制度

①施工现场危险告知制度。按照《公路水运工程安全生产监督管理办法》，严格安全技术交底制度，施工单位负责项目管理的技术人员，应当如实向施工作业班组、作业人员详细告知作业场所和工作岗位存在的危险因素，并由双方签字确认。在上述场所应设置明显安全警示标志，在无法封闭施工的工地，还应当悬挂当日施工现场危险告示，以告知路人和社会车辆。

②施工安全监理制度。按照《建设工程安全生产管理条例》《公路水运工程安全生产监督管理办法》和《公路工程施工监理规范》，开展施工安全监理工作，加大现场安全监管力度。监理单位应当按照法律、法规和工程建设强制性标准进行监理，编制安全生产监理计划，明确监理人员的岗位职责、监理内容和方法，审查施工组织设计中的安全技术措施或专项施工方案，核验施工现场机械设备进场检查验收记录，对危险性较大的工程作业加强巡视检查，督促隐患整改。

③专项施工方案审查制度。按照《公路水运工程安全生产监督管理办法》，对下列危险性较大的分部分项工程应当编制专项施工方案，并附安全验算结果，经施工单位技术负责人、监理工程师审查签字确认后实施，由专职安全员进行现场监督。必要时，施工单位对上述所列工程的专项施工方案，还应当组织专家进行论证、审查。

④设备进场验收登记制度。按照《公路水运工程安全生产监督管理办法》，施工单位在工程中使用施工起重机械和整体提升式脚手架、滑模爬模、架桥机等自行式架设设施前，应当组织有关单位进行验收，或者委托具有相应资质的检验检测机构进行验收。使用租赁的机械设备和施工机具及配件的，由承租单位和安装单位共同进行验收，验收合格的方可使用。验收合格后 30 天内，应当向当地交通主管部门登记。

⑤安全生产费用保障制度。按照《高危行业企业安全生产费用财务管理暂行办法》，建设单位在施工招标文件中应当对安全生产保障措施提出明确要求。施工单位在工程投标报价中应当包含安全生产费用，一般不得低于工程造价的 1.5%，且不得作为竞争性条件。安全生产费用应当用于施工安全防护用具及设施的采购和更新、安全施工措施的落实、安全生产条件的改

善，不得挪作他用。

三、安全生产事故隐患排查涉及的单位

公路工程施工安全生产事故隐患排查治理涉及的单位主要有：各项目建设、勘察、设计、施工、监理等单位。

第四节 安全专项方案与应急救援预案的编制

一、安全专项方案编制的主要内容

专项方案编制应当包括以下内容：

①工程概况：危险性较大的分部分项工程基本概况、水文地质条件、施工平面布置、施工要求和技术保证条件。

②编制依据：相关法律、法规、规范性文件、标准、规范及图纸（国标图集）、施工组织设计等。

③分部分项工程影响质量、安全的风险源分析及相关预防措施。

④设计计算书和设计施工图等设计文件。

⑤施工准备：包括施工图进度计划、材料与设备计划。

⑥施工部署：包括技术参数、工艺流程、施工方法、施工技术要点。

⑦人员计划：专职安全生产管理人员、特种作业人员等资格要求。

⑧施工控制：检查验收、安全评价、预警观测措施。

⑨应急预案及处置措施。

二、应急救援预案的编制

（一）应急救援预案编制的目的

应急救援预案是针对可能发生的事故，为迅速、有序地开展应急行动而预先制订的行动方案；是为了及时、有效地应对重大生产安全事故，保证职工生命安全与健康和公众生命，最大限度地减少财产损失、环境损害和社会影响而采取的重要措施。安全生产事故应急救援的预案编制是应急救援体系建设工作的核心内容，是安全生产工作的重要组成部分，通过应急救援的预案编制，建立健全规范、科学、可操作性强的应急预案体系，对于提高应对突发事（故）件的能力、保障人民群众的生命财产安全和企业健康发展具有十分重要的意义。

（二）应急救援预案编制的依据

应急救援预案一般依据《安全生产法》《建设工程安全生产管理条例》《安全生产事故报告和调查处理条例》《公路水运工程安全生产监督管理办法》《生产经营单位安全生产事故应急预案编制导则》等法律法规和本企业安全生产实际编制。

（三）应急救援预案的类型

应急救援预案有综合应急预案、专项应急预案、现场处置方案三种主要类型。

（四）应急救援预案编制的主要内容

第一，总则：编制的目的；适用范围；应急组织体系的确定、工作原则与职责分工；应急响应；信息发布；后期处置；人员、物资等保障措施；培训与演练；奖励与处罚等。

第二，生产经营单位危险性分析：危险源与风险分析，主要阐述本单位存在的重点危险源及风险分析结果。

第三，应急组织机构及职责：明确应急组织形式，构成单位或人员，并尽可能以结构图的形式表示出来；指挥机构及职责，明确应急救援指挥机构总指挥、副总指挥、各成员单位及其相应职责。应急救援指挥机构根据事故类型和应急工作需要，可以设置相应的应急救援工作小组，并明确各小组的工作任务与职责。

第四，预防与预警措施：危险源监控、预警提示信息、信息报告与处置等。

第五，应急响应：①响应分级。针对事故危害程度、影响范围和单位控制事态的能力，将事故分为不同的等级。按照分级负责的原则，明确应急响应级别。②响应程序。根据事故的大小和发展态势，明确应急指挥、应急行动、资源调配、应急避险、扩大应急等响应程序。③应急结束。明确应急终止的条件，事故现场得以控制，环境符合有关标准，导致次生、衍生事故隐患消除后，经事故现场应急指挥机构批准后，现场应急结束。

第六，信息发布：明确事故信息发布的部门、发布原则，事故信息应由事故现场指挥部及时准确向新闻媒体通报事故信息。

第七，后期处置：主要包括污染物处理、事故后果影响消除、生产秩序恢复、善后赔偿、抢险过程和应急救援能力评估及应急预案的修订等内容。

第八，保障措施：①通信与信息保障。明确与应急工作相关联的单位或人员通信联系方式和方法，并提供备用方案。建立信息通信系统及维护方案，确保应急期间信息通畅。②应急队伍保障。明确各类应急响应的人力资源，包括专业应急队伍、兼职应急队伍的组织与保障方案。③应急物资装备保障。明确应急救援需要使用的应急物资和装备的类型、数量、性能、存放位置、管理责任人及其联系方式等内容。④经费保障。明确应急专项经费来源、使用范围、数量和监督管理措施，保障应急状态时生产经营单位应急经费的及时到位。⑤其他保障。根据本单位应急工作需求而确定的其他相关保障措施（如交通运输保障、治安保障、技术保障、医疗保障、后勤保障等）。

第九，培训与演练及奖励与处罚：要明确对本单位人员开展的应急培训计划、方式和要求，如果预案涉及社区和居民，要做好宣传教育和告知等工作；明确应急演练的规模、方式、频次、范围、内容、组织、评估、总结等内容；明确事故应急救援工作中奖励和处罚的有关内容。

第五节 公路工程临时用电安全要求

一、公路工程施工现场临时用电的基本原则

①施工现场的电工、电焊工属于特种作业工种，必须按国家有关规定经专门安全作业培训，取得特种作业操作资格证书，方可上岗作业。其他人员不得从事电气设备及电气线路的安装、维修和拆除。

②施工现场的临时用电必须采用 TN–S 接地、接零保护系统。即具有专用保护零线（PE 线）、电源中性点直接接地的 220/380V 三相五线制系统。

③施工现场的临时用电必须按照"三级配电二级保护"设置。

④施工现场的用电设备必须实行"一机、一闸、一漏、一箱"制，即每台用电设备必须有自己专用的开关箱，专用开关箱内必须设置独立的隔离开关和漏电保护器。

⑤正确识别"小心有电、靠近危险"等标志或标牌，不得随意靠近，随意损坏和挪动标牌。

二、配电室的安全技术要点

①施工现场配电室位置应靠近电源，周边道路畅通，进、出线方便，

周围环境灰尘少、潮气少、振动小，无腐蚀介质，无易燃易爆物品；不要设在容易积水的场所或其正下方，并避开污染源的下风侧。尽量靠近负荷中心，以减少线路的长度和导线的截面积，提高配电质量，便于维护。

②配电室和控制室应能自然通风，并应采取措施防止雨雪和小动物出入；成列的配电屏（盘）和控制屏（台）两端应与重复接地及保护零线做电气连接。

③配电屏（盘）正面的操作通道宽度单列布置不小于1.5米，双列布置不小于2米，配电屏（盘）后的维护通道宽度不小于0.8米，侧面的维护通道不小于1米；配电室的顶棚距地面不低于3米；配电室内设值班或检修室时，该室外距配电屏（盘）的水平距离应大于1米，并应有屏障隔离；配电室内的母线与地面垂直距离小于2.5米时，应采取遮栏隔离，遮栏下面通行道的高度不小于1.9米；配电装置的上端距顶棚不小于0.5米。

④配电屏（盘）应装设有功和无功电度表，并应分路装设电流、电压表；电流表与计费电度表不许共用一组电流互感器；配电屏（盘）应装设短路、过负荷保护装置和漏电保护器；配电屏（盘）上的各配电线路应编号，并标明用途标记；配电屏（盘）或配电线路维修时，应悬挂停电标志牌，停、送电必须由专人负责。

⑤配电室的建筑物和构筑物的耐火等级应不低于3级，室内应配置沙箱和绝缘灭火器；母线均应涂刷有色油漆；配电室的门向外开，并配锁，由专人保管。

三、施工现场配电线路的安全技术要点

施工现场的配电线路包括室外线路和室内线路。室内线路通常有绝缘导线和电缆的明敷设和暗敷设，室外线路主要有绝缘导线架空敷设和绝缘电缆埋地敷设两种，也有电缆线架空明敷设的。

（一）室外线路的安全技术要点

①室外架空线路由导线、绝缘子、横担及电杆等组成。室外架空线路必须采用绝缘铜线或绝缘铝线，铝线的截面积大于1平方毫米，铜线截面积大于10平方毫米。

②架空线路严禁架设在树木、脚手架及其他非专用电杆上，且严禁成束架设；在临近输电线路的建筑物上作业时，不能随便往下扔金属类杂物；

更不能触摸、拉动电线或电线接触钢丝和电杆的拉线。

③严禁在高压线下方搭设临建、堆放材料和进行施工作业；在高压线一侧作业时，架空线与施工现场地面最小距离一般为4米，与机动车道一般为6米，与铁路轨道一般为7.5米。

④电杆埋设深度宜为杆长的1/10加0.6米。但在松软地质处应加大埋设深度或采用卡盘等加固。跨越机动车道的成杆应采取单横担双绝缘子；15°～5°的转角杆应采用双横担双绝缘子；45°以上的转角杆应采用十字横担；直线杆采用针式绝缘子，耐张杆采用蝶式绝缘子。

⑤敷设电缆的方式和地点，应以方便、安全、经济、可靠为依据，电缆直埋方式，施工简单，投资少，散热好，应优先考虑；敷设地点应保证电缆不受机械损伤或其他热辐射，同时应尽量避开建筑物和交通设施。

⑥电缆直接埋地的深度不小于0.6米，并在电缆上下均匀铺设不小于50毫米厚的细砂，再覆盖砖等硬质保护层，并插上标志牌；电缆穿过建筑物、构筑物时须设置套管。

⑦室外电缆线架空敷设时，应沿墙壁或电杆设置，严禁用金属裸线作绑线，电缆的最大弧垂距地面不小于2.5米。

（二）室内线路的安全技术要点

①在宿舍工棚、仓库、办公室内严禁使用电饭煲、电水壶、电炉、电热杯等较大功率电器。如需使用，应由项目部安排专业电工在指定地点安装可使用较高功率电器的电气线路和控制器。严禁使用不符合安全标准的电炉、电热棒等。

②严禁在宿舍内乱拉乱接电源，非专职电工不准乱接或更换熔丝，不准以其他金属丝代替熔丝（保险丝）；严禁在电线上晾衣服和挂其他东西等。

③室内线路必须采用绝缘导线，距地面高度不得小于2.5米；接户线在挡距内不得有接头，进线处离地高度不得小于2.5米，过墙应穿管保护，并采取防雨措施，室外端应采用绝缘子固定；室内导线的线路应减少弯曲，采用瓷夹固定导线时，导线间距应不小于35毫米，瓷夹间距应不大于800毫米，采用瓷瓶固定导线时，导线间距应不小于100毫米，瓷瓶间距应不大于1.5米；钢索配线的吊架间距不宜大于12米，采用护套绝缘导线时，允许直接敷设于钢索上。

④导线的额定电压应符合线路的工作电压；导线的截面积要满足供电容量要求和机械强度要求，但铝线截面应不小于 2.5 平方毫米，铜线的截面应不小于 1.5 平方毫米，导线应尽量减少分支，不受机械作用；室内线路布置尽可能避开热源，应便于线路检查。

四、施工现场配电箱与开关箱设置的安全技术要点

①施工现场临时用电一般采用三级配电方式，即总配电箱（或配电室），总配电箱以下设分配电箱，再以下设开关箱，开关箱以下就是用电设备。

②总配电箱应设在靠近电源的地区；分配电箱应装设在用电设备或负荷相对集中的地区；分配电箱与开关箱的距离不得超过 30 米；开关箱应由末级分配电箱配电，开关箱与其控制固定式用电设备水平距离不宜超过 3 米。

③配电箱与开关箱应装设在通风、干燥及常温场所。严禁装设在有严重损伤作用的瓦斯、烟气、蒸气、液体及其他有害介质中，不得装设在易受撞击、振动、液体浸溅以及热源烘烤的场所；配电箱与开关箱周围应有足够两人同时工作的空间和通道，不得堆放任何妨碍操作、维修的物品，不得有杂草、灌木等。

④配电箱、开关箱应采用铁板或优质绝缘材料制作，铁板厚度应大于 1.5 毫米；配电箱内的电器应首先安装在金属或非木质的绝缘电器安装板上，然后整体紧固在配电箱箱体内；金属板与配电箱箱体应做电气连接。

⑤配电箱、开关箱内的连接线采用绝缘导线，接头不松动，不得有外露带电部分；配电箱、开关箱内的工作零线应通过接线端子板连接，与保护零线接线端子板分设；配电箱、开关箱的金属箱体、金属电器安装板以及箱内电器的不应带电金属底座、外壳等必须做保护接零，保护零线应通过接线端子板连接。

⑥动力配电箱与照明配电箱宜分别设置，如合置在同一配电箱内，动力和照明线应分路设置。

⑦配电箱、开关箱中的导线进线口和出线口应设在箱体的下底面，严禁设在箱体的上顶面、侧面、后面城箱门处；进线和出线应加护套分路成束并做防水弯；导线束不得与箱体进、出口直接接触；进入开关箱的电源线，严禁用插销连接；移动式配电箱、开关箱的进口线、出口线必须采用橡胶绝缘电缆。

⑧配电箱、开关箱应装设牢固、端正，移动式配电箱、开关箱应装设在坚固的支架上，固定式配电箱、开关箱的下底面与地面的垂直距离应大于1.3 米，小于 1.5 米；移动式分配电箱、开关箱的下底与地面的垂直距离宜大于 0.6 米，小于 1.5 米；所有的配电箱、开关箱必须防雨、防尘。

五、配电箱、开关箱内的电器装置安全技术要点

①配电箱、开关箱内的电器装置必须可靠完好，严禁使用破损、不合格电器，各种开关电器的额定值应与其所控制的用电设备的额定值相适应。

②每台用电设备应有各自专用的开关箱，必须实行"一机一闸一漏"制，严禁用同一个开关电器直接控制两台及两台以上的用电设备（含插座）。

③在停、送电时，配电箱、开关箱之间应遵守合理的操作顺序：

送电操作顺序：总配电箱 — 分配电箱 — 开关箱。

断电操作顺序：开关箱 — 分配电箱 — 总配电箱。

正常情况下，停电时首先分断自动开关，然后分断隔离开关；送电时先合隔离开关，后合自动开关（出现电气故障时的紧急情况除外）。

④使用配电箱、开关箱时，操作者应接受岗前培训，熟悉所使用设备的电气性能和掌握有关开关的正确操作方法。

⑤总配电箱、分配电箱应装设总隔离开关和分路隔离开关、总熔断器和分路熔断器（或总自动开关和分路自动开关）。总开关电器的额定值，动作整定值应与分路开关电器的额定值、动作整定值相适应。

⑥总配电箱还必须安装漏电保护器、电流表、总电流表、总电度表和其他仪器。开关箱内的开关电器必须在任何情况下都可以使用电设备实行电源分离。

⑦开关箱内也必须安装漏电保护器，使用于潮湿和有腐蚀介质场所的漏电保护器应采用防溅型产品，总配电箱和开关箱中的漏电保护器应合理选用，使之具有分级分段保护的功能，漏电保护器至少每月检查一次，确保完好有效。

六、配电箱、开关箱使用与维护的安全技术要点

①施工现场所有配电箱、开关箱都要由专人负责（专业电工），所有配电箱、开关箱应配锁，并标明其名称、用途，做出分路标记。

②开关箱操作人员应熟悉开关电器的正确操作方法；施工现场停止作业 1 小时以上时，应将动力开关箱断电上锁。

③配电箱、开关箱内不得放置任何杂物，不得挂接其他临时用电设备；使用和更换熔断器时，要符合规格要求，严禁用铜丝等代替保险丝。

④所有配电箱和开关箱每月必须由专业电工检查、维修一次，电工必须穿戴绝缘防护用品，使用电工绝缘工具；非电工人员不许私自乱接电器和动用施工现场的用电设备。

⑤配电箱的进线和出线不得受外力，严禁与金属尖锐断口和强腐蚀介质接触。

七、自备发电机组的安全技术要点

①大型桥梁施工现场、隧道和预制场地，应有自备电源，以免因电网停电造成工程损失和出现事故。

②施工现场临时用自备发电机组的供配电系统应采用三相五线制中性点直接接地系统，并须独立设置，与外电线路隔离，不得有电气连接；自备发电机组电源应与外电线路电源联锁，严禁并列运行；发电机组应设置短路保护和过负荷保护。

③发电机控制屏宜装设交流电压表、交流电流表、有功功率表、电度表、功率因素表、频率表和直流电流表。

④发电机组的排烟管道必须伸出室外。发电机组及其控制配电室内严禁存放储油桶。

⑤在非三相五线制供电系统中，电气设备的金属外壳应做接地保护，其接地电阻不大于 4Ω，且不得在同一供电系统上有的接地、有的接零。

八、电动机械设备的安全技术要点

①塔式起重机、拌和设备、室外电梯，滑升模板、物料提升机等需要设置避雷装置的井字架等，除应做好保护接零外，电动机械的金属外壳，必须有可靠的接地措施或临时接地装置，防止电动机械的金属外壳带电，电流就会通过地线流入地下，从而避免人身触电事故的发生。

②电动机械的供电线路必须按照用电规则安装，不可乱拉乱接。

③电动施工机械的负荷线，必须按其容量选用无接头的多股铜芯橡胶

护套软电缆，其中绿/黄色线在任何情况下只能用作保护零线或重复接地。

④每一台电动机械的开关箱内，除应装设过负荷、短路、漏电保护装置外，还必须装设隔离开关。以便在发生事故时，迅速切断电源。

⑤大型桥梁外用电梯，属于载人、载物的客货两用电梯，要设置单独的开关箱，特别要有可靠的极限控制与通信联络。

⑥塔式起重机运行时，要注意与外电架空线路或其他防护设施保持安全距离。

⑦移动电动机械须事先关掉电源，不可带电移动电动机械。

⑧电动机械发生故障需停电检修。同时，须悬挂"禁止合闸"等警告牌，或者派专人看守，以防有人误将闸刀合上。

⑨电动机械操作人员要增强安全观念，严格执行机电设备安全操作规程。在操作时，应穿工作服、绝缘鞋等个人安全防护用品，严禁用手和湿布擦电动机械设备或在电线上悬挂衣物。

九、电动工具使用的安全技术要点

①施工现场使用的电动工具一般都是手持式的，如电钻、冲击钻、电锤、射钉枪、电刨、切割机、砂轮、手持式电锯等，按其绝缘和防触电性能可分为三类，即Ⅰ类工具、Ⅱ类工具、Ⅲ类工具。

②一般场所（空气湿度小于75%）可选用Ⅰ类或Ⅱ类手持式电动工具，其金属外壳与PE线的连接点不应少于两处。装设的额定漏电动作电流不大于15mA，额定漏电动作时间小于0.1s的漏电保护器。

③在潮湿场所或金属构架上操作时，必须选用Ⅱ类或由安全隔离变压器供电的Ⅱ类手持式电动工具，严禁使用Ⅰ类手持式电动工具。使用金属外壳Ⅱ类手持式电动工具时，其金属外壳可与PE线相连接，并设漏电保护。

④在狭窄场所（锅炉内、金属容器、地沟、管道内等）作业时，必须选用由安全隔离变压器供电的Ⅲ类手持式电动工具。

⑤手持电动工具应配备装有专用的电源开关和漏电保护器的开关箱，严禁一台开关接两台以上设备，其电源开关应采用双刀控制；使用手持电动工具前，必须检查外壳、手柄、负荷线、插头等是否完好无损，接线是否正确（防止相线与零线错接）。

⑥手持电动工具开关箱内应采用插座连接，其插头、插座应无损坏，

无裂纹，且绝缘良好；发现手持电动工具外壳、手柄破裂，应立即停止使用并进行更换。

⑦手持式电动工具的负荷线应采用耐气候型橡胶护套铜芯软电缆，并且不得有接头。在使用前必须做空载检查，运转正常后方可使用。

⑧作业人员使用手持电动工具时，握其手柄，不得利用电缆提拉，且应穿绝缘鞋、戴绝缘手套。

⑨长期搁置不用或受潮的工具在使用前应由电工测量绝缘阻值是否符合要求。

十、施工现场照明电器的安全技术要点

①一般场所选用额定电压为220V的照明器，特殊场所必须使用安全电压照明器，如隧道工程、有高温、导电灰尘或灯具距地高度低于2.4米等场所，电源电压应不大于36V；在潮湿和易触及带电体场所的照明电源电压不得大于24V；特别潮湿场所，导电良好地面、锅炉或金属容器、管道内工作的照明电源电压不得大于12V。

②临时照明线路必须使用绝缘导线。临时照明线路必须使用绝缘导线，户内（工棚）临时线路的导线必须安装在离地2米以上支架上；户外临时线路必须安装在离地2.5米以上支架上，零星照明线不允许使用花线，一般应使用软电缆线。

③在坑洞内作业，夜间施工或作业工棚、料具堆放场、仓库、办公室、食堂、宿舍及自然采光差等场所，应设一般照明、局部照明或混合照明。在一个工作场所内，不得只设局部照明。

④停电后作业人员需及时撤离现场的特殊工程，如夜间高处作业工程、隧道工程等，还必须装设由独立自备电源供电的应急照明。

⑤对于夜间可能影响飞机及其他飞行器安全通行的主塔及高大机械设备或设施，如塔式起重机外用电梯等，应在其顶端设置醒目的红色警戒照明。

⑥正常湿度（≤75%）的一般场所，可选用普通开启式照明器。

⑦潮湿或特别潮湿（相对湿度大于75%）的场所，属于触电危险场所，必须选用密闭性防水照明器或配有防水灯头的开启式照明器。

⑧含有大量尘埃但无爆炸和火灾危险的场所，属于触电一般场所，必须选用防尘型照明器，以防灰尘影响照明器安全发光。

⑨有爆炸和火灾危险的场所，亦属触电危险场所，应按危险场所等级选用防爆型照明器。

⑩存在较强振动的场所，必须选用防振型照明器。

十一、施工现场安全用电技术档案八个要点

①施工现场用电组织设计的全部资料。

②修改施工现场用电组织设计资料。

③用电技术交底资料。

④施工现场用电工程检查验收表。

⑤电气设备试、检验凭单和调试记录。

⑥接地电阻、绝缘电阻、漏电保护器漏电动作参数测定记录表。

⑦定期检（复）查表。

⑧电工安装、巡检、维修、拆除工作记录。

十二、触电事故的原因分析

（一）缺乏电气安全知识，自我保护意识淡薄

电气设施安装或接线由非专业电工操作，而是由自己安装。安装人又无基本的电气安全知识，装设不符合电气基本要求，造成意外的触电事故。发生这种触电事故的原因都是缺乏电气安全知识，无自我保护意识。

（二）违反安全操作规程

施工现场中，有人图方便，不用插头，在电箱内乱拉乱接电线。还有人在宿舍私自拉接电线照明，在床上接音响设备、电风扇，有的甚至烧水、做饭等，极易造成触电事故。也有人凭经验用手去试探电器是否带电或不采取安全措施带电作业，或带着侥幸心理在带电体（如高压线）周围作业，不采取任何安全措施，违章作业，造成触电事故等。

（三）不使用 TN-S 接零保护系统

有的工地未使用 TN-S 接零保护系统，或者未按要求连接专用保护零，无有效的安全保护系统。不按"三级配电二级保护""一机、一闸、一漏、一箱"设置，造成工地用电使用混乱，易造成误操作，并且在触电时，安全保护系统未起可靠的安全保护效果。

（四）电气设备安装不合格

电气设备安装必须遵守安全技术规定，否则由于安装错误，当人身接触带电部分时，就会造成触电事故。如电线高度不符合安全要求，太低，架空线乱拉、乱扯，有的还将电线拴在脚手架上，导线的接头只用老化的绝缘布包上，以及电气设备没有做保护接地、保护接零等，一旦漏电就会发生严重触电事故。

（五）电气设备缺乏正常检修和维护

由于电气设备长期使用，易出现电气绝缘老化，导线裸露，胶盖刀闸胶木破损，插座盖子损坏等。如不及时检修，一旦漏电，将造成严重后果。

（六）偶然因素

电力线被风刮断，导线接触地面引起跨步电压，当人走近该地区时就会发生触电事故。

第六节 特种设备安全控制要求

一、特种设备的概念及安全管理的必要性

特种设备是指那些涉及生命安全、危险性较大的，使用、管理不当容易发生安全事故的设备。按照《特种设备安全监察条例》规定：特种设备主要包括锅炉、压力容器（含气瓶，下同）、压力管道、电梯、起重机械、客运索道、大型游乐设施和场（厂）内专用机动车辆。这些特种设备数量多、分布广，涉及生产、生活诸方面，是人们日常工作、生活中广泛接触且不可缺少的设备设施。国家对各类特种设备的安全管理十分重视，相继制定了有关方面的法规、标准，有效地降低了特种设备事故的发生。但是，由于近年来各类特种设备的数量急剧增长，在生产制造和使用运营过程中安全问题仍十分严峻，重大安全生产事故隐患依然存在。因此，必须采取强有力的措施，加强对特种设备的安全监管，杜绝各类设备事故，减少人员伤亡和财产损失。

二、特种设备安全控制要求

特种设备安全管理的范围和一般要求在前面章节已经简单地进行了描述，但特种设备的安全管理除了满足上述一般要求外，还必须明确以下安全控制要点：

（一）《特种设备安全监察条例》规定

特种设备生产、使用单位的主要负责人应当对本单位特种设备的安全和节能全面负责。

（二）《大型起重机械安装安全监控管理系统实施方案》要求

以公路建设、铁路建设、电站建设、船舶修造等行业（领域）为重点，逐步在新造和在用大型起重机械上安装安全监控管理系统，强化大型起重机械技术安全管理和控制，促进现场操作标准化和规范化，实现大型机械安全形势的根本好转。

（三）特种设备安全管理制度

①特种设备安全责任制：包括各职能部门安全责任制和各岗位安全责任制。

②特种设备安全规章制度：包括特种设备安装使用、维护保养、监督检查管理制度，特种设备隐患排查和整改制度，特种设备报检制度，特种设备安全培训制度等，特种设备安全技术交底制度，特种设备事故应急救援制度等。

③特种设备安全操作规程：根据特种设备种类以及相关的法规、安全技术规范的要求，编制特种设备各岗位安全操作规程。

④特种设备应急救援预案：根据本单位特种设备使用情况，制定重大事故应急救援预案和防范突发事故的应急措施，以便在发生事故时，能果断、准确、迅速地将影响范围缩小到最低程度；配备相应的抢险装备和救援物资；每年至少组织一次救援演练。

（四）特种设备的行政许可

①特种设备使用单位应当在设备投入使用前或者投入使用后30天内到设备所在地市以上的特种设备安全监督管理部门办理特种设备使用登记。登记标志应当置于或者附着于该特种设备的显著位置。

②特种设备行政许可变更。特种设备停用、注销、过户、迁移、重新启用应到特种设备安全监督管理部门办理相关手续。

③特种设备作业人员必须持证上岗，特种设备作业人员必须经有关主管部门考核合格，取得国家统一格式的证书方可上岗操作。作业人员必须与企业办理聘任手续并到有关部门备案。

（五）特种设备定期检验

①特种设备报检。特种设备使用单位应在特种设备检验合格有效期届满前1个月向特种设备检验检测机构提出定期检验要求（各特种设备的检验日期可从检验报告、合格标志查看）。

②特种设备报检要求。起重机械报检时，必须提供保养合同、有效的作业人员证件。

③特种设备换证。特种设备检验合格后，携带使用证、检验合格标志、检验报告、保养合同、保养单位保养资质到有关主管部门办理年审换证手续。

（六）特种设备安全培训

发生特种设备事故的原因主要表现为人的不安全行为或者设备的不安全状态。按照《特种设备安全监察条例》要求，特种设备使用单位应当对特种设备作业人员进行特种设备安全、节能教育和培训，保证特种设备作业人员具备必要的特种设备安全、节能知识。因此，对人为因素，应通过培训教育来纠正。特种设备的作业人员包括设备的安装、维修保养、操作等人员。特种设备作业人员在持证上岗的基础上，做到有安全培训计划、有培训记录、有培训考核。

（七）特种设备使用的相关记录

1.特种设备日常使用状态记录（特种设备运行记录）

根据特种设备的类别做好特种设备日常使用状态记录，对关键岗位的设备，要做到在生产中每隔一定时间就对主机设备的运行参数做完整的记录，每班将设备状况、有无故障、检修内容全部记录在运行日记中，班班交接，并将设备的使用状态全部记录在案。

2.特种设备维护保养记录

特种设备多为频繁动作的机电设备，机械部件、电器元件的性能状况及各部件间的配合如何，直接影响特种设备的安全运行。因此，对使用的特种设备进行经常性的维修保养是非常重要的。如果本单位没有维修保养能力，则应委托有资质的单位代为维修保养。需要强调的是，一定要委托有资质的单位并签订维修保养合同。建立的设备技术档案，也要有维修保养记录，以备查证。

3.特种设备检查记录

国家对特种设备实行安全检验制度，其目的是从第三方的立场，公平、公正地进行检验，以确保其安全。在国家强制检验的基础上，设备的使用单位应根据特种设备类别做好特种设备定期自行检查记录（包括日检、月检、年检记录），每月至少进行一次自行检查，并记录在案。

4.特种设备运行故障和事故记录

做好特种设备运行故障和事故记录，当特种设备出现运行故障和事故时，详细记录故障或事故出现的原因、解决方法等。

5.定期检验整改记录

将每次定期检验主要存在问题与落实整改情况记录在案。

（八）特种设备档案管理

1.统一档案盒规格

特种设备的档案盒应统一规格，档案盒侧面应注明设备的类别，盒内要附上有关档案内容目录。

2.档案分类

①文件法规类。将特种设备的法律法规、文件统一存放。

②综合管理类。将特种设备安全责任制、管理制度、操作规程、特种设备安全管理机构、管理结构图、专职兼职安全管理员任命书、特种设备使用管理安全责任承诺书等统一存放。

③特种设备台账类。使用账本或信息化管理系统对特种设备台账进行管理，账物相符，能方便索引到相应的档案信息。至少包括如下内容：设备分布情况、特种设备台账、特种设备作业管理人员和作业人员台账、技术档案等。

（九）特种设备现场安全管理

1.悬挂使用登记证

特种设备使用登记证（可使用复印件）应置于特种设备旁边。

2.安全标志、标识的张贴

①电类合格标志。电梯、大型游乐设施等特种设备的检验合格标志应置于易于为乘客注意的显著位置；起重机检验合格标志应张贴在该设备的电源控制箱的空白处；叉车的检验合格标志应张贴在叉车的显眼位置。

②警示标志、安全注意事项。电梯、大型游乐设施等特种设备的警示标志、安全注意事项应置于为乘客注意的显著位置。

③禁用标志。特种设备停用后，应将设备的电源断开，在设备显眼的位置张贴"禁止使用"的标志。

④压力管道标志。在压力管道显眼位置，应标明管道的介质名称及介质流向。

3.重点监控特种设备标志

纳入本单位安全管理重点监控的特种设备，应在设备明显位置，标注"重点监控特种设备"。

4.特种设备管理制度、责任制、操作规程的张贴

将特种设备管理制度、责任制、操作规程张贴到相应的部门、工作岗位、特种设备使用场所。

5.设备安全运行情况

①特种设备的安全附件在校验有效期内，并灵敏可靠；特种设备在许可条件下使用，无异常情况出现。

②特种设备作业人员持有效证件上岗（随身携带副证以备检查），对设备运行情况及时进行记录（查验设备运行记录），无违章作业现象。

6.设备环境情况

设备的工作环境应整洁、明亮、通畅，符合安全环保、节能降耗的使用要求。

第七章 公路工程施工合同管理

第一节 公路工程的合同管理基础

一、公路工程的合同体系结构

（一）公路工程项目的合同体系

公路工程（特别是大型项目）建设是一个很复杂的过程，需要涉及许多不同行业的单位，投入许多不同专业的人力以及大量的资金、设备。它们之间通过合同形成了不同的经济关系，从而形成了复杂的合同体系。其中，业主和承包人依法签订的施工合同是"核心合同"，业主又处于合同体系中的"核心位置"。

（二）承包商的主要合同关系

1. 分包合同

对于一些大型工程项目的施工，承包商通常需要与其他承包商合作才能完成总承包合同责任。承包商把从业主那里承接到的工程中的某些分项工程或工作分包给另一承包商来完成，则要与其他承包商（分包人）签订分包合同。承包商在总承包合同下可能会订立许多分包合同，而分包人仅完成总承包商分包给自己的工程，向总承包商负责，与业主无合同关系。总承包商仍向业主担负全部工程责任，负责工程的管理和所属各分包人工作之间的协调，以及各分包人之间合同责任界面的划分，同时承担协调失误造成损失的责任，向业主承担工程风险。

在投标书中，承包商必须附上拟定的分包人的名单和工程规模，供业主审查；未列入投标文件的专项工程，承包人不得分包。如果在工程施工中重新委托分包人，必须经过监理工程师（或业主代表）的批准。

2. 采购合同

承包商为采购和供应工程所必要的材料、设备，与材料、设备供应商所签订的材料、设备采购合同。

3. 运输合同

运输合同是承包商为解决材料、物资、设备的运输问题而与运输单位签订的合同。

4. 加工合同

加工合同是承包商将建筑构配件、特殊构件的加工任务委托给加工承揽单位而签订的合同。

5. 租赁合同

在公路工程施工中，承包商需要许多施工设备、运输设备、周转材料。有些设备、周转材料在现场使用率较低，或自己购置需要大量资金投入而自己又不具备这个经济实力时，可以采用租赁方式，与租赁单位签订租赁合同。

6. 劳务采购（或分包）合同

即由劳务供应商（或劳务分包人）向工程施工提供劳务，承包人与劳务供应商（或劳务分包人）之间签订的合同。

7. 保险合同

即承包商按施工合同要求对工程进行保险，与保险公司签订保险合同。

8. 检测合同

即承包商与具有相应资质的检测单位签订的合同。

二、公路工程施工合同的履行与管理方法

（一）施工合同的履行

1. 业主的合同履行

①严格按照施工合同的规定，履行业主应尽义务。业主履行合同是承包商履行合同的基础，因为业主的很多合同义务都是为承包商施工创造先决条件，如征地拆迁、"三通一平"、原始测量数据、施工图纸等。

②按合同规定行使工期控制权、质量检验权、工程计量权、工程款支付权，确保工程目标的实现。

③按合同约定行使工程交工、竣工验收权和履行工程款支付、竣工结算义务。

2.承包商的合同履行

①全面履行施工合同中的各项义务。在施工过程中，承包商必须通过投入足够的资源，建立精干高效的组织机构和完善的制度体系，采用先进、合理、经济的施工方案和技术，精心组织、科学管理，确保如期、保质、保量完成各项施工任务。

②通过合理的工程变更与索赔，维护自己的合法权益，实现预期经营目标和战略。

（二）承包商的施工合同管理

1.认真编制投标文件

投标文件是合同文件的重要组成部分，也是投标人在施工阶段能否实现经营目标的重要基础。

①确定投标方式，联合投标还是单独投标。

②确定投标策略，根据掌握的信息，充分分析论证后决定是投保险标，还是投风险标；常规价格标，还是高价标或低价标。

③确定报价策略，根据具体评标办法采用相应的报价策略，特别注意不平衡报价技巧的灵活、适度运用。

④认真做好招标文件及合同条件的审查工作，全面、实质性地响应招标文件。

2.切实履行合同义务

有理、有利、有节地维护自身权益，由于公路工程施工合同是公路工程合同体系中的"核心合同"，对工程项目控制目标的实现至关重要。因此，承包商必须全面、适当地履行合同义务，否则不仅不能实现预期目标，还有可能导致业主的反索赔，甚至被解除合同。承包商在履行合同义务时，也要注意采用恰当的方式维护自身的权益，如提出合理的工程变更要求，理直气壮地提出正当的索赔要求等。

3.建立完整的合同管理制度

公路工程合同的复杂性和经济性决定了合同潜在的风险较大，为了规避、化解风险，承包商必须建立完整的合同管理制度，使施工合同的谈判、签订、履行等各环节科学化、规范化、程序化和模块化。具体来讲，应建立和完善如下合同管理制度：①合同管理相关部门的部门职责和工作岗位制度。②合同管理的授权和内部会签制度。③合同审查批准制度。④印鉴及证书管理使用制度。⑤合同管理绩效考核制度。⑥合同档案管理制度。

第二节 公路工程分包合同管理

一、工程分包合同

（一）分包的形式

分包是指承包人经监理人审查并取得发包人批准后，将其所承包工程或工作的一部分委托给其他承包人承担的施工行为。分包可分为专业分包和劳务分包两种形式。

①专业分包。专业分包是指承包人与具有相应资质的施工企业签订专业分包合同，由分包人承担承包人委托的分部工程、分项工程或适合专业化队伍施工的其他工程，整体结算，并能独立控制工程质量、施工进度、材料采购和生产安全的施工行为。

②劳务分包。劳务分包是指承包人与具有劳务分包资质的劳务企业签订劳务分包合同，由劳务企业提供劳务人员及机具，由承包人统一组织施工，统一控制工程质量、施工进度、材料采购、生产安全的施工行为。

（二）分包的规定

1.分包的一般规定

①承包人不得将其承包的全部工程转包给第三人，或将其承包的全部工程肢解后以分包的名义转包给第三人。

②承包人不得将主体、关键性工作分包给第三人。经发包人同意，承包人可将工程其他部分分包给第三人，分包包括专业分包和劳务分包。

③承包人应与分包人就分包工程向发包人承担连带责任。

④发包人对承包人与分包人之间的法律与经济纠纷不承担任何责任和义务。

2.专业分包的规定

在工程施工过程中，承包人进行专业分包时除符合一般规定外，还必须遵守以下规定：

①允许专业分包的工程范围仅限于分部工程或分项工程、适合专业化

队伍施工的工程，专业分包的工程量累计不得超过总工程量的30%。

②专业分包人的资格能力（含安全生产能力）应与其分包工程的标准和规模相适应，具备相应的专业承包资质。

③专业分包工程不得再次分包。

④承包人和专业分包人应当依法签订专业分包合同，并按照合同履行约定的义务。专业分包合同必须明确约定工程款支付条件、结算方式以及保证按期支付的相应措施，确保工程款的支付。

⑤承包人对施工现场安全负总责，并对专业分包人的安全生产进行培训和管理。专业分包人应将其专业分包工程的施工组织设计和施工安全方案报承包人备案，专业分包人对分包施工现场安全负责，发现事故隐患，应及时处理。

⑥所有专业分包计划和专业分包合同须报监理人审批，并报发包人核备。监理人审批专业分包并不解除合同规定的承包人的任何责任或义务。

违反上述规定之一者属违规分包。

二、分包合同管理

（一）分包合同的管理关系

分包合同是承包人将施工合同内对发包人承担义务的部分工作交给分包人实施，双方约定相互之间的权利、义务的合同。分包工程既是施工合同的一部分，又是分包合同的标的，涉及两个合同，所以分包合同的管理比施工合同管理复杂。

发包人与分包人没有合同关系，但发包人作为工程项目的投资方和施工合同的当事人，对分包合同的管理主要表现为对分包工程的批准。

监理人只与承包人有监理与被监理的关系，对分包人在现场施工不承担协调管理义务。只是依据施工合同对分包工作内容及分包人的资质进行审查，行使确认权或否定权；对分包人使用的材料、施工工艺、工程质量和进度进行监督。监理人就分包工程施工发布的任何指示均应发给承包人。

承包人作为两个合同的当事人，不仅对发包人承担确保整个合同工程按预期目标实现的义务，而且对分包工程的实施具有全面管理责任。承包人应委派代表对分包人的施工进行监督、管理和协调。在接到监理人就分包工程发布的指示后，应将其要求列入自己的管理工作内容，并及时以书面确认的形式转发给分包人令其遵照执行。

（二）分包工程的支付管理

分包工程的支付，应由分包人在合同约定的时间，向承包人报送该阶段施工的付款申请单，承包人经过审核后，将其列入施工合同的进度付款申请单内一并提交监理人审批。由监理人向承包人出具经发包人签认的进度付款证书。发包人应在监理人收到进度付款申请单后的28天内，将进度应付款支付给承包人。分包人不能直接向监理人提出支付要求，必须通过承包人。发包人也不能直接向分包人付款，也必须通过承包人。

（三）分包工程的变更管理

承包人接到监理人依据合同发布的涉及发包工程的变更指令后，以书面确认方式通知分包人执行，承包人也有权根据工程的实际进展情况通过监理人向发包人提出有关变更建议。

监理人一般不能直接向分包人下达变更指令，必须通过承包人。分包人不能直接向监理人提出分包工程的变更要求，也必须由承包人提出。

（四）分包工程的索赔管理

分包合同履行过程中，当分包人认为自己的合法权益受到损害，无论事件起因于发包人还是监理人，还是承包人的责任，他都只能向承包人提出索赔要求。如果是由于发包人或监理人的原因或责任造成了分包人的合法利益的损害，承包人应及时按施工合同规定的索赔程序，以承包人的名义就该事件向监理人提交索赔报告。

对于由承包人的原因或责任引起分包人提出索赔，这类索赔产生于承包人与分包人之间，双方通过协商解决。监理人不参与该索赔的处理。

第三节 公路工程施工进度款的结算

一、工程价款的主要结算方式

①按月结算。实行旬末或月中预支或不预支，月终结算，竣工后清算的办法。跨年度竣工的工程，在年终进行工程盘点，办理年度结算。

②竣工后一次结算，建设项目或单项工程全部建筑安装工程建设期在12个月以内，或者工程承包价值在100万元以下的，可以实行工程价款每

月月中预支，竣工后一次结算。

③分段结算。即当年开工，当年不能竣工的单项工程或单位工程按照工程进度，划分不同阶段进行结算，分段结算可以按月预支工程款。

④目标结算方式。即在工程合同中，将承包工程的内容分解成不同的控制界面，以业主验收界面作为支付工程价款的前提条件。也就是说，将合同中的工程内容分解成不同的验收单元，当承包商完成单元工程内容并经业主（或其委托人）验收后，业主支付构成单元工程内容的工程价款。

⑤双方约定的其他结算方式。

二、工程进度款的支付

（一）进度付款周期

工程进度付款周期同计量周期，即单价子目按月支付，总价子目按批准的支付分解报告确定的周期支付。

（二）进度付款申请单

承包人应在每个付款周期末，按监理人批准的格式和专用合同条款约定的份数，向监理人提交进度付款申请单，并附相应的支持性证明文件。除专用合同条款另有约定外，进度付款申请单应包括下列内容：①截至本次付款周期末已实施工程的价款。②应增加和扣减的变更金额。③应增加和扣减的索赔金额。④应支付的预付款和扣减的返还预付款。⑤应扣减的质量保证金。⑥根据合同应增加和扣减的其他金额。

（三）进度付款证书和支付时间

①监理人在收到承包人进度付款申请单以及相应的支持性证明文件后的14天内完成核查，提出发包人到期应支付给承包人的金额以及相应的支持性材料，经发包人审查同意后，由监理人向承包人出具经发包人签认的进度付款证书。监理人有权扣发承包人未能按照合同要求履行任何工作或义务的相应金额。如果该付款周期应结算的价款经扣留和扣回后的款额少于项目专用合同条款数据表中列明的进度付款证书的最低金额，则该付款周期监理人可不核证支付，上述款额将按付款周期结转，直至累计应支付的款额达到项目专用合同条款数据表中列明的进度付款证书的最低金额为止。

②发包人应在监理人收到进度付款申请单后的28天内，将进度应付款支付给承包人。发包人不按期支付的，按专用合同条款数据表中约定的利率

向承包人支付逾期付款违约金。违约金的计算基数为发包人的全部未付款额，时间从应付而未付该款额之日算起（不计复利）。

③监理人出具进度付款证书，不应视为监理人已同意、批准或接受了承包人完成的该部分工作。

④进度付款涉及政府投资资金的，按照国库集中支付等国家相关规定和专用合同条款的约定办理。

（四）工程进度付款的修正

在对以往历次已签发的进度付款证书进行汇总和复核中发现错、漏或重复的，监理人有权予以修正，承包人也有权提出修正申请。经双方复核同意的修正，应在本次进度付款中支付或扣除。

三、合同价款的调整

在公路工程施工合同中，大部分合同为可调价合同，规定调整合同价款的方式和方法，最终确定合同结算价款。

（一）原工程量清单工程数量

原工程量清单工程数量为合同数量，根据监理工程师确认计量的数量，即实际完成数量对合同价款进行调整。

（二）工程价款价差调整的主要方法

①工程造价指数调整法。甲乙双方采用当时的预算（或概算）定额单价计算承包合同价，待竣工时，根据合理的工期及当地工程造价管理部门所公布的该月度（或季度）的工程造价指数，对原承包合同价予以调整。

②实际价格调整法。有些合同规定对钢材、水泥、木材三大材料的价格采取按实际价格结算的方法，对这种办法，地方主管部门要定期发布最高限价。同时，合同文件中应规定建设单位或工程师有权要求承包商选择更廉价的供应来源。

③调价文件计算法。甲乙双方按当时的预算价格承包，在合同期内，按造价管理部门调价文件的规定，进行抽料补差（按所完成的材料用量乘以价差）。

④调值公式法。此种调值公式一般包括固定部分、材料部分和人工部分，调值公式一般为：

$$P = P_0 \left(a_0 + a_1 A/A_0 + a_2 B/B_0 + a_3 C/C_0 \right)$$

式中 P——调值后合同价款或工程实际结算款；P_0——合同价款中工程预算进度款；a_0——固定要素，代表合同支付中不能调整部分占合同总价的比重；a_1，a_2，a_3…——代表各有关费用（如人工费、钢材费用、水泥费用等）在合同总价中所占的比重 $a_0+a_1+a_2+a_3+\cdots=1$；A_0，B_0，C_0…——与 a_1，a_2，a_3…对应的各项费用的基期价格指数；A_0，B_0，C_0…——与 a_1，a_2，a_3…对应的各项费用的现行价格指数。

四、法律、法规变化引起的合同价款调整

在送交投标文件截止期前 28 天之后，国家或省（自治区、直辖市）颁布的法律、法规出现修改或变更，因采用新的法律、法规使承包人在履行合同中的费用发生价差调整以外的增加或减少，则此项增加或减少的费用应由监理工程师在与承包人协商并报经业主批准后确定，增加到合同价或从合同价中扣除。

五、工程拖期的价款调整

如果承包人未能在投标书附录中写明的工期内完成本合同工程，则在该交工日期以后施工的工程，其价格调整计算应采用该交工日期所在年份的价格指数作为当期价格指数。如果延期符合合同规定的情况，则在该延长的交工日期到期以后施工的工程，其价格调整计算应采用该延长的交工日期所在年份的价格指数作为当期价格指数。

第四节　公路工程竣工决算文件的编制

一、竣工决算的作用

①全面反映竣工项目最初计划和最终建成的工程概况。竣工决算报告要求编制的概况表及有关说明，反映了竣工计划和实际的建设规模、技术标准，建设工期、投资、用地、质量及主要工程数量、材料消耗等工程的全面情况。

②竣工决算是检查基本建设投资计划，设计概算执行情况和考核投资效果的依据。公路建设项目是在国家基本建设投资计划安排下进行的，其投资需要以批准的可行性研究投资估算、设计概算、施工图预算文件为依据；实施要符合批准的建设计划和设计文件要求，工程项目的建设方案、技术标

准不得随意变更；建设规模应当符合设计文件确定下来的修建原则的要求；投资应控制在批准的概算或预算金额以内。因此，竣工决算要围绕着检查基本建设投资计划的执行情况和概预算的执行情况进行。

通过竣工验收和竣工决算，检查落实是否已经达到了设计要求，是否提高了技术标准或加大了建设规模的情况；通过各项实际完成的货币工作量的分析，来检查有无不合理的开支或违背财经纪律和投资计划的情况；竣工决算还应对其他费用开支分析是否超过了标准规定；对临时设施、占地、拆迁以及新增工程都应认真进行核对。

③竣工决算是核定新增固定资产流动和流动资产价值、办理交付使用财产的依据。交通建设项目建设好后，要核定新增资产价值，并办理交付使用财产的移交手续。通常新增资产包括新增固定资产、流动资产、无形资产、递延资产、其他资产等。根据编制决算报告的内容要求，要编制交付使用财产总表和交付使用财产明细表，并详细计算交付使用财产的价值，还应向使用或管理单位提交交付使用财产具体的项目的名称、规格、数量、价值等明细表作为办理交付使用资产交接手续的依据。

④竣工决算是全面反映建设项目的财务情况，总结提高财务管理水平的重要资料。竣工决算反映着建设项目开始建设以来各项资金的来源和支出，以及取得财务成果的综合反映，也体现了项目建设中的财务管理水平。通过竣工决算，可以检查建设单位遵守财经纪律和完成投资计划的情况，为基建主管部门、财务部门总结经验、改善财务管理和拨款贷款监督工作提供重要资料。

⑤竣工决算是竣工验收的主要依据。按照公路工程基本建设程序规定，当批准的设计文件规定的公路项目经负荷运转能够正常使用时，应及时组织竣工验收工作，对建设项目进行全面考核。按工程的不同情况，由负责验收委员会或小组进行验收。

在竣工验收之前，建设单位向主管部门提出验收报告，其中主要组成部分是建设单位编制的竣工决算文件，作为验收委员会（或小组）的验收依据。验收人员要检查建设项目的实际建筑物、构筑物与设施的使用情况，同时审查竣工决算文件中的有关内容和指标，确定建设项目的验收结果。

⑥竣工决算为公路工程定额修订提供资料和依据。竣工决算要反映主

要工程的全部数量和实际成本、工程总造价，以及从开始筹建至竣工为止全部资金的运用情况和工程建设后新增固定资产和流动资产价值。大中型交通工程建设项目竣工决算报告要报交通运输部。它是国家基本建设技术经济档案，也可以为以后的国家基本建设项目投资提供参考。

在工程决算中对已完工的人工、材料、机械台班消耗都要做必要的计算和分析；对其他费用的开支也应分析测算，人工、材料、机械台班消耗水平和其他费用开支额度，除能够反映本工程的情况外，还可以作为以后定额修订和各项费用开支标准编制的参考。

二、公路工程竣工决算文件的编制依据

①经交通主管部门批准的设计文件，以及批准的概（预）算或调整概（预）算文件。

②招标文件、标底（如果有）及与各有关单位签订的合同文件。

③建设过程中的文件有关支付凭证。

④竣工图纸。

⑤其他有关文件、资料、凭证。

三、公路工程项目竣工决算的编制步骤

①收集、整理和分析有关依据资料。在工程竣工验收阶段，应注意收集资料，系统地整理所有的技术资料、工程结算的经济文件、施工图纸，审查施工过程中各项工程变更、索赔、价格调整、暂定金额等支付项目是否符合合同文件规定，签证手续是否完备；审查各中期支付和最终支付是否与竣工图表资料、合同文件相符。

②清理各项财务、债务和结余物资。既要核对账目，又要查点库存实物数量，做到账与物相等，账与账相符，对结余的各种材料、工器具和设备要逐项清点核实，妥善管理，并按规定及时处理，收回资金。

③填写竣工决算报表。

④编制建设工程竣工决算说明。主要内容包括对工程进度、质量、安全和造价等四方面的总的评价，以及各项财务和技术经济指标的分析。

⑤做好工程造价对比分析。在报告中必须对控制工程造价所采取的措施、效果以及其动态的变化进行认真的比较分析，总结经验教训。批准的概

算是考核建设工程造价的依据，在分析时可将决算报表中所提供的实际数据和相关资料与批准的概算、预算指标进行对比，以考核竣工项目总投资控制的水平，在对比的基础上总结先进经验，找出落后的原因，提出改进措施。

⑥清理、装订好竣工图。

⑦上报主管部门审查。建设工程竣工文件编制完成后，将其上报主管部门审查，并把其中财务成本部分送交开户银行签证。竣工决算在上报主管部门的同时，抄送有关设计单位。大中型建设项目的竣工决算还应抄送财政部、建设银行总行和省、市、自治区财政局和建设银行各一份。

四、公路工程项目竣工决算报告的内容

竣工决算报告由以下四个部分组成：①交通基本建设项目竣工决算报告封面。②竣工工程平面示意图。③竣工决算报告说明书：主要内容包括工程项目概况及组织管理情况；工程建设过程和工程管理工作中的重大事件、经验教训；工程投资支出和财务管理工作的基本情况；工程遗留问题等。④竣工决算表格。竣工决算报告表分为决算审批表、工程概况专用表和财务通用表。

第五节 公路工程合同价款支付的相关规定

一、预付款

预付款包括开工预付款和材料、设备预付款。

一是开工预付款的金额在项目专用条款数据表中约定。在承包人签订了合同协议书并提交了开工预付款保函后，监理工程师应在当期进度付款证书中向承包人支付开工预付款的 70% 的价款；在承包人承诺的主要设备进场后，再支付预付款的 30%。

承包人不得将该预付款用于与本工程无关的支出。监理工程师有权监督承包人对该项费用的使用，如经查实承包人滥用开工预付款，发包人有权立即通过向银行发出通知收回开工预付款保函的方式，将该款收回。开工预付款支付的条件有：①承包人和发包人已签订了施工合同；②承包人已提交了开工预付款保函。

二是材料、设备预付款按项目专用合同条款数据表中所列主要材料、

设备单据费用（进口的材料、设备为到岸价，国内采购的为出厂价或销售价，地方材料为堆场价）的百分比支付，其预付条件为：①材料、设备符合规范要求并经监理工程师认可；②承包人已出具材料、设备费用凭证或支付单据；③材料、设备已在现场交货，且存储良好，监理工程师认为材料、设备的存储方法符合要求，则监理工程师应将此项金额作为材料、设备预付款计入下一次的进度付款证书中。在预计竣工前3个月，将不再支付材料、设备预付款。

三是预付款保函。除项目专用合同条款另有约定外，承包人应在收到开工预付款前向发包人提交开工预付款保函。开工预付款保函的担保金额应与开工预付款金额相同。出具保函的银行须与合同规定的要求相同，所需费用由承包人承担。银行保函正本由发包人保存，该保函在发包人将开工预付款全部扣回之前一直有效，担保金额可根据开工预付款扣回金额相应递减。

四是预付款的扣回与还清。①开工预付款在进度付款证书的累计金额未达到签约合同价的30%之前不予扣回。在达到签约合同价的30%之后，开始按工程进度以周定比例（每完成签约合同价的1%，扣回开工预付款的2%）分期从各月的进度付款证书中扣回。全部金额在进度付款证书的累计金额达到签约合同价的80%时扣完。②当材料、设备已用于或安装在永久工程之中时，材料、设备预付款应从进度付款证书中扣回，扣回期不超过3个月。已经支付材料、设备预付款的材料、设备的所有权应属于发包人。工程竣工时所有剩余的材料、设备所有权应属于承包人。

二、质量保证金的支付与返还

①监理工程师应从第一个付款周期开始，在发包人的进度付款中，按项目专用合同条款数据表规定的百分比扣留质量保证金，直至扣留的质量保证金总额达到项目专用合同条款数据表规定的限额为止。质量保证金的计算额度不包括预付款的支付以及扣回的金额。

②在合同条款约定的缺陷责任期满时，承包人向发包人申请到期应返还承包人剩余的质量保证金金额，发包人应在14天内会同承包人按照合同约定的内容核实承包人是否完成缺陷责任。如无异议，发包人应当在核实后将剩余保证金返还承包人。

③在合同条款约定的缺陷责任期满时，承包人没有完成缺陷责任的，发包人有权扣留与未履行责任剩余工作所需金额相应的质量保证金余额，并

有权根据合同条款约定要求延长缺陷责任期，直到完成剩余工作为止。

三、交工结算

（一）交工付款申请书

①承包人在交工验收证书签发后42天内向监理工程师提交交工付款申请单（包括相关证明资料），交工付款申请单的分数在项目专业合同条件数据表中约定。

②监理工程师对交工付款申请单有异议的，有权要求承包人进行修正和提供补充资料，经监理工程师和承包人协商后，由承包人向监理工程师提交修正后的交工付款申请单。

（二）交工付款证书及支付时间

①监理工程师在收到承包人提交的交工付款申请单后的14天内完成核查，提出发包人到期应支付给承包人的价款送发包人审核并抄送承包人。发包人应在收到后14天内审核完毕，由监理工程师向承包人出具经发包人签认的交工付款证书。监理工程师未在约定时间内核查，又未提出具体意见的，视为承包人提交的交工付款申请单已经监理人核查同意：发包人未在约定时间内审核又未提出具体意见的，监理工程师提出发包人到期应支付给承包人的价款视为已经发包人同意。

②发包人应在监理工程师出具交工付款证书的14天内，将应支付款支付给承包人。发包人不按期支付的，按合同条款的约定，将逾期付款违约金支付给承包人。

③承包人对发包人签认的交工付款证书有异议的，发包人可出具交工付款申请单中承包人已同意部分的临时付款证书。存在争议的部分，按合同条款的约定办理。

④交工付款涉及政府投资资金的，按合同条款的约定办理。

四、最终结清

（一）最终结清申请单

①承包人应在缺陷责任期终止证书签发后28天内向监理工程师提交最终结清申请单（包括相关证明材料），最终结清申请单的份数在项目专用合同条款数据表中约定。最终结清申请单中的总金额应认为是代表了根据合同

规定应付给承包人的全部款项的最后结算。

②发包人对最终结清申请单内容有异议的，有权要求承包人进行修正和提供补充资料，由承包人向监理工程师提交修正后的最终结清申请单。

（二）最终结清证书和支付时间

①监理工程师收到承包人提交的最终结清申请单后的 14 天内，提出发包人应支付给承包人的价款送发包人审核并抄送承包人。发包人应在收到后 14 天内审核完毕，由监理工程师向承包人出具经发包人签认的最终结清证书。监理工程师未在约定时间内核查，又未提出具体意见的，视为承包人提交的最终结清申请已经监理工程师核查同意；发包人未在约定时间内审核又未提出具体意见的，监理工程师可以提出应支付给承包人价款视为已经发包人同意。

②发包人应在监理工程师出具最终结清证书后的 14 天内，将应支付款支付给承包人。发包人不按期支付的，按合同条款的有关规定，将逾期付款违约金支付给承包人。

③承包人对发包人签认的最终结清证书有异议的，按合同条款的有关规定办理。

④最终结清付款涉及政府投资资金的，按合同条款的相关规定办理。

最终结清证书是表明发包人已经履行完其合同义务的证明文件，它与缺陷责任终止证书一样，是具有重要法律意义的文件。

只要监理工程师向承包人出具经发包人签认的最终结清证书，就意味着从法律上确立了发包人也已经履行完毕其应履行的合同义务；同理，最终结清证书也是证明合同双方的义务都已经按照合同履行完毕的证明文件，合同到此终止。

五、其他支付

（一）索赔费用

赔偿费用的支付额应按监理工程师签发的索赔审批书来确认或按监理工程师暂时确定的赔偿额来支付。

（二）计日工费用

计日工的数量应有监理工程师的指示与确认。计日工的单价按工程量清单中计日工的单价来办理。

（三）变更工程费用

变更工程应有监理工程师签发的书面变更令。变更工程的单价按变更工程单价确定原则来处理。完成的变更工程数量应有监理工程师签认的变更工程计量证书。

（四）价格调整费用

监理工程师应严格按合同规定的价格调整方法来确定价格调整款额。

（五）拖期违约损失赔偿金（违约罚金）

拖期违约损失赔偿金是由于承包人原因，使工程不能按期完工时，承包人应向业主支付的赔偿金。原则上其赔偿标准应与业主的损失相当。一般规定，每逾期1天，赔偿合同价的0.01%～0.05%；同时也规定，赔偿总额不超过合同价的10%。这些规定在投标书附件中都应明确。

如果承包人未能按规定的工期完成合同工程，则必须向业主支付按投标书附件中写明的金额，作为拖期损失赔偿金。时间自预定的交工日期起到合同工程交工证书中写明的交工日期或已批准的延长工期止，按天计算。拖期损失赔偿金，应不超过投标书附件中写明的限额。业主可以从应付或到期应付给承包人的任何款项中扣除此赔偿金，但不排除其他扣款方法，扣除拖期损失赔偿金，并不解除合同规定的承包人对完成本工程的义务和责任。

（六）逾期付款违约金

逾期付款违约金是对业主的一种约束，业主有准时付款给承包人的责任和义务。业主必须在规定时间内支付承包人所完成工程的款额，否则应向承包人支付利息。

①监理工程师在收到承包人进度付款申请单以及相应的支持性证明文件后的14天内完成核查，提出发包人到期应支付给承包人的金额以及相应的支持性材料，经发包人审查同意后，由监理工程师向承包人出具经发包人签认的进度付款证书。监理工程师有权扣发承包人未能按照合同要求履行任何工作或义务的相应金额。

②发包人应在监理工程师收到进度付款申请单后的28天内，将进度应付款支付给承包人。发包人不按期支付的，按专用合同条款的约定支付逾期付款违约金。

承包人向监理工程师提交交工付款申请单（包括相关证明材料）的份

数在项目专用合同条款数据表中约定；期限：交工验收证书签发后 42 天内。

承包人向监理工程师提交最终结清申请单（包括相关证明材料）的份数在项目专用合同条款数据表中约定；期限：缺陷责任期终止证书签发后 28 天内。

最终结清申请单中的总金额应认为是代表了根据合同规定应付给承包人的全部款项的最后结算，否则将支付迟付款息。如果项目专用合同条款规定计复利，则计算公式如下：

$$迟付款利息 =P（1+r）^n-P$$

式中 P——迟付的人民币或外汇数额；r——日利率；n——迟付款天数。

第六节 合同纠纷

一、合同纠纷的产生与防范

（一）施工合同纠纷常见类型

合同纠纷的范围广泛，涵盖了一项合同从成立到终止的整个过程。施工合同常见的纠纷有如下几种主要类型：①施工合同主体纠纷；②施工合同工程款纠纷；③施工合同质量纠纷；④施工合同分包与转包纠纷；⑤施工合同变更和解除纠纷；⑥施工合同竣工验收纠纷；⑦施工合同审计纠纷。

（二）施工合同纠纷的成因与防范措施

合同纠纷产生的原因是多方面的，也是十分复杂的，主要是目前建筑市场不规范、建设法律法规不完善等外部环境，市场主体行为不规范、合同意识和诚信履约意识薄弱等主体问题，施工项目的特殊性、复杂性、长期性和不确定性等项目特点，以及施工合同本身复杂性和易出错误等众多原因导致的。

为了尽可能减少合同纠纷及违约事件发生，总体上，各方当事人需要提高和强化合同意识、诚信履约意识和合同管理意识，建立、完善和落实合同管理体系、制度、机构及相关人员，正确使用合同标准文本，提高风险管理能力和水平。在具体项目上，各方当事人都应从以下两方面入手解决问题：首先，签订合同要严肃认真；其次，在履约过程中，合同各方当事人应及时交换意见，或按标准合同条款规定，及时交与监理工程师，由三方协商解决，尽可能将合同执行中的问题分别及时加以适当处理，不要将问题累积下来算总账。

二、和解

（一）和解的含义

和解是指合同纠纷当事人在自愿友好的基础上，依照法律法规的规定和合同的约定，自行协商解决合同争议。

和解是双方在自愿、友好、互谅的基础上进行的。实事求是地分清责任是和解解决合同纠纷的基础。和解应遵循合法、自愿、平等和互谅互让等原则。和解的方式和程序十分灵活。适合双方当事人对合同纠纷的及时解决。和解具有局限性。和解所达成的协议能否得到切实、自觉的遵守，完全取决于争议当事人的诚意和信誉。如果在双方达成协议之后，一方反悔，拒绝履行应尽的义务，协议就成为一纸空文。在实践中，当争议标的金额巨大或争议双方分歧严重时，通过协商达成谅解是比较困难的。

（二）和解解决合同争议的程序

和解解决建设工程合同纠纷所适用的程序与建设工程合同的订立、变更或解除所适用的程序大致相同，采用要约、承诺方式。即一般是在建设工程合同纠纷发生后，由一方当事人以书面的方式向对方当事人提出解决纠纷的方案，方案应当是比较具体、比较完整的。另一方当事人对提出的方案可以根据自己的意愿，做一些必要的修改，也可以再提出一个新的解决方案。然后，对方当事人又可以对新的解决方案提出新的修改意见。双方当事人经过反复协商，直至达到一致意见，从而产生"承诺"的法律后果，达成双方都愿意接受的和解协议。对于建设工程合同所发生的纠纷用自行和解的方式解决，应订立书面的协议作为对原合同的变更或补充。

三、调解

（一）调解的含义

调解是指合同当事人对合同所约定的权利、义务发生争议，不能达成和解协议时，在经济合同管理机关或有关机关、团体等的主持下，通过对当事人进行说服教育，促使双方互相做出适当的让步，平息争端，自愿达成协议，以求解决经济合同纠纷。

合同纠纷的调解往往是当事人经过和解仍不能解决纠纷后采取的方式，因此与和解相比，它面临的纠纷要大一些。与诉讼、仲裁相比，仍具有与和解相似的优点；它能够较经济、较及时地解决纠纷；有利于消除合同当事人的对立情绪，维护双方的长期合作关系。

（二）调解的程序

通常可以按以下程序进行调解：①纠纷当事人向调解人提出调解意向；②调解人做调解准备；③调解人协调和说服；④达成协议。

（三）调解的种类

①行政调解，是指合同发生争议后，根据双方当事人的申请，在有关行政主管部门主持和协调下，双方自愿达成协议的解决合同争议的方式。

②法院（司法）调解或仲裁调解，是指合同争议诉讼或仲裁过程中，在法院或仲裁机构的主持和协调下，双方当事人进行平等协商，自愿达成协议，并经法院或仲裁机构认可从而终结诉讼或仲裁程序。调解成功，法院或仲裁庭需要制作调解书，这种调解书一旦由当事人签收就与法院的判决书或仲裁裁决书具有同等法律效力。

③人民（民间）调解，是指合同发生争议后，当事人共同协商，请有威望、受信赖的第三人，包括人民调解委员会、企事业单位或其他经济组织、一般公民、律师、专业人士等作为中间调解人，双方合理合法地达成解决争议的协议（书面、口头均可）。

四、争议评审（裁决）

（一）争议评审（裁决）的含义与种类

争议评审（裁决）是争议双方通过事前协商，选定独立公正的第三人对其争议做出决定，并约定双方都愿意接受该决定的约束的一种解决争议的程序。这是近年来解决国际工程合同争议的一种新方式。争议评审（裁决）方式的优点包括：①具有施工和管理经验的技术专家的参与，使处理方案符合实际，有利于执行；②节省时间，解决争议便捷；③解决成本比仲裁或诉讼要低；④评审（裁决）决定并不妨碍再进行仲裁或诉讼。

常见的争议评审（裁决）的种类有：①争议评审委员会（简称DRB）。②争端裁决委员会（简称DAB）。DAB有常设和临时两种类型，可根据项目的具体情况选择其中一种，也可两者都有。常设DAB是指从签订合同起，直至工程竣工止。有的项目，DAB会运作好几年。常设DAB通过对施工现场的定期考察，解决施工争议，适用于土木工程的施工。在施工合同中，DAB是常设的，合同双方应在开工后28天内共同指定DAB，对施工中发生的争议，在寻求DAB决定前，可共同征询DAB的意见，预知双方各自的权利，以避开争议决定后的风险。临时DAB是指仅在发生争议时组成的争议裁决委员会，争议解决后即行解散。临时DAB的成员也是临时选定的与争议有关的专家。采用临时DAB的目的是降低解决争议的费用。一般对于设备供应项目、工厂设备及设计—建造项目，因大量工作集中在工厂内而不是施工现场，为节省费用而选择临时DAB方式。

（二）解决争议的程序

①采用争议评审（裁决）解决争议的协议或条款。

②成立争议评审（裁决）组（委员会）。关于委员的选定，DAB与DRB均是在规定时间内由合同双方各推举1人，然后由对方批准。DAB是由合同双方和这两位委员共同推举第三位委员任主席，DRB则是由被批准的两位委员推选第三人。

③申请评审（裁决）。申请人向争议评审（裁决）组提交一份详细的报告（副本同时提交给被申请人和监理人）。

④被申请人向争议评审（裁决）组提交一份答辩报告（副本同时提交给申请人和监理人）。

⑤争议评审（裁决）组邀请双方代表和有关人员举行调查会。

⑥争议评审（裁决）组做出书面评审（裁决）意见。合同任何一方就工程师未能解决的争端提出书面报告后，DAB应在84天内做出书面决定（DRB在28～56天内）。

发包人或承包人接受评审（裁决）意见（执行）。不接受评审（裁决）意见，提交仲裁或提起诉讼。双方收到决定或建议书后，如在一定时间内（DAB为28天，DRB为14天）未提出异议，即应遵守执行。

五、仲裁

（一）仲裁的含义

仲裁，又称为公断，是当发生合同纠纷而协商不成时，由合同双方当事人根据自愿达成的仲裁协议，申请选定的仲裁机构对合同争议依法做出有法律效力的裁决的解决合同争议的方法。

仲裁协议是指双方当事人自愿将争议提交仲裁机构解决的书面协议。它包括：合同中的仲裁条款、专门仲裁协议以及其他形式的仲裁协议。仲裁协议应当具有下列内容：①请求仲裁的意思表示；②仲裁事项；③选定的仲裁委员会。

（二）仲裁的原则

①自愿原则。当事人采用仲裁方式解决纠纷，应当贯彻双方自愿原则，达成仲裁协议。如有一方不同意进行仲裁，仲裁机构即无权受理合同纠纷。

②公平合理原则，仲裁的公平合理，是仲裁制度的生命力所在。这一原则要求仲裁机构要充分搜集证据，听取纠纷双方的意见。仲裁应当根据事实。同时，仲裁应当符合法律规定。

③仲裁依法独立进行原则。仲裁机构是独立的组织，相互间无隶属关系。仲裁依法独立进行，不受行政机关、社会团体和个人的干涉。

④一裁终局原则。由于仲裁是当事人基于对仲裁机构的信任做出选择。因此其裁决是立即生效的。裁决做出后，当事人就同一纠纷再申请仲裁或向人民法院起诉，仲裁委员会或者人民法院不予受理。

（三）仲裁的程序

①合同当事人向仲裁机构提交仲裁的申请。仲裁申请书应依据规范载明下列事项：当事人的基本信息；仲裁请求和所根据的事实、理由；证据和证据来源、证人姓名和住所。

②仲裁的受理。仲裁委员会收到仲裁申请书之日起5天内，认为符合受理条件的，应当受理，并通知当事人；认为不符合受理条件的，应当书面通知当事人不予受理，并说明理由。

③仲裁委员会向申请人、被申请人提供仲裁规则和仲裁员名册。

④被申请人向仲裁委员会交答辩书，仲裁委员会将答辩书副本送达申请人。未提交答辩书的，不影响仲裁程序的进行。

⑤组成仲裁庭。仲裁庭不是常设机构，采取一案一组庭。仲裁庭可以由3名仲裁员（合议制仲裁庭）或1名仲裁员（独任制仲裁庭）组成。由3名仲裁员组成的，设首席仲裁员，当事人约定由3名仲裁员组成仲裁庭的，应当各自选定或者各自委托仲裁委员会主任指定1名仲裁员，第三名仲裁员

由当事人共同选定或者共同委托仲裁委员会主任指定。第三名仲裁员是首席仲裁员。当事人约定由 1 名仲裁员成立仲裁庭的，应当由当事人共同选定或者共同委托仲裁委员会主任指定仲裁员。

⑥开庭。仲裁应当开庭进行。当事人协议不开庭的，仲裁庭可以根据仲裁申请书、答辩书以及其他材料做出裁决，仲裁不公开进行。当事人协议公开的，可以公开进行，但涉及国家秘密的除外。

申请人经书面通知，无正当理由不到庭或者未经仲裁庭许可中途退庭的，可以视为撤回仲裁申请。被申请人经书面通知，无正当理由不到庭或者未经仲裁庭许可中途退庭的，可以缺席裁决。

⑦裁决。裁决应当按照多数仲裁员的意见做出，少数仲裁员的不同意见可以记入笔录。仲裁庭不能形成多数意见时，裁决应当按照首席仲裁员的意见做出。

仲裁庭仲裁纠纷时，其中一部分事实已经清楚，可以就该部分先行裁决。

对裁决书中的文字、计算错误或者仲裁庭已经裁决但在裁决书中遗漏的事项，仲裁庭应当补正；当事人自收到裁决书之日起 30 天内，可以请求仲裁补正。

裁决书自做出之日起发生法律效力。

⑧执行。仲裁委员会的裁决做出后，当事人应当履行。由于仲裁委员会本身并无强制执行的权力，因此，当一方当事人不履行仲裁裁决时，另一方当事人可以依照《民事诉讼法》有关规定向人民法院申请执行。接受申请的人民法院应当执行。

⑨法院监督。当事人提出证据证明裁决有下列情形之一的，可以向仲裁委员会所在地的中级人民法院申请撤销裁决：没有仲裁协议的；裁决的事项不属于仲裁协议范围或者仲裁委员会无权仲裁的；仲裁庭的组成或者仲裁的程序违反法定程序的；裁决所根据的证据是伪造的；对方当事人隐瞒了足以影响公正裁决的证据的；仲裁员在仲裁该案时有索贿受贿、徇私舞弊、枉法裁决行为的。

人民法院经组成合议庭审查核实，裁决有前款规定情形之一的，应当裁定撤销。人民法院认定该裁决违背社会公共利益的，应当裁定撤销。

　　（四）申请撤销裁决

　　当事人提出证据证明裁决有下列情形之一的，可以向仲裁委员会所在地的中级人民法院申请撤销裁决：①没有仲裁协议的；②裁决的事项不属于仲裁协议范围或者仲裁委员会无权仲裁的；③仲裁庭的组成或者仲裁的程序违反法定程序的；④裁决所根据的证据是伪造的；⑤对方当事人隐瞒了足以影响公正裁决的证据的；⑥仲裁员在仲裁该案时有索贿受贿、徇私舞弊、枉法裁决行为的。

　　人民法院经组成合议庭审查核实裁决有前款规定情形之一的，应当裁定撤销。当事人申请撤销裁决的，应当自收到裁决书之日起6个月内提出。人民法院应当在受理撤销裁决申请之日起2个月内做出撤销裁决或者驳回申请的裁定。

　　人民法院受理撤销裁决的申请后，认为可以由仲裁庭重新仲裁的，由于仲裁庭在一定期限内重新仲裁，并裁定中止撤销程序。仲裁庭拒绝重新仲裁的，人民法院应当裁定恢复撤销程序。

第八章 公路工程施工标准化的组织建设

第一节 施工标准化的概念、原理及作用

一、施工标准化的概念

施工标准化就是借鉴工业生产标准化理念，从整体的角度，系统地整合施工过程中的施工成本控制、施工质量控制、施工进度控制、施工安全管理、信息与档案管理、文明施工、环境保护、队伍管理和合同管理等工作，使其更加系统化、规范化、精细化，以此提升施工效率和水平，减少质量安全问题，并形成密切相关、交织科学的施工管理新体系。通过标准化施工，实现项目管理更加规范、施工场地更加有序、管理流程更加合理，工艺要求更加缜密，施工环境更加优良、项目实施过程的安全生产和文明施工更加到位。项目实施更能充分体现可持续、节约、绿色环保的需求。

二、施工标准化的基本原理

施工标准化的统一原理，是指为了保证施工所必需的秩序和效率，对施工交付物的形成、功能或其他特性，确定适合于一定时期和一定条件的一致规范，并使这种一致规范与被取代的对象在功能上达到等效。统一是为了确定同一类型施工对象的一致规范，其目的是保证建设工程所必需的秩序和效率；统一的原则是功能等效，即采用一种新的施工规范化技术以后，工程交付物应达到该建设工程所具备的必要功能；统一是相对的，即任何一种施工规范化技术施工的时间及条件都是相对的，随着时间的推移和施工条件的改变，旧的施工规范化技术就要由新的规范化技术所代替。

简化原理就是为了经济有效地满足需要，对施工标准化对象的结构、形式、规格或其他性能进行筛选提炼，别除其中多余的、低效能的、可换的

环节，精炼并确定出满足全面需要所必要的高效能的环节，保持整体构成精简合理，使之功能效率最高。简化原理包括以下几个要点：对施工单位而言，简化的目的是在保证施工过程及交付物满足要求的前提下。达到成本最优的目的；简化的原则是从全面满足需要出发，保持整体构成精简合理，并使之功能效率最高；简化的基本方法是对处于自然状态的对象进行科学的筛选提炼，删除其中多余的、低效能的、可替换的施工环节，精炼出高效能的能满足全面需要所必要的环节；简化的实质不是简单化而是精练化，其结果不是以少替多，而是以少胜多。

协调原理就是为了使施工过程及施工交付物的整体功能达到最优，通过有效的方式协调好施工过程系统内外相关要素之间的关系，确定为建立和保持相互一致，适应或平衡关系所必须具备的条件。协调原理包含以下要点：协调的目的在于使施工过程及施工交付物系统的整体功能达到最优，并产生实际效果；协调的对象是施工过程系统内相关因素的关系以及施工过程与外部相关因素的关系；相关因素之间需要建立相互一致关系、相互适应关系、相互平衡关系，对施工单位而言，协调的目的是在保证满足各个强制性要求的前提下，达到成本最优。协调的有效方式包括：有关各方面的协商一致，多因素的综合效果最优化，多因素矛盾的综合平衡等。

三、施工标准化的作用

①施工标准化为科学的施工管理奠定了基础。所谓科学施工管理，就是依据工程施工的发展规律和客观经济规律对施工过程进行管理，而各种施工的科学管理制度，都是以施工标准化为基础的。

②通过施工标准化可以有效降低工程项目的施工成本，提高企业的经济效益。施工企业通过标准化的施工，可以有效避免施工过程中的重复劳动。降低施工过程中人机料的无效消耗，缩短施工工期，确保施工质量安全；通过保障整个施工过程在科学有序的基础上进行，可以确保整个施工过程的高效、统一、协调等。

③施工标准化能够有效促进建筑施工领域的技术创新。通过施工标准化能够迅速将科研成果转化为生产技术，并通过标准化作业管理迅速在行业和企业内进行推广和应用，从而迅速促进建筑领域的技术进步。

④施工标准化能够有效保障整个工程系统中各施工环节之间的高度统

一与协调。随着社会经济水平的不断发展，人们对建筑物功能的要求越来越高，各类工程的施工条件及施工技术也变得越来越复杂，各种专业技术的分工越来越细，建筑施工对多专业的协作要求也在逐步提高，这些都要求施工企业通过制定和使用标准来保证各生产部门的活动，确保在施工技术上保持高度的统一和协调，以使生产得以顺利进行。因此，可以说施工标准化是工程建设现代化的前提和基础。

第二节 公路工程施工标准化管理的定义与内涵

一、施工标准化管理的定义

施工标准化管理的实质可以解释为：通过对可重复的施工过程及规律的不断总结，并对如何提高施工效率加以研究后，对相应的施工操作过程制定出的一系列施工操作规则、规范。施工标准化管理的本质作用在于提高施工效率——通过对可重复发生的施工活动制定成相应的规则和规范，达到减少人机料无效消耗、降低组织与组织之间，人与人之间、人与物之间的沟通成本，实现施工效率的整体提升。

施工标准化管理是一项复杂的系统工程，但建立一整套完整的管理体系，并遵循PDCA的施工管理模式，建立文件化的管理体系，应以预防为主、全过程控制、持续改进的指导思想，使施工组织与管理工作在循环往复过程中螺旋上升，实现施工管理水平的持续改进为目的。施工标准化管理的一个重要思想就是要求施工组织按照PDCA循环开展管理工作，周而复始地进行体系所要求的"计划、实施与运行、检查与纠正措施和管理评审"活动，实现持续改进的目标。因此，施工标准化管理主要包含以下两个相互关联的工作：①施工标准化程序的形成过程；施工标准化程序的形成过程包含了标准的研究、制定、实施以及修改等任务。②按标准进行施工过程管理；此阶段涉及人员机械的配置、施工工艺的选择、施工过程的控制、对施工标准化管理的过程及结果进行反馈等任务。

因此，施工企业要成功实现施工标准化管理应具备以下条件：①施工标准化应用的领域应为大量可重复性的施工过程，对于特殊的施工条件，特殊的施工环境，特殊的施工技术要求，不应推行施工标准化。②对于大量重复性的施工过程，应制定出优异的施工标准，且这种施工标准应不断完善、不断改进。当前社会，建筑领域的施工技术日新月异。因此，施工单位不应墨守成规，而应紧跟施工技术进步的步伐，不断改进施工标准化的程序，提高施工效益。③推行施工标准化管理的关键在于：施工企业具有有能力、有意愿，且能按标准严格执行的施工人员；所有的施工过程到最后都必须以施工技术人员的操作来得以实现。因此，施工人员的能力、意愿是推行施工标准化能否取得成功的基础和关键所在。

二、施工标准化管理的过程

根据高速公路施工项目的实际情况，标准化施工管理过程可以划分为五个环节：施工标准化的启动环节—施工标准化的规划环节—施工标准化的执行环节—施工标准化的监控环节—施工标准化的收尾环节。各环节的基本工作描述如下：

启动环节：获得项目授权，定义一个新项目或现有项目的一个新阶段，正式开始对该项目或阶段实施标准化施工管理的过程。

规划环节：明确该项目的施工范围，优化施工目标，为实现施工项目的目标体系而制订行动方案的一组过程。

执行环节：按照施工标准化流程完成施工项目管理计划中确定的工作以实现项目目标体系的一组过程。

监控环节：在标准化施工过程中，跟踪、审查和调整项目实施的进展与绩效，识别必要的计划变更并启动相应变更的一组过程。

收尾环节：为完结所有施工过程的所有活动以正式结束项目或阶段而实施的一组过程。

需要注意的是，在实际施工过程中，各个环节之间的表现不是彼此独立和界面清晰的，往往会以某些方式相互重叠和作用，所以标准化划分后，必须正确理解其运作形式。

三、施工标准化管理的对象

按照不同的分类方法，施工项目管理的对象可能被定义成不同的模式组成，而在施工标准化的管理模式中，应该从共性的基本组成出发进行定义。因此，可以按照"人、机、料、法、环"五大基本生产要素的构成来定义管理对象，使之成为最合适的一种标准。五大基本生产要素的分与合，既可以从细部详解施工目标，指导计划，分析成因，又可从整体出发构成施工的最终可交付成果。

管理对象之一——人（人力资源）：与施工项目有关的所有人员，可以称作项目干系人。在施工标准化管理过程中，人力资源管理不仅包括施工项目的内部人员还应包括与施工过程相关的业主、监理、设计、项目所在公司的管理人员及职能部门对应人员、可能引进的专家及顾问等外部人员。

管理对象之二——机（施工所需各种机械设备）：从系统的角度来看，施工标准化管理的机械不仅包括施工所需的各种机械设备，还应包括施工所需的"基础设施"，它是我们进行施工管理、完成施工任务所需要的各种实体工具，同时应包括对其所进行的一切有助于生产的保养、维修维护及更新。

管理对象之三——料（生产原材料与构件）：形成施工交付物的物资部分，应使用合格的或经过处理后能够满足产品要求的原料，避免因原料问题造成产品不合格。

管理对象之四——法（施工工艺与方法）：构成施工交付物的技术成分，合理的施工工艺能够降低施工成本，提高施工质量水平，因此合理的施工工艺加上正确的生产操作过程是构成合格产品的基础。

管理对象之五——环（施工环境）：包含设计施工的全部内外环境的总称。主要有人文环境、自然环境、施工现场安全文明环境。对于现场管理来讲，通过对生产环境的适应、监控和优化，可以有效规范生产、促进生产、规避风险。

推行施工标准化管理应对施工现场"人、机、料、法、环"五大生产要素的协调、有序管理做出标准化要求，尤其是注重工程施工对周边环境的影响，体现可持续发展观和绿色建筑的管理理念，实现场容场貌的秩序化，进而彻底扭转社会对工程施工现场"脏、乱、差"的传统印象，塑造全新的企业形象。

四、施工标准化管理的理念

对于施工单位而言，实行施工标准化管理的目的是要实现综合效益的最优，而施工标准化能否取得成功的关键要素在于"人"。因此，推行施工标准化管理的核心在于构建以成本控制为核心的人本管理体系。

　　高速公路施工标准化管理是为建立起科学系统的工程建设标准化体系，以科技成就和先进经验的综合成果为基础，依据国家高速公路建设规范要求。结合工程建设实际，对驻地建设、路基、路面、桥梁、隧道、房建、机电、绿化等工程建设，制定并执行统一的质量、安全、进度、环保和廉政风险等控制标准，并在同一项目中重复使用的管理规则，以保证工程建设质量、安全，实现经济效益、社会效益、环境效益的有机统一。推行高速施工标准化的目的是要达到综合效益最优的目标，因此，整个施工标准化管理的核心应围绕"成本最优"来展开。对于高速公路的施工而言，往往存在多种可以相互替代的施工技术方案及施工工艺，而在施工标准化管理过程中应综合考虑项目的长期利益与短期利益、企业经济效益与社会效益，选择最优的施工作业程序。

　　施工企业的经营管理理念主要依赖于企业的制度与文化，行为规范靠"硬"制度管理，思想意识靠"软"文化感染，在施工标准化管理过程中同样要依靠制度和文化两个方面的"软硬兼施"来保证项目的高效运行，并实现项目管理的持续改进。项目管理制度具有阶段性和针对性的特点，制度创新往往能够起到"立竿见影"的效果。而项目文化的建立需要一个长期的过程，对工程项目而言，文化是水，项目是舟；在工程项目文化有益于组织时，完成项目就如顺水推舟，不怎么用力，河水自然的力量会使项目向目标推进。工程项目文化对工程项目施工标准化的成本有着重要影响，在整个组织建设过程中，能够促使每一个组织成员明确他们的目标，激励每一个组织成员为组织目标的实现贡献自己的力量，并营造开放的合作氛围，使组织成员之间形成相互依赖、相互信任的和谐关系，形成具有战斗力的组织。

第三节　高速公路的组织结构与职责分工

一、工程项目组织结构的内涵与特性

（一）工程项目组织结构的内涵

　　组织结构是指集合一群人，为了达到共同的目的，通过权责的分配和层次结构的确定所构成的完整的有机体。组织结构的本质是组织员工分工协作的关系，其内涵是职、责、权方面的结构体系，目的在于建立和维持一个适宜的职务结构，即通过职务结构和职权关系的设计和维系，使每个人都了解其在组织中的工作关系和隶属关系，排除由于工作关系混乱和任务不明确给工作造成的障碍，营造一个默契配合的工作环境。简单地说，组织结构就是系统内的组成部分及其相互之间关系的框架，是组织根据系统的目标、任务和规模采用的各种组织管理架构形式的统称。

任何组织都是由人员、职位、职责、关系、信息等要素按照一定的联结形式排列组合而成的，由一个个职位或工作部门作为节点连接成的一个系统。组织结构要素就像是构成建筑物的基本素材，如钢筋、水泥、石子、黄沙、木材等，是组织这座"大厦"的基本构件。人员和职位是两个最基本的要素，是构成组织的"硬件"。根据系统的目标和任务，可以确定岗位和职位，再依据岗位和职位的需要，选择指派合适的人员。职责、关系、信息是组织不可缺少的重要因素，是构成组织的"软件"。职责是对于相应的职位所赋予的责任，组织的所有职位和岗位都规定有明确的责任。关系是指部门和职位之间的相互关系，如领导和被领导、指挥和被指挥等上下级关系，或是部门间横向的协作配合关系。信息是组织机体中的神经，如果失去信息交流，组织也就瘫痪了。组织内信息的表现形式一般是指令、计划、文件、数据和信号等。

组织结构设计涉及组织结构形式的选择、管理幅度的确定、组织层次的划分、工作部门的设置、管理权限和责任的分配方式、认定、管理职能的设置以及组织中各层次、各单位之间的联系沟通方式等问题。

（二）工程项目组织结构的特性

工程项目组织结构的特性包括三个方面：复杂性、规范性、集权性与分权性。

1.复杂性

复杂性是指工程项目组织结构内各要素之间的差异性，它由组织任务的分工层次、细致程度决定。组织结构的复杂性一般表现为垂直分化、水平分化、空间分化三个方面。垂直分化是指组织层级的深度或阶数，其确立了组织的等级结构和组织中的层次数，它是依据对各种不同职位的作用的具体而明确的规定建立起来的，在不同的层次上地位的差异也是显而易见的。在一个工程项目中，最高指挥层中的项目经理和最低作业层的施工员之间存在诸如项目副经理、职能部门经理等多个层级，层级数越多，表示工程项目组织结构越复杂。水平分化是指职能部门横向分工的细致程度。如工程项目中经常存在计划财务部、综合管理部、工程管理部、物资部等，水平分工越多，表明组织越需要各种专业知识与技能的人才，分化度越高。空间分化指组织的实体设施在地区上的分散程度，当空间分化度增大时，组织各部门之间沟通、协调、控制的难度也就加大了，这是工程项目组织的典型特征之一。

2. 规范性

规范性是指使用规则和标准处理方式以规范工作行为的标准化程度。组织的规范通常以书面形式明确下来，如项目部的规章制度、操作流程等，员工必须去了解和遵守，这样就使从事该工作的员工明确自己该做什么，怎么做，才能有效地保障工程项目有序、有效地运转。同时，这种规范化的工作也扼杀员工创造性，甚至可能会影响员工对工作的态度和工作满意度。

3. 集权性与分权性

集权性与分权性是指决策权的集中程度。由于工程项目组织是为某一特定工程项目组建的临时机构，工程项目组织成员多来自或隶属既有的某个组织，因此，工程项目组织决策权的集中程度体现在两个方面：一方面，工程项目组织的上级组织赋予项目组织全权处理工程项目管理相关事宜，是决策权下放的表现；另一方面，由于推行项目经理责任制，在项目组织中，项目经理具有绝对的权威性，这就使决策权相对集中。这种集权与分权相结合的组织结构一方面可以及时对市场变化做出反应，使决策更科学；另一方面充分体现责权对等的原则。

二、工程项目组织结构设计的原则

（一）任务目标原则

任务目标原则要求组织结构设计必须有利于工程项目目标的实现。任何一个工程项目的确立，都有其宗旨和目标。因而，工程项目中的每一部分都应该与既定的宗旨和目标相关联。目标层层分解，因目标设事、因事设部门定编制，按编制设岗位定人员，以职责定制度授权力。这样建立起来的组织结构才是一个有机整体，为总目标的实现提供保证。

（二）统一指挥原则

统一指挥原则要求任何下级只能接受一个上级的指挥，不得受到一个以上的上级直接指挥。上级不得越过直属下级进行指挥（但可越级检查工作），下级也不得越过直属上级接受更高一级的指挥（但可越级反映情况），这样就会在上下级之间形成一条清晰的指挥链。不应出现多头指挥的情况，否则不利于管理，效率低下。

要保证统一指挥，应该将有关组织全局的重要权力集中在组织的最高管理部门。例如，组织目标、方针、计划、主要规章制度的制定和修改权，组织的人事、财务权等，都必须集中在组织的最高管理层，以保证整个组织活动的协调一致。在实行统一指挥的同时，还必须实行分级管理。所谓分级管理，就是在保证集中统一领导的前提下，建立多层次的管理组织结构，自上而下地逐级授予下级适当的管理权力，并承担相应的责任。

（三）分工协作原则

分工协作原则要求组织机构的设置要实行专业分工，以利于提高管理工作的质量和效率。在实行专业分工的同时，又要十分重视部门间的协作配合，加强横向协调，以发挥管理的整体效率。

（四）集权与分权相结合原则

集权与分权相结合原则要求在处理上下管理层次的关系时，必须把必要的权力集中于上级与恰当的权力分散到下级正确地结合起来，两者不可偏颇。如果将所有的权力都集中于最高管理层，则会使最高管理层主管疲于应付琐碎的事务，而忽视工程项目的重大问题；反之，权力过于分散，各部门各把一方，彼此协调困难，不利于整个工程项目实现整体利益。因此，高层主管必须将与下属所承担的职责相应的职权授予他们，调动下层的工作热情和积极性，发挥其聪明才智，同时能减轻高层主管的工作负担，以利于其集中精力抓大事。需集中的权力要集中，该下放的权力要大胆地分给下级，这样才能增加工程项目组织的灵活性和适应性。

（五）权责对等原则

权责对等原则要求组织中的每个部门和部门中的每个人员都有责任按照工作目标的要求保质保量地完成工作任务，同时，组织也必须授予与之相适的管理权力，实现职权与职责对等。职责不像职权那样可以授予下属，它作为一种应该履行的义务是不可以授予别人的。职权应与职责相符，职责不可以大于也不可能小于所授予的职权。

（六）稳定性与适应性相结合原则

稳定性与适应性相结合原则要求工程项目组织既要有相对的稳定性，不能频繁变动，又要随外部环境及自身需要随时做相应调整。一般来讲，一个工程项目有效运转能维持一种相对稳定状态，工程项目成员对各自的职责和任务越熟悉，工作效率就越高。但是外界环境是在变化的，当相对僵化、低效率的组织结构已无法适应外部的变化时，组织结构的调整和变革不可避免，组织的各个部门、部门中的人员可以根据组织内外环境的变化而进行灵活调整与变动，工程项目才会重新充满活力，提高效率。

三、工程项目组织工作部门设置与职能设计

（一）工作部门设置

工作部门应根据组织目标和组织任务合理设置。每一工作部门都有一定的职能，完成相应的工作内容，并形成相互分工，相互配合、彼此相协调的组织系统。确立一个工作部门，同时需要确定这个部门的职权和职责，做到责任与权力相一致。

1. 工作部门设置方式

（1）职能部门化

这是最普遍采用的一种划分方法。即按专业化准则，以工作或任务的性质为基础来划分部门。按重要程度可分为：基本的职能部门和派生的职能部门。职能部门化的优点：有利于专业人员的归口管理，易于监督和指导。有利于提高工作效率。缺点：容易出现部门的本位主义，决策缓慢，较难检查责任与组织绩效。

（2）生产（产品）部门化

按组织向社会提供的产品来划分部门。如建筑企业可能会依据其产品类别划分出住宅项目部、铁道工程部、桥梁隧道部、水利工程部等部门。产品部门化的优点：可提高决策的效率，便于本部门内更好地协作，易于保证产品的质量和进行核算。缺点：容易出现部门化倾向，行政管理人员过多、管理费用增加。

（3）地区部门化

按地理位置来划分部门。如跨国公司依照其经营地区划分的各个区域性事业部。地区部门化的优点：对本地区环境的变化反应迅速灵敏；便于区

域性协调；有利于管理人员培养。缺点：与总部之间的管理职责划分较困难。

（4）服务对象部门化

按服务的对象类型来划分部门。如银行为了给不同的顾客提供服务，设立了商业信贷部、农业信贷部和普通消费者信贷部等。服务对象部门化的优点：可以有针对性地按需生产、按需促销。缺点：只有当顾客达到一定规模时，才比较经济。

2.影响部门设置的因素

（1）系统性

工程项目管理的特征是权力集中，但机构多、人员多、协调难。因此，要打破以往按职能划分的习惯，通过流程重组，优化管理流程和组织结构。

（2）经济性

为了实现工程项目成本最小化和效益最大化，必须考虑部门设置的经济性问题。设置任何一个部门，都需安排管理人员和业务人员，确定办公地点，以及必要的费用支出，如办公费、差旅费、电话费等。因此，在设置一个部门时，管理及办公费用是必须考虑的因素。

（3）控制因素

工作如何在不同岗位之间和部门之间分配，并在整个流程中形成制约关系对实现有效控制有着重要的影响。部门的设置，在很多情况下要考虑有助于控制的因素，如某一作业是另一项作业的控制点，如生产与质检、会计与出纳等，这类作业一般来说应该划分成不同的岗位。

（4）服务与保证

设置部门时，还要考虑岗位之间或部门之间的服务或保证关系。传统观念是下级服从上级，现代工程项目管理在处理工作岗位或部门之间的关系时，应遵守工序服从原则，下一道工序的管理者可以监管上一道工序管理者。

（5）专业化

设置部门时，要尽可能配备专业人员、相同的专业人员尽可能地分派在一个部门，这样可以在部门中更有效地行使某种管理职能，并使其符合"规模经济性"的原则，在实际管理流程中，需要具备某些特定的知识和技能，此种需要越迫切，在设置部门时，对此类知识和技能考虑也将越多、越深刻。

（6）人性的因素

由于内部摩擦和互相推诿，一个不合理的组织结构即使有最好的人才，也会造成浪费。这种组织不可能留住和培养优秀的人才。也不可能吸引高质量的新人进入这个组织。因此，在设置部门时，应在有关人性方面给予足够的考虑。

（二）职能设计

工程项目组织要根据其目标任务设计经营、管理职能。如果工程项目组织的某些职能不合理，就需要进行调整，对其弱化或取消。职能设计的一般步骤如下：

1. 列出职能清单

将工程项目中的全部作业归并为由若干不同的管理岗位承担的工作任务，再将若干工作归并为若干职能。凡是实现工程项目战略所必需的职能，全部要列出。同时，职能的分列应注重逻辑上的严谨，不能交错重复。

2. 明确各种职能之间的关系

联系紧密的职能应置于同一个管理子系统内，便于协调；相互制约的职能不能由同一个部门承担，否则不利于监督控制。

3. 分清主要职能与辅助职能

按职能在实现工程项目战略目标过程中的重要性，有主要职能与辅助职能之分，主要职能的工作对组织的生存至关重要，承担主要职能的部门是关键部门，应将其置于组织结构的中心地位。如果颠倒了主要职能与辅助职能的位置，组织结构的设置就不合理。

4. 落实各种职能的职责

在列出职能清单的过程中对各种职能的具体职责应有一个大致的考虑。但是，作为规范的职能设计，还必须细化职责，全面落实，以便进一步做好流程设计。

四、高速公路项目办各职能部门工作职责界定

（一）项目办经理职责

以科学发展观为统领，紧密围绕上级主管部门的决策部署，在上级主管部门领导下，全面负责项目建设的各项工作，职责如下：

①按照项目法人责任制、工程招标制、合同管理制原则，履行对公路

建设项目招投标，施工质量、进度、安全、投资控制及建设资金管理的领导责任。

②负责签署重要文件及合同，按照民主集中制的原则对公路建设项目中的重大问题提出处理意见。

③抓好投资控制，组织项目的各项实施计划、资金和财务实施计划。

④履行安全生产第一责任人职责，严格按照国家有关安全生产的法律、法规，建立健全安全生产体系，确保各施工单位做到安全生产、文明施工。

⑤加强与沿线各级政府的联系，协调好各方关系，维护沿线人民群众利益，为施工单位创造良好的施工环境，确保工程顺利推进。

⑥全面抓好公路建设项目的结（决）算和工程的交（竣）工验收组织工作，接受国家对概、预算执行情况的审计，做好善后工作。

⑦严格贯彻执行各级纪检监察部门的廉政规定，带头廉洁自律，自觉接受监督，健全实施与地方检察部门共建的预防职务犯罪的工作机制。

⑧团结带领全体干部职工，发扬无私实干的奉献精神、负重克难的进取精神、敢为人先的创新精神、优质快速的高效精神，全力推进项目建设。

（二）项目办常务副经理职责

①深入各项目施工现场，抓好施工现场人员的管理，抓好工程施工各个环节的质量、进度、安全检查，下达质量整改和处罚指令，及时要求各施工单位做好存在问题的整改和上报。

②做好项目建设标准化施工实施检查、交流、评比、总结；负责项目建设档案的管理，搞好建设档案的各项组件的收集、整理和立卷。

③参与项目新材料、新工艺的应用试验和科研项目的实施。

④创新项目建设物资管理工作思路，建立健全各项物资的管理制度和工作程序，抓好统供物资从招标、供应、运输、现场堆放、仓储、使用与核算等环节的管理，确保物资供应的及时到位。

⑤协助项目总工程师抓好工程设计变更、新增单价、工程计量的审批工作、结（决）算工作。

⑥组织工程技术人员学习、掌握各类工程技术规范、规程和标准。

⑦协助项目总工程师把科研与生产相结合，坚持科研为生产服务，大力组织开发、推广应用新技术、新工艺、新设备、新材料，提高工程技术人

员的科学技术业务和管理水平。

⑧指导、支持和鼓励工程技术人员多提合理化建议，总结推广先进经验，开展群众性技术创新活动，组织完善和优化设计。

⑨协助项目总工程师及时审核工程变更，完善和优化技术方案。

⑩领导技术资料和技术档案的管理工作，开展技术情报工作，组织技术交流、协作和科学技术活动

（三）项目办总工程师职责

①贯彻执行国家有关技术政策及上级技术管理制度，对项目施工技术工作全面负责。

②执行国家和交通部技术标准、规范、规定。

③协助项目办经理组织指挥生产，主要抓好施工技术管理。

④直接领导施工中的技术、安全、质量和环保等工作。

⑤负责组织编制《实施性施工组织设计》和施工形象进度计划。

⑥负责解决重大工程技术、安全、质量和环保问题。

⑦负责推广应用科技进步成果，主持编制工程项目科研及技术、质量攻关计划，并组织实施。

⑧负责审核签发变更设计报告。

⑨组织项目技术交流和职工岗前培训，制订年度培训计划并指导实施。

⑩负责对所属单位工程技术干部的考核与管理。

第九章 公路工地的标准化建设

第一节 工地建设标准化的内容和作用

一、工地建设标准化的内容

工地标准化建设可以明显减少人为主观因素对工程质量的影响，充分保证各项生产活动的高效进行，对于保持施工现场的生产秩序和实现企业的经济效益目标具有很大的促进作用。工程建设活动不同于制造业生产，在制造生产中，产品是流动的，需要不同固定岗位的人来完成不同的工序，最后完成产品。而在建造生产过程中，产品是固定的，需要流动的人通过不同的工艺手段完成工程实体。因此，工程建设过程中人员游走、材料流动相比制造业显得更为复杂，所以需要对这些生产活动加以严格规范，建立起一套可以控制其行为状态的标准，保证建设施工的正常有序进行。只有通过工地标准化建设的实现，才能使工程质量有系统性的保障，推进工地标准化建设是实现精益建造的必经之路。

施工场地的建设往往是传统工程项目管理容易忽视的环节，然而许多工程管理经验和教训表明：工地建设的标准化对于提升项目管理水平具有十分重要的作用，而工地建设标准化的核心和灵魂是混凝土集中拌和、梁片集中预制、钢筋集中加工。这三个集中，是通过构件的集中生产提高生产效率和工程质量。工地建设涵盖了项目部驻地建设、工地试验室建设、便道建设、工地施工平台建设、混凝土集中拌和站建设、梁片集中预制场地建设、钢筋集中加工厂建设等内容。其中，混凝土集中拌和、梁片集中预制、钢筋集中加工，这"三集中"是工地建设标准化的核心和灵魂，也是工地建设标准化管理的重点。

二、工地现场管理标准化

（一）现场整洁

施工所需的各类机械设备、工具材料进场后要进行分类码放，做到摆放整齐，查找方便；对于特殊的材料如水泥、钢材等要进行防水防潮保护，最好设有单独的储存室；对于沙石、木板的堆放要符合安全性的要求，同时要方便取用；对施工场地进行分片划区，根据功能的不同，划分出不同区域，如生活区、施工区、材料区等，并安排专人管理。

（二）设施规范

现场设施既包括施工设施，也包括生活设施。生活设施如移动板房、临时厕所等要遵循安全文明的原则，水管线路的设计要合理，对电线进行隐蔽处理，严禁随意改动水电线路和破坏设施的行为。施工设施规范要求施工人员遵守工作程序和规范，如进入工地现场必须佩戴安全帽、使用大型机械必须经过批准、高空作业必须佩戴安全防护用具、特种作业人员必须持证上岗等，对于强度未达要求的混凝土地面要进行警示，使用各类机械设施要遵守说明书和使用规范。

（三）标牌齐全

按照建筑法等有关法律法规要求，无论是施工场地还是仓库，都要设置统一的、规范的安全提示牌。物资分类堆放，标志牌一定要清晰明了；无论办公区还是生活区的门牌标志都要设置齐全；在人员参与多、工作密度大的场地集中设置安全提示牌；在施工现场出入口必须设置符合规定的五牌一图；推行工序卡制度，在工程换岗交接时一并转交工序卡；在建筑实体显眼处悬挂安全施工标语；在危险施工区域挂牌明示禁止非操作人员进入。

（四）环保达标

施工现场每天产生的建筑垃圾总量巨大，为了减少污染，保持现场干净整洁，必须每天对各类垃圾进行集中处理。确保施工场地的建筑废水和生活污水排放畅通；员工的生活区要进行定期消毒，保持生活用品摆放整齐、厨房明亮卫生；施工用土和堆土要避免对周围环境的破坏，不得污染附近的土壤和水源；项目验收通过之前，要整理施工现场，要求做到不留污染源、不留安全隐患。

三、工地建设标准化的作用

①传统的施工场地建设往往采取多点分散的管理模式，工地建设存在的随意性和非标准化等问题往往容易导致项目管理成本增加、质量控制难度加大、风险因素增多、施工形象弱化等问题的产生。而工地建设标准化的提出，尤其是"集中生产"原则的贯彻，能够化繁为简，能降低项目的管理成本及潜在的风险成本。

②工地建设标准化推行的集中生产实现了传统分散生产向集中式工厂流水作业的转变，一方面，能够改善施工人员的工作环境，促进员工工作积极性和工作效率的提升；另一方面，通过集中的机械化生产能够极大地提高施工效率。

③标准化工地环境改变了以往点多面广的分散监控模式，更有利于质量控制，可以减少管理中的不利人为因素。首先，通过集中采购管理及进场检验更利于原材料质量控制，可充分保证原材料的优质合格。其次，生产过程中的工艺规范化、标准化，能及时地实现过程控制的信息收集处理和优化。最后，工厂化集中生产使产品的生产条件、检验标准处于一种更加可控的状态，从而更好地保证了构件的质量。

第二节 驻地建设标准化

一、驻地选址

①项目经理部驻地房屋可采用自建活动板房，也可租用沿线合适的单位或民用房屋，但必须坚固、安全、耐用，并满足工作、生活要求。宿舍不得建在尚未竣工的建筑物内，项目部驻地建设应包括农民工营地的建设。

②自建用房的驻地选址应避免设在可能发生塌方、泥石流、水淹等地质灾害区域及高压电线下面（与高压线水平距离不小于8米），避开取土、弃土场地，离集中爆破区500米以外，同时确保有便利的交通条件和通电、通水、通信条件。

二、驻地建设标准

①项目经理部办公区、生活区及车辆、机具停放区等功能设置应科学合理，必须分区设置。区内场地及主要道路应做硬化处理，整平、无坑洼和

凹凸不平，雨季不积水。

②土建、路面等主体工程项目经理部办公、生活用房建筑面积一般不宜小于 3000 平方米；若租房场地面积可适当减小，但必须对房屋外墙和室内进行适当装修，体现企业文化特点；其他附属工程项目经理部用房建筑面积和场地占地面积应满足办公和生活需要。对于山区高速公路项目，项目经理部驻地可结合选址实际，适当减小。

③项目经理部生活饮用水如条件允许，尽可能使用自来水；如自找饮水源，应对水源进行专门机构化验鉴定，符合饮用水标准后方能使用。

④项目经理部生活、生产污水应做处理，符合排放标准后才能排入相邻水系，生活、生产垃圾要定点堆放，严禁乱扔乱弃。要求排水设施完善，庭院适当绿化，环境优美整洁。项目部公共场所应设置功能分区平面示意图，指路导向牌及宣传牌。

三、办公室、生活用房标准

①项目经理部办公用房面积和办公家具应满足办公规范化的要求，人均办公用房面积不小于 8 平方米，人均生活用房面积不小于 6 平方米；每个项目经理部须设一间不小于 80 平方米的会议室，能满足不少于 60 人开会的要求。

②生活用房一般应设宿舍、食堂、浴室、厕所等，具备条件的要设文体活动室或活动场地。

③办公区和生活区内必须配置必要的消防安全器具和消防安全标识（志），建立安全、卫生管理制度，落实专人维护和保洁。

④应当选择在通风、干燥的位置，防止雨水、污水流入。

⑤建筑采用阻燃材料，每组最多不超过 12 栋，栋与栋之间的距离：城市不小于 5.0 米，农村不小于 7.0 米。

⑥每栋用房其长度以 36 米、层高以 2.5 米左右为宜。

⑦饭堂等公共活动场所的门宽度不应小于 1.4 米。

⑧建筑面积每达 800 平方米，要在中心地点设手动（或电动）消防水泵一台及不小于 20 立方米消防水池一个；每栋用房均应配备 6～8 个灭火器，设置一个 2 立方米的消防（兼生活）水池一个。

⑨宿舍用房应保证室内有足够的空间，每栋居住人数不超过 100。每间

居住人数不超过16。门窗要向外开，门口及室内通道宽度不小于1.2米。

⑩宿舍内的单人铺不得是过2层，严禁使用通铺，床铺应高于地面0.3米，人均床铺面积不得小于1.9米×0.9米，床铺间距不得小于0.3米。

⑪宿舍内应设置生活用品专柜，个人物品摆放整齐。洗过的衣物不得随意晾晒，要有专门的晾衣处。宿舍地面应用水泥砂浆找平硬化，有条件的可铺砌瓷砖。

⑫宿舍区与食堂严禁连成整体，食堂与宿舍的间距不得小于15米，宿舍内严禁有易燃、易爆物品，严禁在宿舍内生火做饭和使用大功率电器设备。

⑬食堂必须符合要求，设置在距离厕所、垃圾站、有害场所等污染源20米以外的地方。食堂应设置独立的制作间、储藏间，地面应做硬化和防滑处理，配备纱门、纱窗、纱罩等。

⑭厕所应设置为通风良好的可冲洗式厕所，并设有符合抗渗要求的带盖化粪池，厕所必须分设，蹲位不得少于现场职工人数的5%。

第三节 工地实验室建设标准化

工地实验室是指公路工程建设从业单位在工程现场为质量控制和检验工作需要而设立的临时实验室。建设应满足《公路水运工程试验检测管理办法》的有关规定，由取得《公路水运工程试验检测机构资质等级证书》（等级证书）的试验检测机构（母体试验检测机构）授权设立，且授权的试验检测项目和参数不得超过其等级证书核定的业务范围。母体试验检测机构对工地实验室的试验检测行为及结果负责。

施工、监理单位应该在工程正式开工前，根据合同承诺，经授权在工程现场设立与工程内容相适应的工地实验室。不具备设立工地实验室条件的施工、监理单位和有需要设立工地实验室的建设单位，可委托取得"等级证书"和"计量认证证书"的第三方试验检测机构在工程现场设立。

工地实验室应经有权单位组织认定合格。并取得批准后方可正式展开试验检测工作。工地实验室若设置在施工单位项目部或总监办驻地，可不另设会议室。此外，若场地允许可考虑增设如烘箱、沸煮箱等大功率加热设备专用室。

设备配置应满足投标文件承诺要求，并能够适应工程内容及规模相关要求。设备精度、量程等技术指标应满足试验规程相关要求。实验室应配备必要的试验辅助器具、工具及试验物资，且应根据试验项目工作量的大小配备充足的交通工具及办公设施，至少配备1辆专用汽车。实验室通风、照明良好，并配有防暑、降温、取暖设备。

试验仪器、设备安装应按照设备使用说明书或试验规程相关要求进行。若设备需要安设基座与其固定，应在实验室建设时根据布局设计基座，基座顶面应保持水平，待设备就位调平后采用地脚螺栓进行固定。对基座有隔振要求的应设立不与其他建筑物直接相连的独立混凝土台座，周围存在振源时应在地面与台座间设5毫米厚橡胶垫。压力机、万能材料试验机等力学设备应设置金属防护罩或安全防护网，使用的防护网（罩）应安全、美观、方便操作。各功能室电源插头宜齐整铺设且高出地面1.3米以上，操作台高度宜控制在70～90厘米，台面宽度宜为60～80厘米，台面为混凝土或铺设地板砖，操作台下设置带有框门的储物隔框。

试验与检测。实验室应当严格遵循独立、客观、及时、准确的工作原则，按照现行的国家或行业标准、规范和规程展开工地试验检测工作。试验检测数量应达到规定的要求。开展的试验检测项目不得超出认定的项目及参数范围，对认定范围以外的试验检测项目及参数应经建设单位认可后，委托具有相应"等级证书"的试验检测机构承担。特殊材料的取样和送检工作，可由建设单位组织施工单位和监理单位联合进行。并送到具有交通行业资质的试验检测机构进行试验。

仪器设备安装完成，需经地方计量认证部门对各类检测设备进行标定。应建立健全各项工作制度和管理制度，如试验检测工作程序，试验检测人员岗位责任制度，仪器设备、档案资料、样品管理、安全、环保、卫生制度等。各项规章制度和主要设备的操作规程应上墙。工程项目开工前，应由建设单位组织监理、施工单位收集齐全本工程项目所需的现场验收的试验规程、规范和相关标准。并编辑目录清单下发相关文件予以明确执行试验人员作业前应按设备的操作规程进行检查，作业中应严格遵守劳动纪律，执行操作规程和有关的安全管理制度，作业后应及时做好设备的使用、维护、保养记录。对要求在特定环境下储存的样品，应严格控制环境条件。易燃、易潮和有毒的危险样品应隔离存放，做出明显标记。实验室内环境应保持整洁卫生；试验废弃原材料回收或存放应符合环保要求；对电磁干扰、灰尘、振动、电源电压等应严格控制，对发生较大噪声的检测项目应在装有隔音设施的功能室进行检测。应配备发电机组，保证试验检测工作正常、连续。实验室电路应为独立专用线，在总闸及力学室、标准养护室应安装漏电保护器。应根据项目混凝土试块堆放场地，容量应满足储存3个月内所有混凝土试块数量。

第四节 混凝土搅拌站建设标准化

一、场地选址

拌和站选址主要考虑构筑物分布、通电、通水、运输条件，靠近主体工程，远离居民区、生活区，设在居民区、生活区的下风口。拌和站需集中布置、封闭式管理，四周设置围墙，场地硬化，入口设置彩门和值班室。根据场地划分为拌和区、作业区、材料计量区、材料库、运输车辆停放区、试验区。集料堆放区，内设洗车区、污水沉淀池、排水系统。搅拌站尽量接近主体工程施工部位，缩短混凝土运输距离。搅拌站周围必须有满足施工需要的水源，且远离居民区。搅拌站应规避崩塌、滑坡、水淹等不良地质灾害区域。

二、场地布置

①搅拌站面积根据搅拌站规模确定，且必须满足材料存放和建筑备料的需要。②合理布置搅拌站搅拌机组、砂石料场、水泥库房、试验室、办公室以及职工宿舍等的平面位置。拌和站的办公区及生活区应同其他区用砖墙等隔离开。③搅拌站必须设避雷针，数量满足覆盖整个搅拌站；同时设置不少于1处的安全标语，搅拌主机立柱粘贴反光纸。

三、场地建设

①搅拌站须修建围墙封闭；场地必须使用C20及以上强度等级混凝土硬化，厚度不小于20厘米；进、出搅拌站便道采用20厘米厚C25混凝土硬化。

②搅拌站场地内设排水系统及污水处理池，严禁场地积水。

③水泥罐基础以桩基或扩大基础为宜，并设专用接地网与楼体、粉料仓保证可靠的电气连接；计算机控制系统应设有独立的接地网。

④若搅拌站为单个水泥罐，则罐体地面固定拉线不少于3根；在每一

个罐体绘制"××高速"以及施工单位简称，两者竖向平行绘制，字体醒目，便于识别。

⑤设置信号管理系统，保证混凝土搅拌运输车、搅拌系统与控制室的联系。

⑥作业平台、给料仓、骨料仓、水泥仓等涉及人身安全的部位均应设置安全防护装置；传动系统裸露的部位应有防护装置和安全检修保护装置。

⑦搅拌站与办公区及生活区或周围其他建筑物的距离不得小于单个水泥罐的高度且不小于 20 米。

四、搅拌机及部件

①搅拌机配置应根据搅拌站规模确定。

②搅拌主机为封闭式强制型；料仓不少于 3 个，需设防雨棚，且料仓间挡板具有足够高度，防止串料；配料机应支腿加固。

③搅拌控制室安装 1 台分体式空调，保证各部电气元件正常工作。

④搅拌站拌和设备要求采用质量法自动计量，水、减水剂计量必须采用全自动电子称量法计量，禁止采用流量或人工计量方式，保证工作的连续性、自动性，电脑控制具备打印功能。

⑤拌和机操作房前醒目位置应悬挂混凝土配合比标识牌，标识牌采用镀锌铁皮制作，尺寸 0.6 米 ×0.8 米，油漆喷涂确保不褪色，数字采用彩笔填写，字迹工整清晰。标识牌内应包括以下内容：混凝土设计与施工配合比（含外加剂），粗细骨料的实测含水量及各种材料的每盘使用量等。

⑥搅拌站应配置不少于 3 个水泥罐，且水泥罐应设置冷却设备，确保水泥搅拌温度，做到检验合格后再用。水泥储存罐应配备必要的除尘设置。

五、材料存放

①砂石料场必须设防雨棚，高度满足机械设备操作空间；料场采用厚50 厘米的混凝土隔墙分隔，高度不低于 2.5 米，必须确保各个料仓间不串料，并设置相应的质量状态标识，标识包括材料名称、产地、规格、数量、进料时间、检验状态、试验报告号、检验批次等。

②袋装水泥、减水剂等集中存放在库房内，库房采用彩钢板搭设。高度、面积必须满足堆放数量的要求，下部铺设木板，高度为离地面 30 厘米。

六、混凝土搅拌运输车

①运输车数量不少于3辆，且满足混凝土浇筑连续性的需要。

②运输车储料罐必须密封，不漏浆，容量不小于6立方米。

七、文明施工

①根据场地条件合理设置废水沉淀池和洗车池，布设排水系统，设置明显标识；针对污水排放设置合理的三级以上的过滤池。

②地面应定期洒水，对粉尘源进行覆盖遮挡。

③每次混凝土拌和作业完成后，及时清洗机具、清理现场，做到场地整洁。

④临近居民区施工产生的噪声不应大于现行的《建筑施工场界噪音界限》的规定，否则应进行监控。

⑤应根据需要设置机动车辆，设备冲洗设施、排水沟及沉淀池，施工污水处理达标后方可排入市政污水管网或河流。

⑥施工机械设备产生的废水、废油及生活污水不得直接排入河流、湖泊或其他水域中，也不得排入饮用水附近的土地中。

⑦水泥、粉煤灰等材料进料时，要注意材料罐顶的密封性能，当粉尘较大时，应暂时停止上料，待处理完后方可继续。

⑧定期由专人进行拌和站的清理和打扫，保持拌和站内卫生。

第五节 预制场建设标准化

一、预制场标准化建设总体要求

预制场标准化建设按实施步骤具体分为以下几点：第一，确定建设的总体要求；第二，根据项目实际情况进行综合分析，选址；第三，依据梁预制工程量、预制工期确定台座、模板数量，进而明确预制场的建设规模和数量。结合项目区域的特点、难点，遵循下列要求对梁场进行总体规划。

场地建设前施工单位应将梁场布置方案报监理工程师审批，方案内容应包含各类型梁板的台座数量、模板数量、生产能力、存梁区布置及最大存梁能力等。按工期要求，合理计划预制场建设与桥梁下部结构施工工期，基本做到墩梁同步，避免出现"梁等墩"及"墩等梁"。

二、预制场选址及布置形式

（一）预制场选址

预制场选址应遵循方便、合理、安全、经济，满足工期要求，结合所属预制梁板的尺寸、数量、架设要求、运输条件综合选定，梁板布置方案应包括台座数量、模板数量，生产能力，存梁区布置、最大存梁能力。场地按封闭式管理，按办公区、生活区、构件加工区、制梁区、存梁区、废料区合理设置，标识清晰。各施工区域布置应合理、场地占地面积应满足施工需要，且不小于6000平方米。

小型构件预制场选址应遵循方便、合理、安全、经济，满足工程量、满足工期要求。场地需做硬化处理，分为构件生产区、存放区、养护区、废料处理区，合理设置，标识清晰，并设置排水设施。

（二）场地布置

①预制场一般设置办公生活区、材料堆放区、钢筋加工区、混凝土拌制区、预制区、存梁区等。各施工区域布置应合理，场地占地面积应满足施工需要。

②在进入预制场路口处明显位置设指路牌1块；场内相应位置设场地平面图、工艺流程图（分预制、张拉、压浆等）、质量检验标识牌（分预制、钢筋、张拉等）、安全警示牌、安全操作规程（龙门吊、张拉机具等）、文明施工牌等各1块。在机械设备的醒目位置悬挂机械操作安全规定公示牌。

③吊装作业区、安全通道应设置禁止标志；龙门吊设置与高压线保持安全距离，司机岗位职责、岗位安全操作规程牌（0.8米×0.55米）随机挂设，"施工重地，注意安全"警示牌（0.6米×0.4米）置于龙门吊下。预制场的制梁区、存梁区、构件加工区等各生产区域应设置明示标示。钢筋绑扎区在明显位置应设置标识牌。张拉台座两端应设置指令标志，并设置防护板。台座两端设防护网和安全警示标志。

④预制场标准化建设的规模，应结合预制梁的数量和预制工期等参数来规定预制场规模和相关设备配备。

（三）预制场建设标准化总体布局

在确定预制场选址后，参照项目施工组织设计、施工进度计划，对项目的梁板预制数量、预制工期计算确定台座、模板数量，最后根据桥梁分布位置、梁运距进行总体布局。

1. 台座数量的确定

①依据施工进度计划梁板预制的工期确定每月生产量 Q。

②计算每个台座的月生产能力（周转次数）：计算每片梁钢筋绑扎、模板安装、混凝土浇筑，张拉压浆的时间 t_1（单位：h），确定龄期、养护的时间 t_2（单位：d）；确定每片梁占用台座的时间：T（d）=t_1/12（考虑晚上不能连续作业，此类作业每天按 12 小时计算）+t_2；确定每个台座的月生产能力：Q_1=30/T，去小数取整。

③台座数量 =Q/Q_1（依据经验考虑台座利用效率）。

2. 模板数量的确定

①依据施工进度计划预制的工期确定每月生产量 Q（分中梁 Q_1、边梁 Q_2）。

②计算每片梁占用模板的模板安装、混凝土浇筑的时间 t_1（h），龄期时间 t_2；确定每片梁占用模板时间：T（d）=t_1/12（考虑晚上不能连续作业，此类作业每天按 12 小时计算）+t_2；确定每个台座的月生产能力：Q_1=30/T。

③确定模板数量 =Q/Q_1（依据经验考虑模板利用效率）。

（四）预制场标准化建设总体平面布置

①为满足施工的实际需要，以"因地制宜"原则对项目预制场进行总体布置。

②预制场宜采用封闭式管理，场地内宜按办公区、生活区、制梁区、存梁区、构件加工区、废料处理区等科学合理布置，预制场宜设置视频监控系统。生活区应与其他区隔开，且面积不小于 6000 平方米。

③当场地条件完全满足工程需要时，可按相关要求建设标准化预制场。

三、预制场标准化建设

（一）办公及生活区建设

农民工驻地应满足以下要求：依据梁场工程量大小编制农民工使用计划，计划应明确不同时期的农民工数量。农民工驻地必须满足消防、卫生、保温、通风及防洪防灾等要求，明确划分施工区和生活区且设施配备齐全。人均面积不小于 2.5 平方米，禁止使用通铺、地铺。场地规划建设时要按不同的使用功能隔离，不能连接成整体，须预留安全通道；必须远离炸药库、油库等易燃、易爆危险物品；防火、配电设施必须满足要求；租用民宅作为施工驻地的，同样按照以上条件要求，严禁租用危房。

（二）场地准备

预制场设置在挖方段时，应清理边坡危石，修复破损边坡，最好在挖方边坡防护、支挡工程完成以后修建预制场，确保预制期间的施工安全；预制场设置在填方路堤或线外填方场地时，为防止产生不均匀沉降变形而影响桥梁预制的质量，应对场地分层碾压密实并对台座基础进行加固。平整场地并碾压密实，按设计施工路基纵、横坡，开挖临时排水沟，保证场内路基不积水，不浸泡。

（三）预制区建设

1.T 梁、小箱梁台座建设

依据预制场建设平面布置图，进行施工放样，标识出预制场各生产、辅助生产、生活等区域的具体位置，对场地进行总体布置。

台座制作工艺流程：测量放样 — 基础开挖 — 基础混凝土浇筑 — 台身钢筋制作与安装 — 台身混凝土浇筑 — 养护 — 铺设底模钢板。预制梁板的台座尽量设置于地质较好的地基上，地基承载力必须满足要求（经计算确定），并采用扩大基础有效防止台座产生不均匀沉降，开裂事故，影响梁板的质量。

台座的布置：台座之间的预留宽度应根据预制梁体单边最长悬臂端长度考虑，即台座之间预留最小宽度＝3 倍侧模宽度＋富余工作宽度 50 厘米；边沿台座与龙门吊轨道的间距除了考虑侧模宽度及富余宽度外还应考虑与龙门吊的安全距离及龙门吊设备占用的净宽；轨道与路基边沿净宽应考虑龙门吊电动机组及线缆收集设备所占用的宽度，同时考虑排水沟的占地宽度；场内道路宽度必须满足大型车辆（运梁车、混凝土罐车）通过并考虑与邻近台座之间的安全距离。台座基础、台身高度通过力学计算确定。

2.空心板台制作

空心板张拉台座支撑梁应具有足够的强度、刚度和稳定性，不致使支撑横梁承受全部预应力筋的拉力时造成台座变形、倾覆和滑移而引起的预应力损失。张拉台座由压杆、横向连续梁、端部重力墩、底板及端部横梁构成。

对预制梁进行场地平整压实，为防止地基沉降带来的质量事故，场地要求压实度达到要求，一般在93%以上；开挖基坑，要求压柱柱顶面与地面同高，使台座中的配重、压柱、重力墩下部均埋置于地基中，增加框架式台座的结构受力特性。

台座钢筋绑扎，重力墩是关键部位，钢筋要求布置准确，重力墩受力面处预埋钢板要求位置准确，钢板面平整；浇筑重力墩、配重、压柱混凝土，采用C30混凝土，尤其注意重力墩预埋件处混凝土振捣密实。台座板及台面施工时，台座板置于压实的地基上，厚30厘米，台座面精确平整，四周边缘角钢锚固于混凝土中，再在其上面铺设5毫米厚钢板，钢板和边缘角钢焊接为一整体；张拉台座采取分段浇筑施工，由台座中部向两端进行施工。先进行压柱和横系梁的施工，再进行两端重力地的施工和端部横梁安装，最后进行台座底板施工钢横梁采用40b工字钢制作和20毫米厚钢绞线限位钢板组焊而成。钢横梁安装、钢绞线限位钢板穿线定位孔位置与台座面高差要准确，以控制好钢绞线保护层。钢横梁、砂箱要安装水平，且轴心在同一水平面，以确保钢绞线位置准确，最后进行调试。

3. 龙门吊基础及轨道建设

开挖龙门吊轨道基础，基底承载力必须满足要求（通过计算），浇筑轨道基础混凝土、预埋固定螺栓，并铺设钢轨。

4. 临时用电、用水预埋管道布设

施工、养护用水预埋管道应满足最大需求量，依据每个增压泵能满足的用水量分片区（块）对预埋水管整合，分别采用不同增压泵满足不同片区的用水，保证水压稳定，满足施工要求。

5. 场地硬化

台座、龙门吊轨道施工完成后，对预制场区域进行混凝土硬化。硬化前完成现场临时用电，养护用水预埋管道及场内纵、横向排水沟设置。施工场内道路硬化宜采用10厘米碎石垫层＋25厘米厚C25混凝土，施工区域硬化宜采用10厘米碎石垫层＋20厘米厚C20混凝土，存梁区地面压实后铺设10厘米石屑并设置2%～3%坡度，以利于排水。

（四）钢筋加工厂标准化建设

钢筋加工厂建设，在实施前，对钢筋加工厂进行总体规划，原材料堆放区、加工区、半成品堆放区划分合理。场地硬化前对临时用电预埋管线进行合理布置，原材料进场方便的预制场可考虑将加工棚设置在预制区中间，减少半成品钢筋搬运的距离。

（五）仓储区建设

仓储区必须满足消防、防潮、防洪防灾等要求，同时需邻近作业区，储、取方便。锚具及夹片、压浆水泥及膨胀剂、机具设备、杂物应分开保存。

四、临时用电及消防设施标准化

（一）临时用电设施

预制场所有的电路设置，电器设备安装必须满足《施工临时用电规范》要求，横穿、纵跨施工区域的电、线路采用从硬化地面下预埋管路穿过或架空穿越，生活区用电禁止使用大功率取暖、烧水电器。根据现场用电总功率设置变电站。电力架设须满足三相五线制要求，变压器设置的安全距离，场外电路架设、配电箱等设置要符合相关规范规定。

（二）消防设施

场站消防设施应满足《建设工程施工现场消防安全技术规范》的有关规定，配置相应的消防安全标识和消防安全器材，并经常检查、维护、保养。对材料和设备储存的库房或堆放点，施工人员生活区，特别注意防火安全。配备足够数量的消防器具、消防水管，以备应急。

五、机具设备选用标准化

（一）机具设备基本要求

①配置 1～2 台 150～250kW 柴油发电机组作为备用电源；常用附着式振动器、插入式振动棒等小型机器具配备数量应满足施工要求，并配置备用数量。

②根据设计要求配置相应的张拉及压浆设备，张拉及压浆必须采用智能设备，压浆设备推荐使用大循环压浆机，施工前必须经过法定检验机构鉴定合格后方可投入使用。

③根据提升吨位及预制场设计宽度合理选择场内主龙门吊型号、跨径，占用安全系数满足最大荷载的 1.5 倍。为满足施工要求，提高生产效率，除占用主龙门吊以外还需配备行走速度快、最大载重小（一般为 5 吨以内）的工作龙门吊，方便混凝土浇筑、模板吊装及一些小型机具、器具移动。为保

证龙门吊的使用安全还应设置限位系统，防止龙门吊脱轨，龙门吊在使用前必须通过当地质量技术监督局鉴定合格后方能投入使用。

④龙门吊配电线路采用卷扬机收放装置，防止电路线磨损、破坏。

⑤模板选择，预制 T 梁模板必须使用配套钢模，钢模厚度不小于 5 毫米，其强度、刚度必须满足施工要求。模板拼缝必须严密，端头拼接顺直，在模板使用前必须试拼，满足设计要求后清理干净、涂洒脱模剂后方能拼装。

⑥在受冬季施工影响的区域施工，考虑配备冬季施工混凝土养护措施。

（二）机具设备的安装与调试

临电插头、自动喷淋养生系统安装完毕后应及时调试，以检验施工预埋电路、管道是否设置有效；对现场拼装的设备、机具进行调试，试运行和重试运行检查安装成果是否满足规范和施工要求，确保使用安全。

第六节 钢筋加工厂建设标准化

一、场地选址

①结合标段钢材制作成型的尺寸、数量和存放要求等选址。

②除用地困难情况并由业主批准外，一般不应设在主线上，以方便、合理、安全、经济和满足工期为原则。

③便于钢材的进场和成型的出场运输，尤其是考虑所服务对象的分布范围，可采用综合运距法进行选址。

二、场地布置

①钢筋加工厂一般设置办公生活区、材料堆放区、钢筋加工区、计量称重区、特殊构件组装区等，各施工区域布置应合理，场地占地面积应满足施工需要。

②在进入厂区路口处明显位置设指路牌 1 块；厂内相应位置设场地平面图、工艺流程图、质量检验标识牌、安全警示牌、安全操作规程、文明施工牌等各 1 块。在机械设备的醒目位置悬挂机械操作安全规定公示牌。

③吊装作业区、安全通道应设置禁止标志；龙门吊设置与周边的安全距离，司机岗位职责、岗位安全操作规程牌（0.8 米 ×0.55 米）随机挂设，"施工重地，注意安全"警示牌（0.6 米 ×0.4 米）置于龙门吊下。加工厂

的其他区域等各生产区域应设置明示标示。钢筋绑扎区在明显位置应设置标识牌。

④加工厂标准化建设的规模（见表9-1），应结合钢材加工的数量和生产工期等参数来规定场地建设规模和相关设备配备。

表9-1　钢筋集中加工厂规模

规模	加工总量/t	场地面积/立方米
大	t > 10000	3500
中	6000 ≤ t ≤ 10000	2000
小	3000 < t < 6000	1500

三、场地建设

①场地设置在填方路堤或线外填方场地时，为防止产生不均匀沉降变形而影响加工区的基座稳定性质量，应对场地分层碾压密实，并对台座基础进行加固。

②钢筋加工区、混凝土拌和区均须设防雨棚，并使用20厘米厚C20混凝土硬化，场区地面压实后铺设10厘米石屑并设置2%～3%坡度，以利于排水。运输便道采用20厘米厚C25混凝土硬化。

③厂区应设50厘米×50厘米砖砌排水沟排放施工废水、养护水、收集雨水并汇入沉淀池，沉淀池设置规格为长4米、宽3米、高1米，污水处理达标后方能排放。

④钢筋加工区、集料存放区设防雨棚，高度满足施工需要。

⑤厂区内所有的电器设备按安全生产的要求进行标准化安装，所有穿过施工便道的电、线路采用从硬化地面下预埋管路穿过或架空穿越。采用由满足施工机械设备用电最大负荷要求的变电站供电，电力架设须满足三相五线制要求，同时设置250千瓦柴油发电机组作为备用电源。变压器设置的安全距离要符合相关规范规定。

第十章 公路效绩考核的标准化建设

第一节 高速公路绩效管理的内涵与手段

一、概述

组织绩效就是用来衡量管理者利用资源满足消费者或服务对象的需要并实现组织目标的效率和效益的尺度。组织绩效包括三个层次的绩效，即人力资源绩效、运营绩效及财务绩效，三者之间逐级支持、逐层推动。一般而言，在成员个人的绩效水平一定的情况下，组织绩效水平越高，组织整体绩效水平也越高；组织绩效水平越低，组织整体绩效水平也越低。因此，组织绩效管理不仅要提高工程项目组织中每一位成员个人的绩效水平，而且要努力提高组织的绩效水平。

二、工程项目绩效管理的内涵与作用

（一）绩效管理的内涵

所谓绩效管理，是绩效计划、绩效沟通、绩效考核和绩效反馈四个环节构成的一个完整的系统，在这个系统中，组织、项目经理和成员全部参与进来，项目经理和成员通过沟通的方式，将工程项目组织的战略、项目经理的职责、管理的方式和手段以及成员的绩效目标等管理的基本内容确定下来，在持续不断沟通的前提下，项目经理帮助成员清除工作过程中的障碍，提供必要的支持、指导和帮助，与成员一起共同完成绩效目标，从而实现组织的远景规划和战略目标。

作为一种全新的管理模式，绩效管理兼有理性管理与非理性管理的特点，是这两种管理模式的统一。绩效管理在西方国家企业中已经被普遍推广和使用，而绩效管理在我国则刚刚起步，还没有形成一套完整的管理体系，

因此，开展以绩效管理为核心的管理工作是提高项目管理水平的一个新突破。绩效管理相对于其他工程项目组织管理活动而言，具有以下特性：

1. 全面性

绩效管理是一个完整而全面的系统，它涉及工程项目组织的方方面面。具体来说，绩效管理通常包括如下环节：针对整个工程项目组织订立发展目标，并将工程项目组织整体目标分解到各部门及每一个成员，各自订立相应的绩效考评指标和标准，同时，在时间维度上把全年的目标分解到月、日。绩效管理以绩效考评指标为指导，监控实现目标的成员能力、实现目标的条件，并且定期实施绩效考评，检查完成任务的绩效。根据考评的结果分析为什么会有这样的结果，反馈信息给成员本人以及其他相关人员，并采取相应的措施、包括奖励、惩罚、培训、指导、岗位调整、改善工作环境、调整目标等以确保下一阶段每个人都有更好的表现。

2. 目标性

目标管理的最大好处就是让成员明白自己努力的方向，项目经理明确如何更好地通过成员的目标对成员进行有效管理，提供支持帮助。同样，绩效管理也强调目标管理，目标加沟通的绩效管理模式被广泛提倡和使用。只有绩效管理的目标明确了，项目经理和成员的努力才会有方向，才会更加团结一致，共同致力于绩效目标的实现，共同提高绩效能力，更好地服务于工程项目组织的战略规划和远景目标。

3. 致力于沟通

沟通在绩效管理中起着决定性的作用。制定绩效要沟通，帮助成员实现目标要沟通，年终评估要沟通，分析原因寻求进步要沟通，总之，绩效管理的过程就是成员和项目经理持续不断沟通的过程。离开了沟通，工程项目组织的绩效管理将流于形式。许多管理活动失败的原因都是沟通出现了问题，绩效管理就是致力于管理沟通的改善，全面提高管理者的沟通意识，提高管理沟通技巧，进而改善工程项目组织的管理水平和管理者管理素质。

（二）绩效管理对工程项目组织的重要性

对一个管理者来说，最关心的莫过于组织运行的效率。绩效管理对于引导组织运行效率的提升无疑会起到重要的作用。无论从组织的角度，还是从管理者和成员的角度，绩效管理都能给工程项目组织带来益处。首先绩效管理能为物质激励（工资调整、奖金分配）、人员调配和日常精神激励提供依据与评判标准，有效地激励成员。其次，通过绩效计划的设定、绩效考核和反馈工作，改进和提高管理者的管理能力和成效，促进被考核者工作绩效的改进，最终实现组织整体效率的提升，使绩效管理成为管理者有效的管理手段。最后，通过层层目标分解，绩效管理成为保证组织战略目标实现的重要手段。

1. 组织需要绩效管理

从整个组织的角度来看，组织目标被分解到各个业务单元的目标以及各个职位上的每个工作者的目标；而个人目标的达成构成了业务单元目标的达成，组织的整个目标是由各个业务单元的绩效来支持的。也就是由每个成员的绩效来支持的。因此，组织主要关注以下问题：

①组织需要将目标有效地分解给各个业务单元和各个成员，并使各个业务单元和成员都积极向着共同的组织目标努力。

②组织需要监控目标达成过程中各个环节上的工作情况，了解各个环节上的工作产出，及时发现阻碍目标有效达成的问题并予以解决。

③组织需要得到最有效的人力资源，以便高效地完成任务。一方面，通过人员的调配，使人员充分发挥作用；另一方面，加强对现有人员的培训和发展，增强组织的整体实力。

绩效管理是解决上述问题的有效途径。通过绩效目标的设定与绩效计划的制订，组织目标被有效地分解到各个业务单元和个人。通过对团队和个人的绩效目标的监控以及对绩效结果的考核，组织可以有效地了解到目标的达成情况，可以发现阻碍目标达成的原因。绩效考核的结果可以为人员的培训和发展提供有效的信息。因此，组织需要绩效管理。

2. 管理者需要绩效管理

管理者承担着组织赋予自己的目标，而每个管理者通过自己的业务单元或者团队来实现自己的管理目标。管理者都渴望自己在管理上取得成功。因此：

①管理者需要有机会将组织的目标传递给团队中的成员，并取得他们对目标的认同，以便团队成员能够共同朝着目标努力。

②管理者需要把组织赋予的目标分解到每个成员的头上，因为他们知

道这些目标不是通过自己一个人的努力就可以实现的，而必须通过团队中的成员共同努力才能实现。

③管理者也需要有机会告诉成员自己对他们的工作期望，使成员了解哪些工作最重要，哪些工作成员自己可以做出决策；管理者也需要让成员知道各项工作的衡量标准是什么。

④管理者还常常希望能够掌握一些必要的信息。这些信息既有关于工作计划和工程执行情况，也有关于每个成员的状况等。这些问题也是在绩效管理过程中需要解决的。绩效管理提供给管理者一个将组织目标分解给成员的机会，并且使管理者能够向成员说明自己对工作的期望和工作的衡量标准。绩效管理也使管理者能够对绩效计划的实施情况进行监控。

3. 成员需要绩效管理

成员在绩效管理中通常是以被管理者和被考核者的角色出现的，考核对他们来说是一件有压力的事情，是与不愉快的情感联系在一起的。当理解了成员对工作的内在需要后，就会发现绩效考核与管理对于成员来说也是他们成长的过程中所必需的。

根据马斯洛需要层次理论，成员在基本的生理需要满足之后，更多的高级需要有待于满足。每个成员在内心都希望能够了解自己的绩效，了解自己的工作做得怎样，了解别人对自己的评价。这首先是出于对安全和稳定的需要，避免由于不了解自己的绩效而带来的焦虑。其次，成员也希望自己的工作绩效能够得到他人的认可与尊重。另外，成员也需要了解自己目前有待于提高的地方，使自己的能力得到提高，技能更加完善。成员希望了解自己的绩效表现，更多的是为了提高自己的绩效，提高自己的技能，增强自己的竞争力。因此，成员需要绩效管理。

三、工程项目绩效管理的步骤与手段

（一）工程项目组织绩效计划

1. 工程项目组织绩效计划内容

从静态角度看，工程项目组织绩效计划是一个关于工作目标和标准的契约；从动态角度看，工程项目组织绩效计划就是业主方和各参建方一起讨论以确定各参建方在评价期内应该完成什么工作和达到什么样的绩效的过程。在绩效计划阶段，业主方和各参建方应该经过充分的沟通，明确实现项

目的整体目标、各参建方在评价期内的目标。从具体的表现形式看，工程项目组织绩效计划是用于指导各参建方行为的一份计划书。通过制定这样一份计划书，各参建方可以了解本周期内的工作安排和目标，并了解将会遇到的障碍和可能的解决办法。工程项目组织绩效计划的内容除了最终的个人绩效目标之外，还包括双方为达到计划中的绩效结果应做出什么样的努力、应采取什么样的方式、应进行什么样的技能开发等。

建立工程项目组织绩效计划的过程是一个双向沟通的过程，这个过程中业主方和各参建方双方都负有责任，它强调通过互动的沟通手段使业主方与各参建方在如何实现预期绩效的问题上达成共识。在这个双向沟通的过程中，业主方主要向各参建方解释和说明的是，工程项目的整体目标是什么；为了完成这样的整体目标，对各参建方的期望是什么；对各参建方的工作应该制定什么样的标准和期限。各参建方应该向管理者表达的是，自己对工作目标和如何完成工作的认识；自己所存在的对工作的疑惑和不理解之处；自己对工作的计划和打算；在完成工作中可能遇到的问题和需要的资源。让各参建方参与绩效计划的制订，实际上就是让各参建方感到自己对绩效计划中的内容是做出了公开的承诺，这样各参建方就会更加倾向于遵守这些承诺，履行自己认可的绩效计划。

2. 工程项目组织绩效计划的准备

绩效计划通常是通过业主方与各参建方双向沟通的绩效计划会议得到的。为了使绩效计划会议取得预期的效果，事先必须准备好相应的信息。这些信息主要可以分为三种类型。一是关于项目的信息。为了使各参建方的绩效计划能够与工程项目组织的目标结合在一起，业主方与各参建方应在绩效计划会议中就工程项目组织的战略目标、工程项目运行计划进行沟通，并确保双方对此没有任何歧义。二是关于部门的信息。每个部门的目标是根据工程项目组织的整体目标逐渐分解而来的。不但经营的指标可以分解到生产、销售等业务部门，而且对于财务、人力资源部等业务部门，其工作目标也与整个工程项目组织的经营目标紧密相连。例如，工程项目组织的整体运行目标是：①保质安全地完成项目建设任务；②在计划工期内完成；③降低工程成本。那么，人力资源部门作为一个业务支持性部门，在上述的整体经营目标之下，就可以将自己部门的工作目标设定为：①建立激励机制，创新、降低成本的行为；②在人员更新方面，注重在开拓性、创新精神和关注成本方面的核心胜任素质；③提高创造力、预算管理和成本控制方面的培训。三是关于个人的信息。关于被评估者个人的信息中主要包括工作描述的信息和上一个绩效期间的评估结果。工作描述需要不断地修订，在设定绩效计划之前，对工作描述进行回顾，重新思考职位存在的目的，并根据变化了的环境调整工作描述。

3. 工程项目组织绩效计划的沟通

工程项目组织绩效计划是双向沟通的过程，绩效计划的沟通阶段也是整个绩效计划的核心阶段。在这个阶段，业主方与各参建方必须经过充分的交流，并与各参建方在本次绩效期间内的工作目标和计划达成共识。绩效计划会议是绩效计划制订过程中进行沟通的一种普遍方式，但是绩效计划的沟通过程并不是千篇一律的，要根据业主方和各参建方的具体情况，选择适宜的沟通环境和沟通时间，主要把重点放在沟通上。

在对有关的信息进行简短的回顾后，就应该尽快把绩效计划的目标具体化。目标就是期待各参建方创造或达到的具体结果的描述。业主方和各参建方在设定目标的时候要把注意力集中在结果上，而不是过程上，注意使每个目标尽可能具体，并将每个目标同工作或结果联系起来，明确规定出结果的时限和资源使用的限制，使每个目标简短、明确和直接。要制定衡量的标准。绩效标准应该具体、客观，方便度量，在各参建方通过努力后可以达到。它通常回答这样一些问题，如什么时候、怎么样、有多少失误、让谁满意等。在制定绩效标准的时候，人们会发现如果绩效计划的目标设定得越具体，绩效标准就会与目标越相似，但是不能因此就想把目标定得过于具体，要保持目标的灵活性，在不了解计划中任务的具体要求时，目标要先尽量做得灵活些，然后在工作中按目标指引的方向去做，随着了解的加深再不断加以精确化。制定了绩效标准之后，还需要了解各参建方完成计划和达到标准过程中可能遇到的困难、障碍和问题，应尽可能防止计划执行过程中可能出现的各种问题，而不是等问题出现后再来解决。

4. 工程项目组织绩效计划的确定

在制订绩效计划的过程中，对计划的审定和确认是最后一个步骤。在这个过程中要注意以下两点。

①业主方和各参建方应该能以同样的答案回答几个问题，以确认双方是否达成了共识。这些问题是：各参建方在本绩效期内的工作职责是什么？各参建方在本绩效期内所要完成的工作目标是什么？如何判断各参建方的工作目标完成得怎么样？各参建方应该在什么时候完成这些工作目标？各项工作职责以及工作目标的权重如何？哪些是最重要的，哪些是其次重要的，哪些是次要的？各参建方的工作绩效好坏对整个工程项目组织或特定的部门有什么影响？各参建方在完成工作时可以拥有哪些权力？可以得到哪些资源？各参建方在达到目标的过程中会遇到哪些困难和障碍？业主方会为各参建方提供哪些支持和帮助？各参建方在绩效期内会得到哪些培训？各参建方在完成工作的过程中，如何去获得有关他们工作情况的信息？在绩效期间内，业主方将如何与各参建方进行沟通？

②当绩效计划结束时，应达到以下的结果：各参建方的工作目标与工程项目组织的总体目标紧密相连，并且各参建方清楚地知道自己的工作目标与工程项目组织的整体目标之间的关系；各参建方的工作职责和描述已经按照现有的工程项目组织环境进行了修改，可以反映本绩效期内主要的工作内容，业主方和各参建方对各参建方的主要工作任务，各项工作任务的重要程度，完成任务的标准，各参建方在完成任务过程中享有的权限都已经达成了共识；业主方和各参建方都十分清楚在完成工作目标的过程中可能遇到的困难和障碍，并且明确业主方所能提供的支持和帮助。

（二）工程项目组织绩效沟通

制订了绩效计划之后，各参建方就开始按各自绩效计划来开展工作。在工作过程中，业主方要对各参建方的工作进行指导和监督，对发现的问题及时予以解决，并随时根据实际情况对绩效计划进行调整。在整个绩效期间，都需要业主方不断对各参建方进行指导和反馈，即进行持续的绩效沟通。持续的绩效沟通能保证业主方和各参建方通过共同努力，及时处理所出现的问题，并根据情况变化修订绩效计划。业主方与各参建方在平等的交往中相互获取信息、增进了解、联络感情，从而保证各参建方的工作能正常地开展，使绩效实施的过程顺利进行。绩效实施阶段的绩效沟通内容主要包括：现在工作开展的情况如何；哪些工作做得很好；哪些工作需要纠正或改善；是否努力实现工作目标；如果偏离目标的话，管理者该采取什么纠正措施；业主方能为各参建方提供何种帮助和支持；如果目标需要进行改变，如何与各参建方进行协调等。

绩效沟通的必要性体现在以下几个方面：

①目标责任书、工作计划表必须在有效沟通的基础上完成。在对工作目标和计划进行分解时，业主方只有与各参建方充分沟通，共同商定，并让各参建方相互之间清楚各自的目标，才能达成共识，才能发挥团队作用。同时，在出现计划有较大调整的情况时，只有进行了以沟通为先导的规范操作，才能使业主方和各参建方在绩效考评时有一个双方认可的、合理的客观依据，减少业主方与各参建方在考评结果上的分歧。

②正向激励作用的发挥需要通过有效的双向沟通来实现。考评是手段不是目的，它创造了业主方和各参建方定期沟通的良好机会。对于业主方来说，沟通应该是他的一项职责，通过对各参建方工作的肯定，能够使各参建方产生认同感和成就感，提高其对工作的投入程度；对于各参建方来说，也可以就本职工作向业主方充分阐述自己的想法和在工作中遇到的困难，以求得业主方的支持和帮助。

③有效的绩效沟通是提升管理者素质的重要手段。"面对面"的沟通使管理者必须在工作中做出表率，提高自身的业务能力和水平，这样才能坦然而客观地指出各参建方工作中存在的问题和不足之处；为使沟通达到理想的效果，也对管理者的管理技巧和管理水平提出了更高的要求，促进科学化管理、人性化管理的实施。

（三）工程项目组织绩效反馈

1.工程项目组织绩效反馈的作用

工程项目组织绩效反馈是绩效考评的最后一步，是由各参建方和业主方一起，回顾和讨论考评的结果，如果不将考核结果反馈给被考评的各参建方，考核将失去极为重要的激励、奖惩和培训的功能。因此，有效的工程项目组织绩效反馈对绩效管理起着至关重要的作用。

①工程项目组织绩效反馈是考核公正的基础。由于绩效考核与被考核者的切身利益息息相关，考核结果的公正性就成为人们关心的焦点。而考核过程是考核者履行职责的能动行为，考核者不可避免地会掺杂自己的主观意志，导致这种公正性不能完全依靠制度的改善来实现。工程项目组织绩效反

馈较好地解决了这个矛盾，它不仅让被考核者成为主动因素，更赋予了其一定权利，使被考核者不但拥有知情权，更有了发言权；同时，通过程序化的绩效申诉，有效降低了考核过程中不公正因素所带来的负面效应，在被考核者与考核者之间找到了结合点、平衡点，对整个绩效管理体系的完善起到了积极作用。

②工程项目组织绩效反馈是提高绩效的保证。绩效考核结束后，当被考核者接到考核结果通知单时，在很大程度上并不了解考核结果的来由，这时就需要考核者就考核的全过程，特别是被考核者的绩效情况进行详细介绍，指出被考核者的优缺点，特别是考核者还需要对被考核者的绩效提出改进建议。

③工程项目组织绩效反馈是增强竞争力的手段。任何一个团队都存在两个目标：团队目标和个体目标。个体目标与团队目标一致，能够促进团队的不断进步；反之，就会产生负面影响。

2. 工程项目组织绩效反馈面谈

工程项目组织绩效反馈面谈是绩效评估中至关重要的一个环节，其重要程度甚至超过了绩效评估本身。绩效评估的结果是拿来用的，而不是拿来存档的，没有反馈的绩效评估起不到任何作用。没有项目组织绩效反馈，各参建方就无法知道自己的工作是否得到了业主方的认可，就会乱加猜测，疑神疑鬼，进而影响心情。如果业主方不组织反馈，各参建方就不关心了，也就不安心工作了。绩效评估结束后的一段时间内，各参建方的心情都不会专心于工作，那些担心绩效评估结果会对自己不利的各参建方会坐卧不宁，因为他们不敢确定绩效评估的结果对他们会不会产生不利的影响，这些与各参建方切身利益密切相关的问题在没有答案之前肯定会给各参建方的心理造成严重的负担，降低各参建方的工作效率，这种情绪蔓延开来更会严重影响各参建方的工作积极性。如果真是这样，那么我们的绩效评估的作用将受到严重的质疑，绩效评估到底是为了提高各参建方绩效，还是降低各参建方绩效？如果是为了提高各参建方绩效，那么我们应该和各参建方平等地坐在一起，将各参建方的绩效评估结果反馈给各参建方，因此，组织一次成功的工程项目组织绩效反馈面谈将对绩效评估起到积极的促进作用，使之真正发挥作用。

3. 工程项目组织绩效反馈实施过程

①陈述面谈的目的。面谈开始，管理者首先要清晰，明确地告知各参建方沟通的目的在于对过去工作的回顾、总结，对下一阶段工作的计划的安排，是就事论事的管理环节之一。清楚地让各参建方明白此次面谈要做什么，尽可能使用积极的语言。

②回顾计划及完成情况。管理者应该根据绩效管理文件，如绩效评估表等，对各参建方的工作进行回顾，让各参建方认识到自己的工作与公司目标、部门目标之间的关系以及自己的完成情况。在这个过程中，管理者要注意事实的准确翔实，描述的客观公正，进行积极正面的评价，善意地提出建设性意见。

③告知绩效评估结果。这个考核结果是基于绩效管理文件做出的，而不是管理者主观的打分结果。考核结果具有客观性、公正性，能够拿得出证据，让各参建方心服口服。

④商讨各参建方不同意的方面。由于考核者与被考核者双方的地位不同、认识不同，因此对于考核结果的认可程度不一致是很正常的事，管理者需要以积极的态度，了解各参建方的想法，了解各参建方的困难和期望，积极予以协助。最终，双方争取能够达成一致，为后期的工作合作奠定良好的基础。

⑤与各参建方商讨新的目标并制订具体的绩效改进计划。不管反馈面谈在什么时间、什么场所，以何种方式进行，过去的行为已不能改变，而未来的业绩与发展是努力的目标。通过工程项目组织绩效反馈面谈，确定各参建方年度绩效考核等级，制定来年的工作绩效目标，将年度绩效面谈记录副本交给各参建方，并商定下次面谈的时间、地点。

四、工程项目绩效管理的方法

（一）工程项目组织绩效考评的类型与作用

绩效考核就是针对工程项目组织中各参建方所承担的工作，应用各种科学的定性和定量的方法，对各参建方行为的实际效果及其对项目的贡献、价值进行考核和评价。绩效考核是奖励的合理依据，是薪酬体系设计的前提，同时是激励各参建方的重要因素之一。

1.工程项目组织绩效考评的基本类型

工程项目组织绩效考评可以分为品质主导型、效果主导型和行为主导型三种。

①品质主导型：考评的内容以考评各参建方在工作中表现的品质为主。

②效果主导型：考评的内容以考评工作效果为主，重点在结果而不是行为。由于考评的是工作业绩而不是工作过程，所以考评的标准容易制定并且考评也容易操作。

③行为主导型：考评的内容以考评各参建方的工作行为为主，行为主导型重在工作过程，而非工作结果。

2.工程项目组织绩效考评的作用

①绩效考评是分配报酬的依据。绩效考评为组织做出工资以及工程款的拨付方面的决策提供了信息。因为绩效考评的结论是对工程项目组织所有成员公开的，并且获得各成员的认同。所以，以它作为依据非常有说服力。

②为管理者和组织成员之间创造了一个正式的沟通机会。考评沟通是绩效考评的一种重要环节，它是指管理者（考评人）和组织成员（被考评人）面对面地对考评结果进行讨论，并指出其优点和缺点以及需改进的地方。利用这个沟通机会，管理者可以及时了解组织成员的实际工作状况及深层次的原因，同时组织成员也可以了解到管理者的思路和计划。考评沟通促进了管理者与组织成员的相互了解和信任，提高了管理的渗透力和工作效率。绩效考评为业主方及其各参建方共同审查工作行为提供了一个机会，而反过来又可以使业主方及其各参建方共同制订一个相应的计划，以纠正在绩效考评过程中所揭示出的有缺陷的工作行为，并同时强化那些良好的工作行为。

③为改进工程项目组织绩效提供依据。通过绩效考评，组织管理者和人力资源部门可以及时准确地获得组织成员的工作信息。通过这些信息的整理和分析，可以对工程项目组织的政策与制度等一系列管理政策的效果进行评估，及时发现政策中的不足和问题，从而为改进工程项目组织政策提供有效的依据。因此，绩效考评可以帮助工程项目组织管理者更好地管理和改善组织的绩效。

（二）工程项目组织绩效考评的方法

1. 排序法

这是业主方考评参建方运用较多的一种考评方法，通过对参建方的业绩比较来确定，参建方业绩的表现不是评分，而是排序。参建方排序主要有以下三种方式：①简单排序，业主方依据参建方的工作业绩、表现和道德因素将参建方排成列，最好的排前，最差的排后。②对比排序，将参建方两两进行比较，较优者得分，得分最多的评为最高绩效，得分最少的评为最低绩效。③归档排序，业主方将所有参建方的绩效划分不同档次，规定每个档次的人员比例，根据该比例将参建方归入划分的档次。运用这种方法，业主方可以很快地对参建方进行行业业绩评估，节约了评估时间和精力。但是，这种绩效评估方法也存在着评定标准模糊或者缺乏明确界定、评估主观随意性较强、公正性和科学性较弱等弊端。

2. 特征评定法

这是将被认为是成功工作绩效所必需的个人特征用简洁明了的语言表达出来，然后由业主方根据参建方的绩效表现评定参建方所达到的业绩水平。采用特征评定法，首先需要确定一个成功工作业绩参建方所具有的个人特征，因此相对于简单排序法来说为参建方增加了行为导向内容，对参建方工作也有一定的导向作用。但是，特征评定法并没有明确参建方获得一定的业绩水平所需要完成的工作事项，如参建方在"与人合作"这一项上被评定为"2"这个级别，但参建方并不知晓其下一步的绩效改进途径。因此，其对参建方行为的指导意义并没有明显改善。

3. 行为评定法

这是将参建方的绩效等级用具体工作行为来描述，然后以此为依据来确定参建方达到的绩效水平。行为评定法用一个量尺来表示参建方所达到的绩效水平，量尺的一边是绩效等级，另一边是代表该绩效等级的描述性行为。行为评定法使用反映不同绩效水平的具体工作行为的例子来锚定每个特征，相对于特征评定法来说，加强了对参建方行为的指导和监督功能。运用这种方法对各参建方进行绩效考评，使参建方知晓他们被期望表现哪些类型的行为，从而明确了努力方向。

4. 目标管理法

目标管理法倡导各参建方参与管理，强调组织成员的自我控制。其基本思想为：以业主方和各参建方事先确定的目标及实现的程度作为依据和衡量标准，对各参建方的绩效和总体绩效进行评估。这个目标是根据组织的目标，层层分解到部门再到个人而来的。管理者以工作目标来管理各参建方，业主方在事先和各参建方协商彼此可以接受的目标，即充分授权各参建方，让各参建方有充分的自由选择最有效达成目标的手段。事后，管理者再以原定目标与各参建方实际的执行结果相核对，决定纠正、调整和惩罚的行动，以确保目标的达成可以看出，所谓目标管理就是一种程序或过程，根据组织的使命和一定时期内组织的总目标，决定业主方与各参建方的责任和分目标，并把这些目标作为组织绩效评估和评估每个部门和个人绩效产出对组织贡献的标准。

5. 关键绩效指标法

关键绩效指标法是实行绩效考评的一种常用工具。关键绩效指标法是对工程项目组织的环境及战略进行研究，找出影响工程项目组织发展的关键要素和指标。在建立关键绩效指标时通常由工程项目组织的高层对项目未来成功的关键达成共识，在确定项目未来的发展战略之后，通过对每个成功的关键业务重点及相关的业绩标准和所占比重进行分析。最后根据该职位的任职资格要求对该相应的业绩指标进行再分解，确定对应于该职位的关键业绩指标，其优点是相对简单，利于操作。

6. 平衡记分法

平衡记分法的核心思想是通过财务、客户、内部经营过程、学习和成长这四个指标之间相互驱动的因果关系，展现组织的战略轨迹，实现绩效评估—绩效改进—战略实施—战略修正的目标。平衡记分卡是一种绩效的衡量制度，也是一项与战略、报酬制度相结合的战略性管理工具，使项目将使命和战略转变为目标的衡量方法。平衡记分法的优点是克服了单纯利用财务手段进行绩效管理的局限性，向组织管理层传达了未来业绩的推动要素是什么，以及如何通过各参建方、技术革新等方面的投资来创造新的价值。

（三）工程项目组织绩效考评指标

1. 财务指标

财务评价是对项目经营效果的综合评价，财务评价指标具有容易量化、数据获取方便，可直接利用现存会计报表的特点，多属定量指标。工程项目财务绩效主要来源于生产能力、管理能力两方面。

①反映项目生产能力因素的指标：这方面指标主要有施工总产值、合同总额、劳动生产率等。

②反映项目管理能力因素的指标：这方面的指标主要包括体现项目盈利能力的产值利润率和贡献利润（上缴公司管理费用）以及体现项目盈利质量的工程款到位率和上缴款率指标。

产值利润率是工程项目一定时期利润与施工产值的比率。它表明项目的获利能力，是评价其经营效益的主要指标。计算公式为：产值利润率＝工程利润 ÷ 施工产值 ×100%。

贡献利润表明项目部对公司利润的贡献大小。计算公式：贡献利润＝施工产值 × 合同规定的利润上缴比率。

工程款到位率和上缴款率反映项目的盈利质量，前者是指工程款的实际到位数与施工产值的比率，后者是指项目实际上缴的利润与应上缴利润的比率。对此评价有利于引导项目加大工程款的催收力度，改善企业的财务状况。计算公式分别为：上缴款率＝实际上缴的管理费用 ÷ 贡献利润 ×100%，工程款到位率＝实际收到的工程款 ÷ 施工产值 ×100%。

2. 非财务指标

工程项目的非财务方面绩效主要取决于项目质量控制能力、安全管理能力和文明施工指标三个决定因素，应从质量指标、安全指标、公司形象和文明施工指标等方面考虑。

①质量指标：质量指标是衡量工程项目的质量控制能力的指标，评价工程项目绩效应选用的主要质量指标有：是否创优获奖、单位（分项）工程合格率、重大质量事故次数、返工损失率。

②安全指标：工伤死亡人数、重大安全事故次数等。

③公司形象和文明施工指标：这类指标可以衡量企业与公众的关系。企业形象好坏指标包括：重大工程投诉次数；媒体正面宣传程度、文明工评

优等。

（四）工程项目组织绩效考评的实施方式

1. 从执行主体进行分类

①由业主方主管人员进行考评。由业主方主管人员对各参建方的工作绩效进行考评是大多数绩效考评制度的核心。这是因为业主方是建设项目全过程的主要责任方，并且对建设项目的主要参与方有合同约束。因此，业主方对其各参建方的工作绩效考评相对来说较为容易。

②由施工方主管人员进行自我评价。施工单位是工程项目建设活动的主要实施主体，对建设活动中各个环节的细节掌握清楚，因此，施工方的自我评价是非常有必要的。

③其他参建方自我评价。工程项目参与建设的单位很多，如设计、监理、设备材料供应商等，并且由于项目涉及专业多，还包括其他的分包单位。每个参与单位都会有自身的工作范围、自身的工作特点。因此，各参建单位的自我评价显得十分重要。但自我评价常会出现自我宽容、与他人的评价结果不一样的现象，因此，需要加强沟通和规范化建设。

2. 从采用手段进行分类

①基于特征的绩效考评方法。基于特征的绩效考评方法，就是假定相应的特征能够导致相应的绩效，通过对被考评者特定个人特征的考评来进行绩效考评。因此，进行基于特征的绩效考评，首先要识别所要考评的个人特征，然后，通过这些个人特征的状况来对工作绩效做出判断。

②基于知识与技能的绩效考评方法。基于知识与技能的绩效考评方法就是假定相应的知识与技能能够导致相应的绩效，通过对被考评者特定的知识与技能的考评来进行绩效考评。因此，进行基于知识与技能的考评，首先要识别所要考评的知识与技能，然后根据这些知识与技能的状况来对工作绩效做出判断。

③基于行为的绩效考评方法。基于行为的绩效考评方法，就是假定相应的行为能够导致相应的绩效，通过对被考评者特定工作行为的考评来进行绩效考评。因此，进行基于行为的绩效考评，首先要识别所要考评的行为，然后根据这些工作行为的状况来对工作绩效做出判断。针对具体工作环境而言，工作行为是特定的，基于行为的绩效考评以所表现出的行为为基础，根

据所表现出行为的频率和程度来确定考评结果。

④基于结果的绩效考评方法。基于结果的绩效考评方法，就是假定所获得的工作结果等同于工作绩效，通过对被考评者所取得的工作结果的考评来进行绩效考评。因为很多人把工作结果与工作绩效等同起来，也就认为对工作结果的考评就是绩效考评，因此这种基于结果的考评最能得到人们的认同，也是考评方法中最为重要的类型。在进行基于结果的绩效考评时，首先要确定对工作的哪些方面结果进行考评，在确定了所要考评的工作结果之后，要为每个方面的工作结果制定考评指标与标准。最后，要把所取得的工作结果与所制定的考评指标与标准进行比较，从而完成基于结果的考评。

第二节 高速公路质量和成本绩效管理标准化

一、高速公路质量绩效管理标准化

第一，指挥部按照阶段目标责任书的要求每半年组织一次工程质量、进度、安全、水环保大检查评比活动，对工程质量、进度等进行综合评定打分。按照评定分数排列名次，评选"工程质量、进度优胜单位"和"工程质量、进度先进单位"。对工程质量好、工程进度快的单位，项目经理部以及对工程质量、工程进度管理做出突出贡献的个人给予表彰和奖励。

第二，检查组由指挥部、单位、项目经理部三方人员组成，对现场工程质量、工程进度、内业资料、质保体系、机械设备、人员素质、综合评价等内容进行检查评比。检查评分采取 100 分制，按照分数高低顺序排列名次。各项目的考核打分办法如下：

①分项工程质量：30 分。按照《公路工程质量检验评定标准》的规定对已完和在建的各分项工程进行检测评定分数，具体检查项目视工程进展情况决定。

②工程进度：25 分。未完成目标进度计划的扣 25 分，完成目标进度计划的根据实际完成工作量及形象进度给分。

③内业资料：10 分。对已完工程和在建工程的各项资料进行检查，包括材料试验报告（含材质证明）、配合比试验报告、现场取样试验报告（砂浆、混凝土、压实度等）、《分项工程开工申请批复单》、《工程质量检验

申请批复单》、《中间交工证书》、《中间计量表》、工程数量台账、工程支付台账、变更资料，与工程有关的指挥部及单位往来的文（函）件等资料。资料要求专人管理，分类建档编号，填写清楚、规范，资料完整齐全，签字手续完备。资料不齐、不符合其中要求的一项或一份扣 0.5 分（扣完为止，下同）。

④质保体系：5 分。要求工地试验室设备齐全、性能良好；总工程师、质检工程师、试验检测人员、技术人员、工地管理人员、现场质量管理员配备齐全，适应工作需要。工程质量管理制度、措施、岗位职责制定完善，落实到位。不符合要求中的一项或一人扣 0.5 分。

⑤机械设备：10 分。要求施工机械设备数量、型号符合合同规定，满足施工需要，性能保持良好。不符合要求中的一项或一台，扣 1 分。

⑥管理人员素质：5 分。要求项目经理、项目总工程师、质检工程师、分公司经理、技术副经理、技术人员、现场管理人员、试验检测人员、现场质量管理人员，机驾人员具有高度的工程质量意识，高度的工作责任心，较强的工作能力，较高的管理水平。不符合要求中的一项或一人，扣 0.5 分。

⑦外观形象：10 分，要求插牌施工、挂牌上岗，文明施工、组织管理科学、材料合格、施工工艺认真、外观质量"平、直、顺、美"，工地管理有序、形象良好。不符合要求中的一项扣 0.5 分。

⑧综合评价：5 分。对项目经理部与指挥部的工作配合情况、对指挥部管理办法的执行情况、工程质量返工情况、违约金记录情况、不良行为记录等进行综合评定给分。

除返工及违约处理每发生一次扣 0.5 分外，其余不符要求一项扣 0.5 分。

第三，奖励。①指挥部研究决定用于奖励的工程质量、进度奖励基金数额中 60% 奖励给"工程质量、进度优胜单位"，40% 奖励给"工程质量、进度先进单位"。②"工程质量、进度优胜单位"和"工程质量、进度先进单位"所得的奖金中 6% 用于奖励单位。③检查评定结果为工程质量差或阶段目标计划未完成的项目经理，除承担违约责任外，由指挥部报请公路建设主管部门，视情况给予违约处理和通报，情况严重者将调整施工任务直至取消其在本项目的施工资格。

二、高速公路成本绩效管理标准化

（一）项目成本绩效目标确定

1. 目标成本的制定

项目部对合同交底及测算资料准备好后，要积极组织《目标成本计划书》的编制，指导成本管理。15 日内由项目经理自行组织人员依据路桥总承包部《目标成本计划书》的编制方法和内容要求，编制《目标成本计划书》。在 OA 上提交相关部门审批，审批通过后，5 天内提交内部承包协议至 OA 上审批，审批完成后签订。目标成本及内部承包协议审批通过后 3 天内录入 NC 系统。《目标成本计划书》编制好后，由项目部填制《目标成本审批会签表》，经核算员、合同计量部负责人、项目经理审核后，报公司材料、设备、成本、安全、质量技术等主控部门审核，公司分管领导审批后下发执行。

2. 签订内部承包协议书

《目标成本计划书》制定完成后，由成本管理中心组织完成《内部承包协议书》签订工作。《内部承包协议书》由项目部草拟，经合同计量部负责人复核，项目经理、公司质量、安全、进度、财务、纪检和成本主控部门审核，公司分管领导审批后签订。路桥部所有工程必须签订《内部承包协议书》，项目《目标成本计划书》审核批准后 10 个工作日内或项目开工 60 个日历天内由路桥部总经理与项目部负责人共同签订，并报公司质量、安全、进度、财务、纪检和成本主控部门备案。项目上交管理费依据测算的项目毛利率结合项目的具体特点确定。原则上项目上交管理费不得低于 5%，严禁低于 3%，计算基数为工程结算总价（含甲供材料）。无条件投标及边设计边施工的工程（简称"三边工程"）的《内部承包协议书》暂定项目成本管理目标确定后 7 个工作日内签订，待设计图纸或节点图纸出来 1 个月之内，项目部组织编制工程预算和《目标成本计划书》重新确定项目成本管理目标。并对有差异的部分签订《补充内部承包协议书》。特殊工程不能签订《内部承包协议书》的项目，必须报公司领导批准后到成本管理中心备案。

3. 风险抵押金缴纳

公司采用"风险抵押金缴结"制度规避内部承包施工风险。按工程项目总造价的 0.5% ~ 1% 缴纳风险抵押金，不得低于 0.5%。项目风险抵押金在《内部承包协议》签订后 30 个日历天内统一交路桥部财务结算中心进行管理。财务结算中心要及时做好风险抵押金收缴以及退缴的账务处理和对账工作。

4.责任成本调整

项目部施工过程中，发现实际施工条件与目标计划差异较大时，应及时与发包方和监理方进行交涉办理《变更设计》《工程签证》。签证办理后，若是对责任成本的完成影响较大，一般情况"调整成本/未调整责任成本"大于1%，由项目部向成本管理中心上报《项目责任成本调整报告》申请责任利润率调整。成本管理中心收到项目部上报的《项目责任成本调整报告》后，依据项目标准成本、项目管理水平及可采取的成本降低措施，落实责任成本调整的客观条件、金额大小、影响程度，经综合平衡后确实需要调整的，修订好《项目责任成本调整报告》进行报批。《项目责任成本调整报告》经成本管理中心负责人审核、总经济师批准后进行责任成本调整，同时签订《内部承包补充协议书》。

5.签订《项目岗位成本管理目标责任状》

项目部收到路桥部批准的《"五位"一体整体策划书》后，将项目成本控制目标分解到各岗位执行，项目经理与项目部成员签订《项目岗位成本管理目标责任状》。责任状包括岗位工作职责范围、量化指标、工资收入标准、风险抵押金缴纳金额、项目奖励分配约定，及未履行工作职责、未完成约定指标而应承担的责任等。《项目岗位成本管理目标责任状》是项目部考核项目岗位的主要依据。

（二）项目成本绩效过程考核

①项目部考核岗位：项目部对各岗位考核的主要内容一般是各项基础工作的完成情况及成本控制目标的实现情况，根据考核情况在节点考核。

②公司考核项目部：一般从以下方面考核，成本管理基础资料的编制及上报情况；各项成本控制目标的实现情况及其真实性；综合指标的完成情况；工程款的回收情况；上交款的完成情况等。

（三）项目成本绩效结果考核

①工程交工达到竣工兑现条件后，由项目部编制《项目管理目标责任兑现申报书》，经项目经理审核签字后报路桥部成本管理中心。

②路桥部成本管理中心收到《项目管理目标责任兑现申报书》后，由

主管人员审核后编制"项目竣工考核兑现表",再经成本管理中心主任审核后,组织路桥部相关部门进行评审,各部门主管人员评审后交公司审计部门进行审计,审计部门对竣工项目进行审计并出具《竣工审计报告》。

③路桥部成本管理中心根据相关部门审核意见及审计报告,计算兑现奖惩结果,并更新"项目竣工考核兑现表"经公司总经济师、公司总经理审核签字后反馈给项目部。

④项目净利润总额的60%兑现给承包人(兑现金额最多为工程总价的3%,超过3%部分留作项目部发展基金),其中20%留作项目发展基金,其余由承包人自主分配,分配名单报发包人确认、备案;净利润总额的40%留发包人分配。

⑤工程盈利兑现时间分两次兑现。第一次兑现:项目部与建设单位结算完;财务成本结算完,进行了财务对账,账务往来核算清楚;同时竣工验收资料交地方档案馆和路桥部项目管理中心归档后;由审计部门对项目进行审计,确认已实现了责任书规定的上交管理费指标,并按规定提取了各项上缴费用及工程回访保修费后有盈余的,可兑现总额=盈利额×80%×收款比例(收款比例指按合同约定的结算完后的收款比例),并一次性退还工程项目风险抵押金。第二次兑现:工程尾款全部收完,债权债务结清,兑现剩余盈余部分。

⑥经路桥部各职能部门考核不合格和经路桥部审计部审计后确认工程项目亏损的,亏损额用工程风险抵押金进行冲抵,不足部分由项目经理与路桥部签订还款协议并在约定时间内赔清本息。

⑦路桥部接受集团不定期对项目兑现情况进行抽查,督促规范化管理和运作。

第三节 高速公路施工安全绩效管理标准化

一、安全职责划分

(一)施工单位职责

①施工单位应以创建"平安工地"为安全管理目标,建立健全安全生产保证体系,保证安全生产条件,严格落实安全生产及创建"平安工地"的

主体责任。

②施工单位应当设立项目专职安全生产管理部门，配置符合资格和数量要求的专职安全管理人员，并指定专人负责安全档案、资料的收集、报备等管理工作。

③施工单位应当建立健全符合项目安全生产管理要求的安全管理体系文件，体系文件应由项目经理组织技术、安全人员编制，经母体公司安全分管领导（或技术负责人）组织审核签批后报项目监理单位审查，监理单位审查签批后报备项目业主。

④施工单位应当在项目开工前按照《公路工程开工安全生产条件审查规定》中所需报审材料的内容、格式及要求，向监理单位上报开工安全生产条件审查资料，经监理单位审查合格后报项目业主审批。项目实施过程中，不得降低安全生产条件。

⑤施工单位应按照《公路工程安全生产检查评价程序和标准》的规定，每月至少组织一次全面自查评价。评价结果应报监理和项目业主备案。

⑥施工单位母体公司每半年应当对项目创建"平安工地"情况和制度体系运行状况进行检查，对项目创建"平安工地"执行不到位的督促签改，对不适应项目运行要求的体系文件督促修订，并按程序重新报批。

（二）监理单位职责

①监理单位应将创建"平安工地"作为安全监理的主要内容，建立健全安全监理制度，严格落实安全生产及创建"平安工地"的监理责任。

②监理单位安全监理工程师的资格和数量应满足招标文件要求，并指定专人负责安全档案、资料的收集、报备等管理工作。

③监理单位收到施工单位上报的安全生产体系文件后，应由总监理工程师组织审查、签批，监理单位应当建立健全符合项目安全监理要求的体系文件，体系文件应由总监理工程师（业主设置总监方式的有驻地高监）组织编制，经母体公司分管领导组织审核签批后报项目业主审查。

④监理单位应当在项目开工前按照《公路工程开工安全生产条件审查规定》向项目业主上报本单位开工安全生产条件审查资料。同时，对施工单位报审的安全生产条件资料认真审核、查验，不满足开工安全条件的应书面告知原因，达到条件的应出具明确的达标审查意见。在未收到项目业主达到

开工条件的审批意见前，不得签发开工令。在项目执行过程中适时监控、检查安全生产条件状况，当降低时及时督促整改。

⑤监理单位应督促施工单位认真开展"平安工地"创建工作。同时，按照《公路工程安全生产检查评价程序和标准》的规定，每季度开展一次自查评价，并对监理范围内各施工单位独立开展一次检查评价，评价结果应报项目业主备案。

⑥监理单位母体公司每半年应当对安全监理体系运行状况进行检查。对体系文件落实不严的督促整改，对不适应运行要求的督促修订，并按程序重新报批。

（三）项目业主职责

①项目业主应严格落实安全生产责任，加强组织领导，改善安全生产条件，保证安全生产费用，对"平安工地"创建达标负总责。

②项目业主应当设立项目专职安全生产管理部门，配备适应项目安全管理要求的专职安全管理人员，并指定专人负责安全档案、资料的收集、报备等管理工作。

③项目业主收到监理单位上报的安全生产体系文件后，由分管领导组织审查、签批。项目业主应当建立健全符合项目安全生产管理要求的安全管理体系文件。安全管理体系文件由分管领导组织技术、安全等部门人员编制完成，报项目主管单位审查。

④项目业主应当认真审核，查验施工、监理单位报审的安全生产条件，不满足开工安全条件的应书面告知原因，达到条件的应当按照《公路工程开工安全生产条件审查规定》出具明确的达标审批意见，严禁不满足安全生产条件的项目批准开工，在项目执行过程中适时监控、检查安全生产条件状况，当降低时及时督促整改。项目业主应将批准的开工安全生产条件资料报项目主管单位备案。

⑤项目业主应督促施工、监理单位认真开展"平安工地"创建工作。同时，按照《公路工程安全生产检查评价程序和标准》的规定，每半年对所有施工、监理单位开展一次检查评价和自查评价，并将评价结果报项目主管单位与安全监督机构备案。

（四）项目主管单位职责

①项目主管单位应履行安全监管职责，督促所属建设项目认真开展"平安工地"创建工作。

②项目主管单位在接到项目业主上报的安全生产管理体系文件后，应由分管领导组织审查、签批。

③项目主管单位对项目业主报备的开工安全生产条件资料无异议后，转报安全监督机构备案。

④项目主管单位应按照《公路工程安全生产检查评价程序和标准》的规定，对所辖项目的所有业主、施工、监理单位每年开展一次检查评价，并将评价结果向安全监督机构报备。

（五）安全监督机构职责

①安全监督机构负责对监管项目的"平安工地"创建工作开展检查评价。按照分级管理原则，凡属省公路开发投资有限公司，省公路局出资或代厅出资建设的公路项目，由交通运输厅委托的安全监督机构负责检查评价；凡属各州（市）负责建设的公路项目，由项目所在地的州（市）交通运输局委托的安全监督机构负责检查评价。

②安全监督机构应按照《公路工程安全生产检查评价程序和标准》的规定，对监管项目每年组织一次检查评价。工程项目交工验收前，组织开展一次综合评价。

③安全监督机构应在每年年初制订年度安全检查计划，并发布。检查计划应包括被检查项目名称、拟检查时间、检查形式等内容。

④安全监督机构依据项目业主或项目主管单位报备的考核评价结果。对施工合同段按不少于1/3的比例进行抽查，对业主和所有监理单位必查。采用施工总承包建设模式的项目，除总承包单位外，抽查不少于1/3工区或分部；采用第三方监理模式的项目，除总监办外，抽查不少于1/3驻地监理组；项目业主设立分指挥部的，除项目业主外，抽查不少于1个分指挥部。各单位的考评得分为抽查个数的算术平均值。对申报部级示范工程的项目，安全监督机构应对全部参建单位进行检查评价。安全监督机构可采用项目主管单位或项目业主的检查评价结果。

二、安全绩效考核程序

（一）成立检查组

检查单位在开展检查前应成立检查组。检查组人员由具有安全或工程专业职称人员组成，并指定 1 名负责人，负责检查工作的组织、实施。

（二）编制检查方案

检查组应在检查前编制检查方案，检查方案包括检查依据、检查内容、检查频率、检查的实施方式、检查日程、各方的配合要求等内容。

（三）检查通知

实施检查前，检查单位发出正式文件，通知受检单位检查时间、方式、内容及配合要求。需要时，监督机构可通知第三方评价机构配合检查。

（四）现场检查流程

①首次会议：受检单位汇报安全生产情况；检查组向各单位通报检查方案，工作要求及日程计划；确定受检方配合人员的信息。检查组如采取抽检形式开展检查时，应根据施工难度、剩余工程量、以往安全管理薄弱环节等因素选取抽检合同，如果安全风险程度比较均衡时也可选用随机抽取的方式确定。②检查组查阅安全管理资料、查看工地现场。③检查组与受检单位反馈检查情况，签字确认检查结果。④末次会议：检查组对检查工作进行总结，通报不符合项，宣布检查结果。

（五）结果反馈

检查结束后，检查组应形成正式检查报告，检查报告包括检查依据、检查内容及方法、检查情况、意见及建议等内容。交通主管部门或安全监督机构检查后，还应向受检单位发出"公路工程安全监督抽查意见通知单"。

三、安全绩效评价内容

安全检查主要从内业资料管理方面，检查项目业主、监理、施工单位的基础管理状况，以及从施工现场管理方面检查各方制度体系运行情况。

①项目业主检查评价内容：组织机构、制度体系、风险评估、安全生产条件、安全生产费用、隐患排查与检查考核评价、事故报告与应急预案、政府专项活动等。

②监理单位检查评价内容：安全监理责任制、制度体系，安全监理计划、安全措施及专项施工方案审查、安全检查与督促隐患整改、风险预控、监理

人员管理、安全档案、考核评价、政府专项活动等。

③施工单位检查评价内容：基础管理方面包括安全生产条件、安全生产管理制度体系、安全技术管理、档案管理、考核评价、政府专项活动等。施工现场方面包括：施工现场布设、安全防护、施工作业、桥梁工程、隧道工程、路基工程、路面工程等。

四、安全绩效评价方法与标准

（一）评价方法

在检查基础管理资料时，检查组人员根据检查表内容逐项查阅。检查中有疑问或不清楚时，及时询问相关人员。对安全管理人员能力考核可采取交流、询问方式进行。在检查施工现场管理时，检查组按照检查表格的内容逐一对施工部位进行检查。对特种设备、人员、专项方案等内容可采取资料与现场对照检查。

（二）检查频次

第一，施工、监理、项目业主及项目主管单位的检查应当覆盖全部施工部位。

第二，安全监督机构检查时实行抽查。①合同或工区职工、农民工驻地（项目、工区、劳务工驻地）不少于 2 处。②路基工程中，基坑、边坡防护、土石方开挖及交叉路段分别不少于 2 处。③桥梁工程中，特大桥、特殊结构桥型（悬索桥、连续钢构桥、拱桥），墩柱高度超过 50 米、现浇结构连续长度超过 60 米的工程部位必查。一般桥梁不少于 2 座。梁板预制厂、钢筋加工厂、混凝土拌和站不少于 1 处。④隧道工程中，特长、长隧道必查，中短隧道不少于 1 座，每隧道检查不少于 1/2 作业洞。⑤路面工程中，基层、面层拌和厂及摊铺作业现场分别不少于 1 处。⑥其他附属工程作业现场不少于 2 处。

（三）评价标准

本标准各考核项目评分采取扣分制，各考核项目赋分扣完为止，评价计分方式：①项目业主得分 =（考核项目实得分 / 考核项目应得分）× 100；②监理单位得分 =（考核项目实得分 / 考核项目应得分）× 100；③施工单位得分 = 基础管理得分 × 0.5 ＋施工现场得分 × 0.5，基础管理得分 =（考核项目实得分 / 考核项目应得分）× 100，施工现场得分 =（考核项目实得分/考核项目应得分）×100；④工程项目得分：工程项目阶段得分 P ＝项目业主得分 ×0.2＋（∑所有监理合同段得分/监理合同段个数）×0.2＋（∑所有施工合同段得分/施工合同段个数）×0.6。

工程项目综合得分 C ＝开工前安全生产条件审查分（5分）＋（∑工程项目阶段得分/项目考核评价次数）×0.7＋项目交工前考核评价得分×0.25。

（四）评价级别

施工合同段评分在95分（含）以上为 AA 级，90（含）～95分为 A 级，80（含）～90分为 B 级，70（含）～80分为 C 级，70分以下为 D 级。为与平安工地达标验收办法衔接统一，评价达到 A、AA 级的为"示范"，达到 B、C 级的为"达标"，评价为 D 级的则为"不达标"。监理、项目业主和工程项目评分在90分（含）以上的为示范，评分70（含）～90分为达标，评分70分以下为不达标。

第四节 高速公路劳动竞赛管理标准化

一、劳动竞赛的主要内容

（一）质量管理

坚持"百年大计、质量第一"的方针，全面加强质量管理，严格执行质量管理办法和工程建设标准、规范和章程，强化质量过程监督，在质量管理中要有"宁做恶人、不当罪人"的担当和责任意识，确保工程质量；提高工程优良率，保证工程质量满足设计及规范要求，建设风范工程。

（二）进度管理

紧紧咬住项目各关键节点进度目标，以"敢为人先、勇攀高峰、争创一流、铸就精品"的项目精神，"每天多做一点点"的奉献精神，高效率、快节奏、超常规推进项目建设，出色完成各阶段目标任务。严格执行工程进度计划、统筹规划、周密安排，按工期计划开工和完成任务。在保证工程质量和安全的前提下，根据合同工期和总体工程要求，保证工程形象进度和实物工程量既满足各项工程的计划安排，又满足整个工期建设的要求。

（三）安全管理

加大安全管理力度，建立健全安全生产责任制，增强安全责任意识；认真贯彻安全生产管理体系，严格执行安全生产责任制与安全操作规程，深入开展"平安工地"建设活动，增强安全员安全意识；加强安全监督管理，确保各种安全防护设施齐全规范，加强施工现场隐患排查，消除作业现场的事故隐患，杜绝施工人员重大伤亡和其他安全事故发生；切实加强劳动保护，加强职工、农民工安全知识和操作规范培训，保证职工、农民工身心健康，确保让职工、农民工平平安安上班，安安全全回家。

（四）文明施工

建设现场场容、场貌要好，树立交通行业良好建设形象。建立健全文明施工管理制度，严格遵守操作规程，杜绝不文明施工行为；加大现场管理力度，做到施工现场标志齐全、整洁安全、材料堆放有序；生产区、生活区设置有序、合理，切实做好生活区和施工区域内环境卫生管理；合理组织施工方案，不扰民、不惊民，不影响群众正常生产生活；施工中尽量减少对民房的震损破坏，把建设施工对环境造成的污染和对周围群众的各种影响减小到最低程度。

二、劳动竞赛的组织领导

为确保竞赛活动顺利实施，形成了党委领导、行政主导、工区组织、各部门齐抓共管、全员共同参与的竞赛格局，成立了竞赛小组具体组织开展活动。

三、劳动竞赛的组织实施

①加强领导，强化措施。建立健全组织机构，成立劳动竞赛领导小组，切实加强对活动的领导。把竞赛工作作为保质量、保安全、促进度、增效率的一项重要工作来抓，形成领导重视、部门配合、参建人员广泛积极参与的竞赛局面。结合实际制订竞赛活动方案，采取有效措施，研究探索劳动竞赛新方法，保证竞赛活动顺利开展。

②精心组织，层层发动。积极动员，广泛宣传，不断扩大活动覆盖面，丰富竞赛内容，创新竞赛形式，使竞赛活动扎实有效推进，切实取得实效。各工区项目部要积极参加竞赛活动，掀起竞赛热潮，推进项目又好又快建设。

③培养典型、以点带面。在竞赛活动中要注意发现典型、塑造典型，善于用典型引路；大张旗鼓表彰奖励优胜单位，激发参建人员集体观念、荣誉感和责任感，充分调动劳动积极性和参赛热情，形成比、学、赶、超的良好氛围，促进项目建设按时、按质完成。

参考文献

[1] 李宽.公路工程项目管理 [M].武汉：华中科技大学出版社，2018.

[2] 史建峰，陆总兵，李诚.公路工程与项目管理 [M].北京：九州出版社，2018.

[3] 王秀敏，葛宁.公路工程施工组织与管理 [M].天津：天津大学出版社，2018.

[4] 潘永祥.公路桥梁与改扩建新技术 [M].昆明：云南大学出版社，2019.

[5] 张少华.公路桥梁工程与项目管理 [M].北京：北京理工大学出版社，2019.

[6] 王奎生，罗鸿，武文婕.公路工程管理 [M].长春：吉林科学技术出版社，2019.

[7] 李果，杨坚强.公路养护技术与管理 [M].天津：天津科学技术出版社，2019.

[8] 丁雪英，陈强，白炳发.公路桥梁建设与工程项目管理 [M].长春：吉林科学技术出版社，2019.

[9] 杨斌，马跃明，汪逵.公路高架桥梁与长隧道施工及研究 [M].文化发展出版社，2019.

[10] 葛明元.公路建设与项目管理 [M].长春：吉林科学技术出版社，2020.

[11] 李海凌，黄敬林.公路工程计价与管理 [M].北京：机械工业出版社，2020.

[12] 姚宇，周兴顺.高速公路品质工程设计技术集成 [M].南京：河海大学出版社，2020.

[13] 胡嘉.公路工程造价 [M].北京：北京理工大学出版社，2020.

[14] 李玲.公路工程施工项目精细化管理的探析 [J].价值工程，2020，39（01）：65-67.

[15] 满伟.公路工程质量监督管理中精细化管理模式的应用 [J].工程建设与设计，2020（01）：298-300.

[16] 刘会新.公路工程施工现场精细化管理 [J].工程建设与设计，2020（03）：298-300.

[17] 孙娴.公路桥梁精细化管理研究 [J].价值工程，2020，39（19）：66-67.

[18] 王松飞.精细化管理在公路桥梁养护管理中的应用探论 [J].四川建材，2020，46（11）：167-168.

[19] 彭东黎.公路工程招投标与合同管理（第3版）[M].重庆：重庆大学出版社，2021.

[20] 应江虹，苏龙.公路桥梁技术状况检测与评定 [M].北京：北京理工大学出版社，2021.

[21] 李忻忻.公路工程经济与管理 [M].北京：人民交通出版社，2021.

[22] 胡栾乔，聂丽群，吴耀南.公路桥梁工程施工与管理研究 [M].北京：中国华侨出版社，2021.

[23] 陈春玲，刘明，李冬子.公路工程建设与路桥隧道施工管理 [M].汕头：汕头大学出版社，2021.

[24] 侯静.公路工程施工的精细化管理研究 [J].住宅与房地产，2021（09）：181-182.

[25] 付宪聪.基于精细化管理理念的高速公路建设分析 [J].工程建设与设计，2021（09）：200-201＋204.

[26] 赵如飞.公路工程施工现场精细化管理探究 [J].黑龙江交通科技，2021，44（05）：262-263.

[27] 韦锦兵.公路工程施工项目的精细化管理模式探析 [J].中国管理信息化，2021，24（14）：127-128.

[28] 刘严蔚.高速公路建设项目档案精细化管理实践探讨 [J].兰台内外，2021（24）：50-51.

[29] 郑雪辉.公路工程施工项目的精细化管理措施 [J].中华建设，2021（08）：44-45.

[30] 翟朝晖，周明军，闫晓东.高速公路改扩建工程精细化管理探讨 [J].砖瓦，2021（10）：119-120.

[31] 肖奇杰.精细化管理在高速公路工程监理中的应用 [J].商业文化，2021（30）：80-81.

[32] 米元俊.高速公路施工技术精细化管理研究 [J].四川建材，2021，47（11）：171-172.

[33] 央宗.精细化管理在公路质量监督管理中的应用 [J].运输经理世界，2021（21）：80-82.

[34] 邓露，凌天洋，何维，孔烜.用于公路车—桥系统振动分析的精细化轮胎模型 [J].中国公路学报，2022，35（04）：108-116.

[35] 韦萍.高速公路交通安全设施工程造价审查探析 [J].工程与建设，2022，36（02）：583-585.

[36] 杨丽薇.高速公路工程造价控制敏感性因素研究 [J].交通世界，2022（12）：125-126.

[37] 杜昱.公路桥梁建设施工中的安全管理与质量管理 [J].中国建筑装饰装修，2022（09）：153-155.

[38] 赵博.高速公路隧道项目中的洞口浅埋段施工技术 [J].珠江水运，2022（09）：107-109.

[39] 李健.路基路面施工中的精细化管理 [J].居舍，2022（15）：136-138.

[40] 赵学利.高速公路隧道监控系统的设计与实现 [J].设备管理与维修，2022（08）：100-101.

[41] 朱军杰，刘玲.公路工程造价精细化管理研究 [J].中国招标，2022（06）：116-118.

[42] 任勤萍.公路沥青路面施工质量控制方法 [J].黑龙江交通科技，2022，45（05）：178-179.